Brigitte Seyfried (Hrsg.)

Ältere Beschäftigte: Zu jung, um alt zu sein

Konzepte – Forschungsergebnisse – Instrumente

Berichte zur beruflichen Bildung

Schriftenreihe
des Bundesinstituts
für Berufsbildung
Bonn

Bundesinstitut
für Berufsbildung **BiBB**

▶ Forschen
▶ Beraten
▶ Zukunft gestalten

W0233045

Bibliografische Information der Deutschen Nationalbibliothek
Die Deutsche Nationalbibliothek verzeichnet diese Publikation in der Deutschen
Nationalbibliografie; detaillierte bibliografische Daten sind im Internet über
http://dnb.ddb.de abrufbar.

ISBN 978-3-7639-1144-8

Unter Mitarbeit von Brigitte Keck

Vertriebsadresse:
W. Bertelsmann Verlag GmbH & Co. KG
Postfach 10 06 33
33506 Bielefeld
Internet: wbv.de
E-Mail: service@wbv.de
Telefon: (05 21) 9 11 01-11
Telefax: (05 21) 9 11 01-19
Bestell-Nr.: 111.042

© 2011 by Bundesinstitut für Berufsbildung, Bonn
Herausgeber: Bundesinstitut für Berufsbildung, 53142 Bonn
Internet: www.bibb.de
E-Mail: zentrale@bibb.de

Umschlag: Christiane Zay, Bielefeld
Satz: Christiane Zay, Bielefeld
Druck und Verlag: W. Bertelsmann Verlag, Bielefeld
Printed in Germany

ISBN 978-3-7639-1144-8

Mix
Produktgruppe aus vorbildlich bewirtschafteten
Wäldern und anderen kontrollierten Herkünften
www.fsc.org Zert.-Nr. IMO-COC-026041
© 1996 Forest Stewardship Council
FSC

Inhalt

Vorwort

Es kommt nicht darauf an,
wie alt *man wird,*
sondern wie *man alt wird.*
Werner Mitsch

Noch bis zum Ende des 20. Jahrhunderts prägte das Defizitmodell die Gesellschaft und auch die Wissenschaft. Nach dieser Vorstellung nehmen die kognitiven Fähigkeiten des Menschen im höheren Alter ab, sind Ältere nur noch wenig leistungsfähig und innovativ, unflexibel und haben eine geringere Lernfähigkeit und Lernbereitschaft. Mittel- und langfristig werden sich durch eine erhöhte Lebenserwartung und sinkende Geburtenraten die Altersstruktur der Bevölkerung und damit auch das Durchschnittsalter der Beschäftigten verändern. Wir tun gut daran, uns vom lange vorherrschenden Defizitmodell des Alters endgültig zu verabschieden und die Kenntnisse und Fähigkeiten – sprich die Arbeitsfähigkeit älterer Arbeitnehmerinnen und Arbeitnehmer – wertzuschätzen.

Noch gehen zu viele Beschäftigte davon aus, unter ihren derzeitigen Arbeitsbedingungen die Tätigkeit nicht bis zum Rentenalter ausüben zu können, während andere sich gleichzeitig gut vorstellen können, bis 70 zu arbeiten, allerdings unter veränderten Arbeitsbedingungen. Ziel wird sein, das Erwerbsleben und die Arbeitszeiten alter(n)sgerecht und flexibler zu gestalten sowie Personalentwicklungsmaßnahmen und Laufbahngestaltung mit alter(n)sgerechter und gesundheitsfördernder Arbeitsgestaltung zu kombinieren. Nur so wird es gelingen, die Arbeitsfähigkeit der Beschäftigten zu erhalten und zu fördern, ihr Wissen zu sichern und einen gleitenden Übergang vom Erwerbsleben in die nachberufliche Lebensphase zu ermöglichen.

Der vorliegende Band beinhaltet Forschungsergebnisse zum Thema ältere Arbeitnehmerinnen und Arbeitnehmer und stellt Konzepte und Instrumente aus unternehmerischer und wissenschaftlicher Sicht vor, die helfen sollen, die Arbeitsfähigkeit und -zufriedenheit, die Qualifikation, Motivation und Gesundheit der Beschäftigten zu sichern, aber auch die Produktivität, Wettbewerbs- und Innovationsfähigkeit der Unternehmen und Betriebe mit älter werdender Belegschaft aufrechterhalten zu können. Die Inhalte der einzelnen Beiträge liegen in der Verantwortung der jeweiligen Autorinnen und Autoren.

Bonn, im Februar 2011

Brigitte Seyfried

Einleitung

Gesundheit ist nicht alles,

aber ohne Gesundheit ist alles nichts.

Schopenhauer

Vor über hundert Jahren wurden die Menschen in Deutschland im Durchschnitt etwa 45 Jahre alt. Die durchschnittliche Lebenserwartung der neugeborenen Mädchen liegt heute bei 82,53 und bei neugeborenen Jungen bei 77,33 Jahren. Auch für ältere Menschen hat die Lebenserwartung weiter zugenommen. Heute 60-jährige Frauen haben noch weitere 24,8, 60-jährige Männer noch 21 Lebensjahre vor sich.[1] Eine positive Entwicklung, denn sie verlängert die Spanne des aktiven Lebens. Allerdings bewirken sinkende Geburtenraten, dass der Anteil der Jüngeren immer mehr ab- und der Anteil der Älteren zunimmt. Mittel- und langfristig werden sich die Altersstruktur der Bevölkerung und damit auch das Durchschnittsalter der Beschäftigten verändern. Wie mit den Auswirkungen der Alterung umgegangen wird, dürfte eine der wichtigsten gesellschaftlichen und politischen Herausforderungen der nächsten Jahrzehnte sein.

Die Ergebnisse der 12. koordinierten Bevölkerungsvorausberechnung des Statistischen Bundesamtes[2] bestätigen das Bild der abnehmenden deutschen Bevölkerung, der Alterung der Menschen und zurückgehender Geburtenraten. Die Bevölkerungszahl wird von heute 82 Millionen auf 65 bis 70 Millionen im Jahr 2060 zurückgehen. Im Jahr 2060 wird jeder Dritte (34 Prozent) 65 Jahre und älter sein. Ähnlich wie für die Gesamtbevölkerung insgesamt zeichnet sich dies auch für die Bevölkerung im Erwerbsalter ab.[3] Die Zahl der Personen im Erwerbsalter wird erst nach 2020 deutlich zurückgehen und 2035 etwa 39 bis 41 Millionen betragen (heute ca. 50 Millionen). „Die eigentliche Alterungsphase findet zwischen den Jahren 2015 und 2035 statt" (BÖRSCH-SUPAN u. a. 2009, S. 22). 2060 werden dann etwa 36 Millionen Menschen im Erwerbsalter sein, 27 Prozent weniger als heute (unter der Voraussetzung einer jährlichen Zuwanderung von 200.000 Personen). Würde sich die Zuwanderung halbieren, betrüge das Erwerbspersonenpotenzial 2060 knapp 33 Millionen. Bei den erwarteten besonders einschneidenden Veränderungen der Altersstruktur zwischen

---

1   Lebenserwartung in Deutschland. Durchschnittliche und fernere Lebenserwartung nach ausgewählten Altersstufen (Sterbetafel 2007/09). Statistisches Bundesamt, www.destatis.de.

2   Weiter gehende Informationen zu Annahmen und Ergebnissen der 12. koordinierten Bevölkerungsvorausberechnung siehe unter www.destatis.de/bevölkerungspyramide oder/shop, Suchwort „Bevölkerung 2060".

3   Das Erwerbsalter wird in einer Spanne von 20 bis 65 Jahren betrachtet.

2017 und 2024 umfasst das Erwerbspotenzial dann jeweils zu 40 Prozent die 30- bis unter 50-Jährigen und die 50- bis unter 65-Jährigen. Das Erwerbspersonenpotenzial der Zukunft wird zu einem erheblichen Teil Menschen umfassen, die älter als 50 Jahre sind. Eine Erhöhung des Renteneintrittsalters auf 67 Jahre bedeutet für das Jahr 2060 eine um maximal zwei Millionen höhere Bevölkerung im Erwerbsalter. Die ältere Gruppe innerhalb des Erwerbsalters erhält gleichzeitig ein noch stärkeres Gewicht (EGELER 2009). Im Grünbuch der EU-Kommission „Angemessene, nachhaltige und sichere europäische Pensions- und Rentensysteme" kann nachgelesen werden, dass in der EU heute auf jeden Rentner nur drei aktiv Beschäftigte kommen; 2030 würde das Verhältnis bei unverändertem Renteneintrittsalter auf zwei Aktive pro Rentner sinken, und 2060 hätten die Rentner die Mehrheit – drei Aktive müssten für vier Rentner sorgen. „Laut Prognosen wird sich bis zum Jahr 2060 in Europa die Anzahl der Personen im Ruhestand gegenüber jenen, die die Pensionen und Renten finanzieren, verdoppeln – diese Situation ist auf Dauer einfach nicht tragbar. Wenn wir uns dieser Herausforderung stellen, müssen wir uns das Verhältnis der Dauer des Arbeitslebens und der Dauer des Ruhestandes sehr genau ansehen."[4]

Die Erwerbstätigen von heute und die kommenden Generationen werden länger im Beschäftigungssystem verbleiben und müssen ihre individuelle Arbeitsfähigkeit in einem längeren Arbeitsleben sichern, bewahren und mitgestalten. Unternehmen haben sich der demografischen Herausforderung zu stellen und Lösungen zu finden, wie ihre (älteren) Belegschaften länger im Unternehmen gebunden werden können und sie gesund, motiviert, qualifiziert und leistungsfähig bleiben. Sie müssen sich in ihrer Personalpolitik und -planung strategisch nicht nur auf Betriebsverbleib, sondern auch auf Rekrutierung und Qualifizierung älterer Beschäftigter einstellen, um die Herausforderungen anders zusammengesetzter Belegschaften bewältigen zu können (FAULSTICH 2007). Bedeuten demografischer Wandel und ältere Belegschaften für Unternehmen eine Einschränkung ihrer Leistungsfähigkeit z. B. bei Produktivität, Flexibilität und Kompetenz (BULLINGER und BUCK 2007)? Oder anders gefragt: Können zukünftig Produktivität, Wettbewerbs- und Innovationsfähigkeit auch mit älteren Arbeitnehmerinnen und Arbeitnehmern aufrechterhalten werden?

1.   Alter(n), Arbeits- und Leistungsfähigkeit[5]

Weder juristisch noch wissenschaftlich und auch nicht allgemeingültig wird „*der*" ältere Arbeitnehmer bzw. „*die*" ältere Arbeitnehmerin genau bestimmt. Gegen-

---

4   László Andor, EU-Kommissar für Beschäftigung, Soziales und Integration bei der Präsentation des Grünbuchs; http://ec.europa.eu/social/main.Jsp?langId=de&catId=89&newsId=839&furtherNews=yes.

5   Zu den unterschiedlichen Definitionen der Arbeits-, Leistungs- und Beschäftigungsfähigkeit und ihre Bedeutung für das Age Management siehe RICHENHAGEN (2009).

wärtige gesellschaftliche Strukturen und ihre vorherrschenden Deutungsmuster, sozioökonomische Bedingungen und Zeitgeist legen mit fest, wer zu den Älteren und Alten gehört. Die OECD definiert ältere Erwerbstätige als Personen, die in der zweiten Hälfte ihres Berufslebens stehen, das Pensions-/Rentenalter noch nicht erreicht haben und gesund und arbeitsfähig sind. Im Alltag und in Unternehmen werden überwiegend die über 50-Jährigen als Ältere verstanden. Legt man die Vermittlungsfähigkeit bzw. das Risiko von Langzeitarbeitslosigkeit zugrunde, werden bereits 45-Jährige (auch 40-Jährige!) der Gruppe „Ältere" zugeordnet.

Altern ist ein sehr individueller Vorgang und ein mehrdimensionaler Prozess, der beim einzelnen Menschen sehr unterschiedlich abläuft. Wie schnell unsere Körperzellen und Organe altern, hängt nicht nur von unseren Lebensjahren ab. Von daher ist auch die Frage nicht eindeutig zu beantworten, ab wann genau man alt ist. Der Ablauf von Alterungsprozessen kann mit den Begriffen kalendarisches (auch chronologisches) und biologisches (auch funktionales) Alter beschrieben werden. Während das kalendarische Alter als zeitliche Messgröße die tatsächlich gelebten Lebensjahre wiedergibt, bezeichnet das biologische Alter den Zustand des Alterns der körperlichen und geistigen Funktionen und Kapazitäten, die biologischen Vorgänge und die Funktionstüchtigkeit von Körper und Geist. Die Lebens- und Arbeitsbedingungen können das Altern beschleunigen (man kann Voraltern) oder – bestenfalls – auch verzögern. Das kalendarische Alter ist vom biologischen zu unterscheiden (HACKER 2003, S. 2). Wer sein Leben lang Sport getrieben hat, kann mit 60 Jahren noch mehr Kraft und Ausdauer haben als ein untrainierter 30-Jähriger. Menschen, die sich ihr Leben lang für neue Dinge interessiert haben, können mit 60 Jahren geistig noch leistungsfähiger sein als mancher Vierziger. Begriffe wie „jung geblieben", „jünger wirkend", aber auch „deutlich gealtert" sind kennzeichnend dafür. „Ältere Menschen haben eine Vielfalt von Lebensbiografien und eine Verschiedenartigkeit von Leben" (HELFFERICH 2000, S. 21). Das Alter und damit auch das Altern sind somit aus verschiedenen Blickwinkeln und differenziert zu betrachten.

Die Einstufung „ältere Arbeitnehmerin bzw. älterer Arbeitnehmer" aufgrund des kalendarischen Alters im Zusammenhang mit Arbeits- und Leistungsfähigkeit erweist sich daher als problematisch. Wissenschaftliche Studien belegen, dass es keinen Zusammenhang zwischen dem kalendarischen Alter und der Arbeitsfähigkeit gibt. Denn Arbeits- und Leistungsfähigkeit hängen von einer Vielzahl anderer Faktoren ab wie z. B. schulische und berufliche Ausbildung, beruflicher Status, gesundheitliche, physische und psychische Konstitution, Branchenzugehörigkeit, Geschlecht, Lebenssituation, ausgeübte Tätigkeit und damit verbundene Tätigkeitsanforderungen (BRANDENBURG und DOMSCHKE 2007; PREZEWOWSKY 2007). Betrachtet man Erfahrungen und Wissen, meint Alter noch etwas ganz anderes: „Unter der

Voraussetzung, dass das Individuum in seinem Lebenslauf offen für neue Erfahrungen und Wissensinhalte gewesen ist und auch die Möglichkeit gehabt hat, neue
Erfahrungen zu machen und neue Wissensinhalte zu erwerben, bedeutet ‚Alter'
ein Mehr und eine höhere Reichhaltigkeit an Erfahrungen und Wissen" (KRUSE und
WAHL 2010, S. 4). Hinzu kommt, dass die Unterschiede in der Leistungsfähigkeit
innerhalb einer Altersgruppe größer sind als die Unterschiede *zwischen* den Altersgruppen. In jedem einzelnen Fall sind die jeweiligen älteren Beschäftigten anders,
und ihre Kompetenzen sind sehr unterschiedlich. In verschiedenen Branchen und
Berufen, in unterschiedlichen Betriebsgrößen und nach entsprechenden Arbeits-
und Lernerfahrungen findet sich bei den einzelnen Personen ein breites Kompe-
tenzspektrum (FAULSTICH 2007).

Doch nach wie vor wird Jüngeren Innovationsfähigkeit, Kreativität, Flexibilität
und Lernbereitschaft bescheinigt, während Alter für Leistungsabbau, mangelnde
Flexibilität, niedrigere Leistungs-, Lernbereitschaft und -fähigkeit und geringe In-
novationskraft steht (SEITZ 2008). Die vermuteten und geäußerten Schwächen und
Defizite in der Leistungs- und Innovationsfähigkeit der Älteren basieren auf der
sogenannten Defizithypothese, die – obwohl wissenschaftlich widerlegt – noch in
vielen Köpfen präsent und Ursache für viele altersselektive Personalentscheidungen
ist (SPECK 2009). Das Defizitmodell des Alterns und Alters unterstellt generell einen
altersbezogenen Abbau physischer und psychischer Leistungen sowie der Lernfähigkeit mit zunehmend auftretenden Defiziten und Störungen. Untersuchungen aber
belegen, dass die Leistungsprobleme älterer Arbeitnehmerinnen und Arbeitnehmer
im Allgemeinen nicht Folge altersbedingter Abbauvorgänge sind, sondern Resultat
grundlegender Mängel in der Arbeits- und Organisationsgestaltung. Nicht ein „na-
türlicher" altersbedingter Abbau von Befähigungen ist die größte Leistungs- und
Lernbarriere, sondern langzeitig ausgeführte Tätigkeiten, in denen es nichts zu lernen gibt. Wenn die trainierenden und lernanregenden Anreize fehlen, ist es schwierig, die Leistungsfähigkeit zu erhalten, sodass über das Verlernen bereits erworbe-
ner Fähigkeiten hinausgehend sogar das Lernen verlernt wird (Disuse-Hypothese)
(KOLLER und PLATH 2000).

Aus dem Genannten wird ersichtlich, dass alternde Belegschaften – unter Leis-
tungsgesichtspunkten betrachtet – nicht per se problematisch sind und ein erhöhtes
Risiko bei der Erfüllung der Anforderungen der Arbeitswelt darstellen (MORSCHHÄU-
SER 2006). Das entscheidende Potenzial, über das die Beschäftigten eines Unternehmens verfügen, ist nicht vorrangig ihr auswendig gelerntes Wissen, sondern ihre im
Laufe des Lebens und ihrer Tätigkeit gesammelten Erfahrungen. Dieser Erfahrungs-
schatz wird umso größer, je mehr Möglichkeiten den Beschäftigten geboten werden,
neue Herausforderungen anzunehmen, eigene Verantwortung zu übernehmen und
an den ihnen anvertrauten Aufgaben zu wachsen (HÜTHER 2008). Reichen Gesund-

heit, Qualifikation und Motivation der Arbeitenden mit zunehmenden Jahren nicht mehr aus, um die an sie gestellten Anforderungen zu bewältigen, dann allerdings wird „Alter" zum Problem und zum Kostenfaktor für Betriebe. „Dies hat allerdings weniger mit dem kalendarischen Alter der Betreffenden zu tun als mit ihrer Erwerbsbiografie, mit Art und Dauer der von ihnen im beruflichen wie außerberuflichen Leben ausgeübten Tätigkeiten und den dabei erfahrenen Belastungen und Ermutigungen" (MORSCHHÄUSER 2000, S. 285).

Gesundheit, Qualifizierung und Weiterbildung werden als die wichtigsten Schlüssel zu einer längeren Erwerbsarbeit und zur Aufrechterhaltung der Arbeitsfähigkeit genannt. Um die Weiterbildungsbereitschaft zu steigern, sind „Arbeits- und Tätigkeitswelten" zu schaffen, die zum Lernen anregen und das Lernen trainieren, denn die Lernfähigkeit ist auch bei Älteren vorhanden (= Können), erfordert aber auch die Bereitwilligkeit (= Wollen) der Beschäftigten selbst. Gleichzeitig sind Arbeitsorganisation, Arbeitstätigkeiten und -anforderungen so zu gestalten, dass sie es zulassen, neu Erlerntes im Arbeitsalltag auch einbringen und anwenden zu können (= Dürfen). Anreize z. B. durch Tätigkeits- und Anforderungswechsel im Rahmen betrieblicher Laufbahngestaltung auf der Grundlage eines lebenszyklusorientierten Personalentwicklungskonzeptes erhöhen Arbeitsfähigkeit, Arbeitsmotivation und Weiterbildungsbereitschaft und können Qualifikationen verbessern und erhalten helfen. Qualifizierung älterer Arbeitnehmerinnen und Arbeitnehmer heißt besonders auch Integration Älterer in die altersunspezifische Weiterbildung (und keine diskriminierende „spezielle altengerechte" Weiterbildung) und Realisierung erwachsenenpädagogischer Prinzipien in einer solchen (ZIMMERMANN 2009) – bedeutet aber auch, die Erwerbsbiografien als Ganzes zu sehen und nicht nur z. B. „die Fünfzigjährigen" und die Lebens- und Erfahrungswelt der/des Einzelnen mit einzubeziehen.

2. Arbeitsfähigkeit und ihre Komponenten

Was ist unter *Arbeitsfähigkeit*[6] zu verstehen? Arbeitsfähigkeit wird verstanden als Summe von Faktoren, die eine Person in einer bestimmten Situation in die Lage versetzen, eine gestellte Aufgabe erfolgreich zu bewältigen (ILMARINEN und TEMPEL 2002). Arbeitsfähigkeit wird nicht abstrakt und allgemein als Fähigkeit zur Arbeit, sondern als Fähigkeit zu bestimmten Aufgaben in bestimmten Situationen verstanden. „Die Arbeitsfähigkeit beschreibt das Potenzial eines Menschen, einer Frau oder eines

---

6   Entwickelt wurde das Konzept der Arbeitsfähigkeit von ILMARINEN und Kollegen/Kolleginnen am Finnischen Institut für Arbeitsmedizin in Helsinki, Finnland (siehe ILMARINEN und TEMPEL 2002). Es kommt inzwischen weltweit zur Anwendung.

Mannes, eine gegebene Aufgabe zu einem gegebenen Zeitpunkt zu bewältigen. Dabei muss die Entwicklung der individuellen funktionalen Kapazität ins Verhältnis gesetzt werden zur Arbeitsanforderung. Beide Größen können sich verändern und müssen alters- und alternsadäquat gestaltet werden" (BAuA 2008, S. 7). Ziel altersgerechter Arbeitsgestaltung ist es, die Arbeitsanforderungen und das Leistungsvermögen der betreffenden Personen aneinander anzupassen und ggf. neue Perspektiven zu eröffnen (GUSSONE u. a. 1999). Arbeitsfähigkeit kann in der Interaktion von Humanressourcen und Arbeitsanforderungen weiterentwickelt und gefördert, aber auch reduziert und vermindert werden. Sie hängt von einer Vielzahl von Faktoren ab. Das „Haus der Arbeitsfähigkeit" nach ILMARINEN vereinigt die unterschiedlichen Komponenten der Arbeitsfähigkeit und stellt dar, wie sie aufeinander wirken: Gesundheit, Kompetenz, Werte und Arbeit. Je besser die Zusammenarbeit zwischen den einzelnen „Stockwerken" funktioniert, desto größer sind die Chancen, die Arbeitsfähigkeit der/des Einzelnen wie auch des Teams zu erhalten. Aufseiten des Individuums sind Gesundheit, Kompetenz und Werte die entscheidenden Faktoren, aufseiten der Arbeit geht es um Aufgaben- und Arbeitsinhalte, Arbeitsanforderungen und -organisation, Arbeitszeit, Arbeitsumgebung und Management bzw. Führung. Die Stärke und Wirkungsrichtung der einzelnen Faktoren sind sehr unterschiedlich. Zufriedenheit mit dem Verhalten des Vorgesetzten trägt z. B. sehr viel mehr zur Förderung der Arbeitsfähigkeit bei als eine ergonomische Verbesserung (ILMARINEN und TEMPEL 2002).

Gesundheit bildet nach ILMARINEN die Grundlage für alle weiteren „Stockwerke". Eine gute Arbeitsfähigkeit ohne Gesundheit kann es nach ihm nicht geben. Gesundheitliche Einschränkungen bedrohen danach immer auch die Arbeitsfähigkeit. Dieses Stockwerk kann nur ausreichend tragen, wenn im nächsten Stockwerk für eine berufsspezifische Bildung gesorgt wird, wenn sich die Beschäftigten im weiteren Verlauf des Arbeitslebens entsprechende Kenntnisse und berufliche Geschicklichkeit zulegen und im Arbeitsleben selbst über ausreichende fachliche und soziale *Kompetenz* verfügen. Das darüberliegende Stockwerk – die *Arbeit* – hat deutliche Auswirkungen auf alle vorher genannten Stockwerke. Es ist in seinem Aufbau sehr komplex, weil es sich aus vielen unterschiedlichen Aspekten zusammensetzt, die eng miteinander verwoben sind (Aufgaben, Kolleginnen und Kollegen, Führung, Vorgesetzte, Struktur, Arbeitsumgebung, Räume etc.). Eine besondere Stellung nimmt hier das Management mit seinem Führungsverhalten ein. Eine nicht zu vernachlässigende Rolle spielt auch der Teil des Lebens, der außerhalb der Arbeit stattfindet: Familie, Freunde und Gesellschaft. Nach ILMARINEN reicht es bei nachlassender oder gestörter Arbeitsfähigkeit nicht aus, nur in einem Teil des „Hauses" nach Problemen suchen und „Ordnung schaffen" zu wollen. Erklärungen und Lösungen lassen sich nach ihm nur dann finden, wenn grundsätzlich das gesamte Haus der Arbeitsfähigkeit durchsucht wird. Dies erfordert auch Handlungen und Maßnahmen im Rahmen eines ganzheitlichen

Age Managements[7] (BILLE 2009), die die Gesundheit, Arbeitsfähigkeit, Qualifikation und Motivation vor allem älterer Mitarbeiterinnen und Mitarbeiter erhalten und fördern.[8] Mit Blick auf die Zukunft sind allerdings auch die Jüngeren mit einzubeziehen. Denn die jüngeren Beschäftigten von heute sind die älteren von morgen.

3. Konzepte, Forschungsergebnisse und Instrumente

Subjektive Vorstellungen über das Altern und über das eigene Leben im Alter haben einen wesentlichen Einfluss auf die tatsächliche kognitive und physische Leistungsfähigkeit sowie den Lebensstil im Alter. Altersbilder in der Gesellschaft und im Unternehmen (Führungskräfte) beeinflussen auch unsere Arbeitsfähigkeit. Die Bedeutung von Altersbildern auf der Basis empirischer Daten zeigen, welche Faktoren Altersbilder älterer Erwerbstätiger beeinflussen und inwieweit sich auch bei Personalverantwortlichen in den Betrieben Altersstereotype identifizieren lassen. Subjektive Vorstellungen über das Altern und über das eigene Leben im Alter haben einen wesentlichen Einfluss auf die tatsächliche kognitive und physische Leistungsfähigkeit sowie den Lebensstil im Alter. Altersbilder sind aber nicht nur als Prädiktoren für ein aktives Altern wesentlich, sondern auch Hintergrund für die Interaktion verschiedener Generationen im Betrieb. Die Weiterentwicklung beruflicher Kompetenzen ist nicht nur von den persönlichen subjektiven Vorstellungen über das eigene Altern beeinflusst, sondern auch abhängig von den im sozialen Umfeld vertretenen Altersbildern. Persönliche Altersbilder stehen in direktem Zusammenhang mit der Lebensgestaltung, dem Aktivitätspotenzial und der Gesundheit im Alter. Dominiert bei den Führungskräften und Personalverantwortlichen ein negativ gefärbtes Altersbild, so wird sich das auch auf die Förderung und Arbeitsbedingungen von Älteren auswirken (Beitrag SCHMIDT).

Gesunde Mitarbeiterinnen und Mitarbeiter sind die Voraussetzung für wettbewerbsfähige und innovative Unternehmen. Somit können Betriebe Gesundheit nicht mehr ausschließlich als Privatsache der Beschäftigten betrachten, sondern müssen sie selbst als Ziel im Auge haben. Die Möglichkeiten der Unternehmen, positiven Einfluss auf die Gesundheit der Beschäftigten zu nehmen, sind vielfältig, erfordern allerdings auch die Bereitschaft ihrer Mitarbeiterinnen und Mitarbeiter. Immer mehr Betriebe sehen das betriebliche Gesundheitsmanagement (BGM) nicht nur als Kos-

---

7   Age Management ist ein noch junges Themenfeld, mit dem sich insbesondere Wissenschaftler aus Finnland auseinandergesetzt haben. ILMARINEN definierte Age Management als Erster als die soziale und betriebliche Integration Älterer, die durch den Abbau von stereotypen, negativen Einstellungen gegenüber Älteren, der Förderung der Arbeitsfähigkeit und den Personaleinsatz nach individuellen körperlichen und geistigen Ressourcen erfolgt. NAEGELE und WALKER fügen ihrer Definition auch Rekrutierung und Ausbildung hinzu (NAEGELE und WALKER 2007).

8   Die Rente mit 67 ist unpopulär. Vier von fünf Deutschen lehnen die Verlängerung der Lebensarbeitszeit ab. Sie würden sich gern mit 60 Jahren in den Ruhestand verabschieden und nicht mit 65 oder 67 Jahren („Kultur des frühen Aufhörens"). WELT 14.09.2010, S. 2 und 6.

tenfaktor, sondern als Investition in das „Humankapital" des Unternehmens. BGM
bezieht Gesundheit in das Leitbild und in die (Führungs-)Kultur, in die Strukturen
und Prozesse der Organisation mit ein. Gerade aber kleinere und mittlere Unternehmen (KMU) sind hierbei noch unterrepräsentiert und benötigen Unterstützung. Pro-
fessional organisierte Netzwerke können helfen, dieses größenstrukturell bedingte
Defizit zu kompensieren (Beitrag Bienert).

Zu einer betrieblichen Gesundheitsförderung gehören alle Maßnahmen, die ge-
sundheitlich präventiv und auch kurativ wirken und das Gesundheitsbewusstsein der
Beschäftigten fördern helfen. Eine alternsbetriebliche Gesundheitsförderung basiert
auf eigener Wertschätzung und der Wertschätzung anderer gegenüber und nutzt
durch frühzeitige verhältnis- und verhaltensorientierte Maßnahmen unter aktiver
Beteiligung der Führungskräfte und Beschäftigten alle Gesundheitspotenziale in der
Organisation. Die Arbeitssituationsanalyse 50plus (ASiA 50plus) ist eine mündliche
Gruppenbefragung und eingebettet in einen Organisationsentwicklungsprozess. Es
handelt sich um einen altersübergreifenden Workshop eines Arbeitsbereiches bzw.
eines Teams. Beschäftigte fungieren als Experten und Expertinnen der jeweiligen
Arbeitssituation und Gesundheit. Sie äußern sich zur Frage, was sich an den Arbeitsbedingungen und am Gesundheitsverhalten verbessern müsste, um gesund bis
in die Rente arbeiten zu können (Beitrag Kaiser).

Neben der Gesundheitsförderung stellt die Qualifizierung und Weiterbildung
der Beschäftigten eine wichtige Strategie dar, mittels derer die berufliche Leistungsfähigkeit im Erwerbsverlauf erhalten und ausgebaut werden kann. Die vorhandenen
Abschlüsse und Qualifikationen älterer Arbeitnehmerinnen und Arbeitnehmer sind
im Vergleich zu denen jüngerer oftmals weniger aktuell. Neben fehlender oder lange
zurückliegender Berufsausbildung haben ältere Beschäftigte vielleicht auch in ihrem
Berufsverlauf nur wenige Lernerfahrungen machen können – vor allem dann, wenn
sie über lange Zeiträume hinweg immer gleiche Tätigkeiten ausgeübt haben und
dabei auch das Lernen verlernt haben. Realität ist, dass Ältere in Sachen beruflicher
und betrieblicher Weiterbildung unterrepräsentiert sind. Verantwortlich ist dafür
allerdings weniger das Alter, als dass Weiterbildungsmöglichkeiten und -angebo-
te nicht auf die Bedürfnisse Älterer ausgerichtet und abstrakt-theoretisch gestaltet sind. Dies widerspricht der Tatsache, dass Ältere in der Regel anders lernen.
Anforderungsarme Tätigkeiten und qualifikatorische Sackgassen tragen ebenfalls
nicht gerade zur Weiterbildungsmotivation und -bereitschaft bei. Und nicht wenige
Personalverantwortliche hegen Zweifel an der Lernfähigkeit älterer Beschäftigter.
Die Forschung belegt zwar eindeutig, dass die Lernfähigkeit während des gesamten
Berufslebens intakt bleibt, allerdings gilt dies für die Lernbereitschaft häufig nicht
im selben Maße. Unternehmen haben entscheidenden Einfluss darauf, ob das Po-
tenzial für erfolgreiche Weiterbildung ausgeschöpft wird (Beitrag Stamov Rossnagel).

Die Funktion der Weiterbildung für ältere Menschen während der Erwerbsphase ändert sich im Kontext von Hinzuverdiensten bei sinkenden Renteneinkünften durch Minijobs und Teilzeitarbeit, durch Ehrenamt bzw. bürgerschaftliches Engagement. Ehrenamt steht gerade bei älteren Menschen in engem Zusammenhang mit dem Arbeitsleben. Offensichtlich lassen sich aus der Berufstätigkeit Ressourcen ableiten, die die Voraussetzungen für freiwilliges Engagement erhöhen. Alter(n)sadäquate Erwerbsbiografien sind durch ständigen Wechsel von Lernen, Arbeiten und Freizeitgestaltung so abwechslungsreich zu gestalten, dass eine dauerhafte Beschäftigungsfähigkeit bis ins hohe Alter möglich ist. Bildungsangebote sind von Nutzen, die die Nachberufsphase stärker einbeziehen und die nicht nur darauf zielen, Fähigkeiten und Fertigkeiten für die Arbeitswelt zu schaffen, sondern ihnen eine Perspektive für „die Zeit danach" bieten, die ihnen hilft, eine gute Lebensplanung für das Alter zu ermöglichen. Berufliche und betriebliche Weiterbildung wandelt sich zu einer Weiterbildung von der Erwerbsphase zur Nacherwerbsphase mit der Übernahme freiwilliger Leistungen und zur Bewältigung von Alltagsproblemen (Beitrag FRIEBE).

Aus der systematischen Altersforschung ist bekannt, dass die fluide Intelligenz (flexible, geschwindigkeitsabhängige Leistungen, Kurzzeitgedächtnis, Aufgabenwechsel) mit dem Alter mehr oder weniger abnimmt, während die kristallinen Funktionen (Langzeitgedächtnis, Urteilsfähigkeit, strategisches Denken, sprachliche Kompetenz) bis ins hohe Alter erhalten bleiben und durch Training sogar noch verbessert werden können. Schwächen in der fluiden Intelligenz können zu Leistungseinbußen und überproportionalen Beanspruchungen älterer Beschäftigter führen. Dies war Ausgangspunkt für das Projekt PFIFF, das Einflussfaktoren auf die intellektuelle Leistungsfähigkeit Älterer untersuchte. Hier zeigte sich in der kognitiven Leistungsfähigkeit bei Beschäftigten mit unterschiedlicher Tätigkeit ein ungünstiger Einfluss monotoner und ein günstiger Einfluss flexibler Arbeit auf intellektuelle Fähigkeiten. Ergebnis des Projektes ist ein Baukastensystem mit einem Bündel von Maßnahmen, das in der Praxis flexibel je nach Unternehmensgröße und zur Verfügung stehenden betrieblichen Gesundheitsakteuren zusammengestellt werden kann und damit für die verschiedensten Betriebe – vor allem auch für kleine und mittlere Unternehmen – einsetzbar ist (Beitrag FALKENSTEIN).

Beschäftigte, die für ihre Arbeit motiviert sind und Altern nicht negativ begreifen, haben eher das Bestreben, langfristig im Erwerbsleben zu bleiben. Die (Wieder-) Entstehung einer allgemeinen Kultur des „Länger-arbeiten-Wollens" wird weniger über finanzielle Anreize machbar oder sinnvoll sein, sondern eher über Motivation und geeignete Rahmenbedingungen. Das Projekt MiaA (Menschen in altersgerechter Arbeitskultur – Arbeiten dürfen, können und wollen) fokussierte Fragen der Motivation zur Gestaltung einer altersgerechten Arbeitskultur, z. B. wie Beschäftigte motiviert werden können, bis zum gesetzlichen Renteneintrittsalter arbeiten zu wollen, und auch wie Unternehmen motiviert werden können, sich mit dem Thema ältere Beschäftigte und demografischer Wandel strukturiert und nachhaltig auseinanderzusetzen. Ansatzpunkte zur Frage, wie das „Arbeitenkönnen, Arbeitenwollen und Arbeitendürfen" gefördert werden kann, wurden ermittelt. Ein Handlungsleitfaden mit reflektorischen Leitfragen („Ampelsystem") dient dazu, die Situation im eigenen Unternehmen zu beurteilen, Problempunkte zu identifizieren und Maßnahmen zu initiieren (Beitrag LENZE, MÜHLENBROCK und RIECHEL).

Lebenszyklusorientierte Personalentwicklung orientiert sich viel stärker als bisher am einzelnen Individuum und seinen Entwicklungsaufgaben in den verschiedenen Abschnitten des Erwerbsverlaufes, an den Phasen des Überganges, der Veränderung und kritischer Entscheidungen und der Lebenssituation. Sie berücksichtigt, in welcher Phase des individuellen Lebenszyklus sich Mitarbeitende befinden und welche PE-Maßnahmen in jeder Phase besonders effektiv sind. Es geht darum, jüngere Beschäftigte konsequent zu fördern und an das Unternehmen zu binden, Beschäftigte im mittleren Alter leistungsfähig und motiviert zu halten und ältere Arbeitnehmerinnen und Arbeitnehmer gezielt zu entwickeln, sodass sie bis zur Rente bzw. Pensionierung (und darüber hinaus) die notwendigen Fähigkeiten und Fertigkeiten zur Ausübung ihrer Arbeit und zur Bewältigung der Arbeitsanforderungen besitzen, gesund bleiben und Freude an der Arbeit haben. Für Unternehmen gewinnt insbesondere der laufbahn- und stellenbezogene Zyklus mit seinen möglichen Personalentwicklungsmaßnahmen immer mehr an Bedeutung (Beitrag GRAF).

Der demografische Wandel verlangt eine neue Einstellung zum Alter und Altern und gute Ideen, darauf angemessen zu reagieren. Die chemische Industrie setzt dazu ihren Tarifvertrag „Lebensarbeitszeit und Demografie" ein. Der Tarifvertrag gilt als tarifpolitischer Meilenstein, soll aber unternehmerische Kreativität und Planungsanstrengungen nicht ersetzen. So sind Konzepte des Personalmanagements besonders wichtig, die sich am Lebenszyklus orientieren, weil sich damit auch von reinen Altersdiskussionen gelöst werden kann. Strategisches Personalmanagement ist um ein Konzept zur systematischen Mobilisierung und Eingliederung von „Silver Workers" zu erweitern, genauso wie verstreut vorhandenes Wissen gut organisiert und zusammengeführt werden muss. Nur mit einem umfassenden und differenzierten Bündel von Instrumenten und Regelungen ist dem demografischen Wandel zu begegnen (Beitrag VOLKWEIN).

In manchen Tätigkeitsfeldern ist es leichter und in anderen schwerer, gesund alt zu werden. Vor diesem Hintergrund ist eine „alternsgerechte Arbeitsgestaltung bzw. Erwerbsbiografie" prioritär. Sie fokussiert nicht nur auf die Belange der älteren Beschäftigten, sondern meint einen ganzheitlichen präventiven Ansatz zur Gestaltung von Arbeit, von dem Beschäftigte aller Altersklassen profitieren. Demgegenüber sind mit „altersgerechter Arbeitsgestaltung" spezielle Maßnahmen für die Gruppe älterer

Beschäftigter gemeint, deren Leistungsvermögen sich verändert hat und die dann bestimmte Arbeitsaufgaben nicht mehr in der geforderten Art und Weise ausführen können. Immer mehr wird Unternehmen deutlich, dass das Potenzial Älterer nicht ungenutzt bleiben darf, dass die Erwerbsbeteiligung älterer Arbeitnehmerinnen und Arbeitnehmer erhöht werden muss und dass Qualifizierung und Wissensmanagement eine immer wichtigere Rolle im demografischen Wandel spielen. Die SICK AG hat Wege beschritten, um auch in Zukunft im internationalen Wettbewerb bestehen zu können und das Potenzial Älterer nicht ungenutzt zu lassen (Beitrag Kast).

Reichhaltige betriebsspezifische Erfahrungen und umfassendes Prozesswissen von Älteren stellen eine wichtige Ressource in Unternehmen dar, die bei Ausscheiden aus dem Betrieb verloren gehen. Um den Wissenstransfer von Alt auf Jung sicherzustellen, bekommt die intergenerative Zusammenarbeit (altersgemischte Teams) einen Aufschwung, wenn auch noch nicht in dem Maße, in dem er nötig ist. Es geht darum, die Zusammenarbeit der Generationen zum gegenseitigen Gewinn zu fördern und letztlich die Wertschätzung der Altersvielfalt in die Unternehmenskultur zu integrieren. Soweit es gelingt, die vielfältigen Lebens- und Berufserfahrungen produktiv zusammenzubringen, steckt gerade in der Unterschiedlichkeit ein hohes Innovationspotenzial. Grundlegend für effizient arbeitende intergenerative Teams ist eine team- und innovationsorientierte Unternehmenskultur, die auch von der Führungsebene vorgelebt wird (Beitrag Reinhardt).

Demografische Veränderungen veranlassen Initiativen und Maßnahmen, die die Potenziale von Beschäftigten so erhalten und entwickeln helfen (können), dass sie den Betrieben lange zur Verfügung stehen und möglichst gesund das Rentenalter erreichen. Wie ist es um die individuelle Arbeitsfähigkeit der/des Beschäftigten bestellt? Wie kann die Arbeitsfähigkeit gefördert und gesteigert werden? Hier kann der Work Ability Index (= WAI) Auskunft geben, dessen Index auf einem Fragebogen (Kurz- und Langversion) basiert, der Aussagen über die Arbeitsfähigkeit gibt. Arbeitsfähigkeit wird nicht nur durch die Eigenschaften und Voraussetzungen der Beschäftigten bestimmt, sondern ebenso durch die Bedingungen und Anforderungen der Arbeit. Diese sind im sogenannten „Haus der Arbeitsfähigkeit" zusammengefasst. Am Beispiel von zwei Studien wird verdeutlicht, wie bedeutsam die Faktoren „Arbeitsorganisation" und „Führung" für den Erhalt und die Förderung der Arbeitsfähigkeit sind (Beitrag Prümper und Richenhagen).

Eine alter(n)sgerechte Personalentwicklung zielt auf eine präventiv orientierte, die gesamte Erwerbsbiografie und damit alle Altersgruppen einbeziehende Prozessperspektive. Handlungsfelder sind Arbeits- und Laufbahngestaltung, altersgerechte Weiterbildung, Gesundheitsaspekte und Gratifikationsgestaltung. Doch sind betriebliche Ansätze des Altersmanagements noch nicht ausreichend entwickelt und nachhaltig genug gestaltet. Die Konzipierung und praktische Umsetzung eines

Qualitätssiegels zur Bewertung alternsgerechter Personalentwicklung setzt an diesem Entwicklungsbedarf an. Mit dem Qualitätssiegel AGE CERT sollen zukünftig vorbildliche Ansätze im Umgang mit alternden Belegschaften sichtbar gemacht und fundiert anhand eines Kriterienkataloges bewertet werden. Die konkrete Bewertung entsprechender betrieblicher Maßnahmen in den angeführten Handlungsfeldern bildet die Basis für die Entwicklung und Umsetzung eines betrieblichen Zertifizierungsverfahrens, das in einem vierstufigen Prozess mit der Vergabe eines Qualitätssiegels zur altersgerechten Personalentwicklung (AGE CERT) schließen soll. Die Zuerkennung des Siegels ist auf drei Jahre befristet (Beitrag FRERICHS und BÖGEL).

Gerade Ältere haben bei einem Verlust ihres Arbeitsplatzes äußerst große Schwierigkeiten, wieder eine Arbeit zu finden. Arbeitsmarktpolitische Programme und Instrumente haben zum Ziel, die Beschäftigungschancen älterer Langzeitarbeitsloser zu verbessern. Das vom Bundesministerium für Arbeit und Soziales (BMAS) seit 2005 geförderte Bundesprogramm „Perspektive 50plus" soll mit auf die regionalen Besonderheiten abgestimmten Konzepten helfen, die Wiedereingliederungschancen von älteren Langzeitarbeitslosen zu verbessern. Das Bundesprogramm basiert auf einem regionalen Ansatz, der es den etablierten Beschäftigungspakten erlaubt, bei der Wahl der Integrationsstrategie gezielt auf regionale Besonderheiten einzugehen. Es werden unterschiedliche Wege beschritten, um älteren Langzeitarbeitslosen eine faire Chance am Arbeitsmarkt zu bieten. Das Bundesprogramm hat sich zu einem lernenden Programm entwickelt, das eine Pionierfunktion im Bereich Arbeitsförderung ausübt (Beitrag KNUTH, BÜTTNER und SCHWEER).

Literatur

BUNDESANSTALT FÜR ARBEITSSCHUTZ UND ARBEITSMEDIZIN (BAuA) (Hrsg.): Why WAI? Der Work Ability Index im Einsatz für Arbeitsfähigkeit und Prävention – Erfahrungsberichte aus der Praxis. Dortmund 2008

BILLE, L. M.: Age-Management-Konzepte für das Personalwesen – Erfahrungen und Konsequenzen. Hamburg 2009

BÖRSCH-SUPAN, A.; ERLINGHAGEN, M.; HANK, K.; JÜRGES, H.; WAGNER, G. G. (Hrsg.): Produktivität in alternden Gesellschaften. Köthen (Anhalt) 2009

BRANDENBURG, U.; DOMSCHKE, J.-P.: Die Zukunft sieht alt aus. Herausforderungen des demografischen Wandels für das Personalmanagement. Wiesbaden 2007

BULLINGER, H. J.; BUCK, H.: Demografie betrifft alle – Handlungsoptionen für älter werdende Unternehmen. In: HAPPE, G. (Hrsg.): Demografischer Wandel in der unternehmerischen Praxis. Mit Best-Practice-Berichten. Wiesbaden 2007, S. 15–28

EGELER, R.: Statement zur Pressekonferenz „Bevölkerungsentwicklung in Deutschland 2060" in Berlin 2009. Wiesbaden 2009. – URL: http://www.destatis.de/jetspeed/portal/cms; Pressekonferenzen 18.11.2009

FAULSTICH, P.: Lebenserfahrung Älterer als Lernvoraussetzung für gute Arbeit. In: FAUL-
STICH, P.; BAYER, M. (Hrsg.): Lernalter. Weiterbildung statt Altersarmut. Hamburg
2007, S. 8–28

GUSSONE, M.; HUBER, A.; MORSCHHÄUSER, M.; PETRENZ, J.: Ältere Arbeitnehmer. Altern und
Erwerbsarbeit in rechtlicher, arbeits- und sozialwissenschaftlicher Sicht. Frankfurt am Main 1999

HACKER, W.: Leistungsfähigkeit und Alter. In: IABColloquium „Praxis trifft Wissenschaft"
am 20./21. Oktober 2003 in Lauf (2003, S. 2), S. 1–11

HELFFERICH, B.: Die Frage des Alterns in der Europapolitik. In: ROTHKIRCH, C. von (Hrsg.):
Altern und Arbeit: Herausforderung für Wirtschaft und Gesellschaft. Beiträge, Diskussionen und Ergebnisse eines Kongresses mit internationaler Beteiligung. Berlin
2000, S. 19–22

HÜTHER, G.: Auch im Alter lernen?! In: Trojaner 16 (2008) 1, S. 34–37

ILMARINEN, J.; TEMPEL, J.: Arbeitsfähigkeit 2010. Was können wir tun, damit Sie gesund
bleiben? Hamburg 2002

KOLLER, B.; PLATH, H.-E.: Qualifikation und Qualifizierung älterer Arbeitnehmer. In: IAB
(Hrsg.): Sonderdruck aus: Mitteilungen aus der Arbeitsmarkt- und Berufsforschung
1/2000. Nürnberg 2000. – URL: http://doku.iab.de/mittab/2000_1_MittAB_Koller_
Plath.pdf

KRUSE, A.; WAHL, H.-W.: Zukunft Altern. Individuelle und gesellschaftliche Weichenstellun-
gen. Heidelberg 2010

MORSCHHÄUSER, M.: Personalentwicklung oder Personalaustausch? – Perspektiven alterns-
bezogener Personalplanung. Berlin 2000

MORSCHHÄUSER, M.: Reife Leistung – Personal- und Qualifizierungspolitik für die künftige
Altersstruktur. Berlin 2006

NAEGELE, G.; WALKER, A.: Ein Leitfaden für gute Praxis im Altersmanagement. Luxemburg
2007. – URL: http://www.eurofound.europa.eu/pubdocs/2005/137/de/1/ef05137de.
pdf

PREZEWOWSKY, M.: Demografischer Wandel und Personalmanagement. Herausforderungen
und Handlungsalternativen vor dem Hintergrund der Bevölkerungsentwicklung.
Wiesbaden 2007

RICHENHAGEN, G.: Leistungsfähigkeit, Arbeitsfähigkeit, Beschäftigungsfähigkeit und ihre
Bedeutung für das Age Management. In: FREUDE, G.; FALKENSTEIN, M.; ZÜLCH, J.
(Hrsg.): Förderung und Erhalt intellektueller Fähigkeiten für ältere Arbeitnehmer.
Abschlussbericht des Projekts „Pfiff". Dortmund. INQA-Bericht 39. 2009, S. 73–86

SEITZ, C.: Erfahrung schätzen. Über die Notwendigkeit demografischer Beratung. In: Trojaner 16 (2008) 1, S. 26–30

SPECK, P.: Employability – Herausforderungen für die strategische Personalentwicklung.
Konzepte für eine flexible innovationsorientierte Arbeitswelt von morgen. Wiesbaden 2009

ZIMMERMANN, H.: Weiterbildung im späteren Erwerbsleben. Bonn 2009

Bernhard Schmidt

Altersbilder und ihre Bedeutung für ältere Arbeitnehmerinnen und Arbeitnehmer

Subjektive Vorstellungen vom Alter prägen das Selbstbild älterer Arbeitnehmerinnen und Arbeitnehmer und haben Effekte auf deren Leistungsfähigkeit, gesundheitliches Wohlbefinden und Bildungsverhalten. Der folgende Beitrag geht auf die grundlegende Bedeutung von Altersbildern ein und zeigt auf Basis empirischer Daten, welche Faktoren Altersbilder älterer Erwerbstätiger beeinflussen und inwieweit sich auch bei Personalverantwortlichen in den Betrieben Altersstereotype identifizieren lassen. Dabei zeigt sich, dass Altersbilder sowohl von frühen Sozialisationserfahrungen als auch von aktuellen Lebens- und Arbeitsbedingungen geprägt sind.

1. Zum Begriff „Altersbild"

Unser eigenes Handeln, unser Engagement und die Bereitschaft, sich auf Neues einzulassen, sind eng verbunden mit unserem Selbstbild und dem Zutrauen in die eigene Leistungs- und Lernfähigkeit. Die Vorstellungen über uns selbst speisen sich dabei aus eigenen Erfahrungen, theoretischem Wissen und überlieferten bzw. vom sozialen Umfeld vertretenen Haltungen. Beziehen sich diese Ideen über die eigene Person oder über Dritte primär auf das Alter, so kann von Altersbildern gesprochen werden, die für diejenigen, die sich selbst als den Älteren zugehörig empfinden oder von anderen dieser Gruppe zugeordnet werden, weitreichende Konsequenzen für ihr Selbstbild und ihr Handeln haben.

Die Erkenntnis, dass subjektive Vorstellungen über das Altern und das eigene Leben im Alter einen wesentlichen Einfluss auf die tatsächliche kognitive und physische Leistungsfähigkeit sowie den Lebensstil im Alter haben, ist aus wissenschaftlicher Sicht noch relativ neu. Auch die in der Wissenschaft vorherrschenden Ideen von der Leistungsfähigkeit im Alter haben sich aufgrund von Forschungsarbeiten verschiedener Disziplinen (Gerontologie, Psychologie, Erziehungswissenschaft, Soziologie etc.) in den letzten Jahrzehnten deutlich gewandelt. Unklar ist, ob diese wissenschaftlichen Bilder vom Alter mit kulturell tradierten und durch individuelle Sozialisationserfahrungen geprägten Altersbildern außerhalb des Wissenschaftssystems korrespondieren (vgl. Schmidt und Theisen 2009). Der auch als Altersbild bezeichnete Blick auf eine nicht klar umgrenzte und durch Kulturmuster geprägte Lebensphase ist insbesondere für diejenigen, die sich selbst schon dieser Altersgruppe zurechnen oder in die Lebensphase Alter in absehbarer Zukunft einmünden, von zentraler Bedeutung, wobei die Etikettierung als „alt" stets Elemente der Selbst- und der Fremdzuschreibung umfasst.

Die Internalisierung eines primär an Verlusten und Defiziten orientierten Altersbildes kann ältere Beschäftigte an einer aktiven Lebensgestaltung hindern und einen Rückzug aus dem gesellschaftlichen und beruflichen Leben begründen. Demgegenüber fördert ein positives Bild vom eigenen Altern und Alter die Bereitschaft zu beruflichem Engagement, zur aktiven Beteiligung in verschiedenen Bereichen der Gesellschaft sowie zur Beteiligung an Bildungsprozessen. Gleichzeitig spiegeln sich in individuellen Altersbildern immer auch subjektiv wahrgenommene Lebensbedingungen und die innerbetriebliche Position älterer Arbeitnehmer und Arbeitnehmerinnen, die als Teil der persönlichen Erfahrungswelt das Selbst- und Fremdbild der Älteren mitbestimmen. Altersbilder bilden darüber hinaus den Rahmen für intergenerative Kommunikations- und Interaktionsprozesse und bestehen nicht nur aus Vorstellungen über soziale Rollen, Wertungen und Persönlichkeitseigenschaften im Alter, sondern beinhalten auch Kommunikationskonzepte (vgl. GÖCKENJAN 2000). Dabei transportieren Altersbilder neben Erklärungen und Beschreibungen auch normative Elemente, z. B. in Bezug auf Rechte und Pflichten älterer Menschen, oder formulieren mit der Lebensphase Alter verbundene Rollenerwartungen. Altersbilder beziehen sich aber nicht nur auf das Alter als Lebensphase, sondern werden häufig auch als Vorstellungen über den Prozess des Älterwerdens verstanden.

2.   Genese von Altersbildern und Bedeutung für ältere Erwerbstätige

Altersbilder sind ein Produkt individueller und kollektiver Sozialisationserfahrungen in vorangegangenen Lebensabschnitten und aktueller Lebensbedingungen, deren Zusammenspiel hinsichtlich ihrer Effekte auf Altersbilder aber noch ebenso ungeklärt ist wie die temporäre Stabilität von Altersbildern. In der These des „selfstereotyping" wird die Übernahme in der Gesellschaft verbreiteter Altersstereotype in das Selbstbild Älterer erläutert. Altersbilder werden dabei primär als erworbene, kulturell verankerte Denkmuster verstanden, die aber erst im Alter – so die These – weitgehend unreflektiert auf die eigene Person bezogen und in das Selbstbild übernommen werden (vgl. LEVY 2003). Als „selbsterfüllende Prophezeiung" (MERTON 1948) wirken Altersstereotype dabei auf die Wahrnehmung und Verarbeitung von Erlebenswelten zurück und tendieren dazu, sich selbst permanent zu bestätigen und zu festigen. Der Einfluss von Altersbildern auf Selbstkonzept und Selbstwahrnehmung konnte ebenso bestätigt werden (vgl. ORY u. a. 2003) wie Effekte von Selbstwirksamkeitserwartungen, Selbstkonzept und Selbstbild auf individuelle Altersbilder (vgl. de GRACIA BLANCO u. a. 2004). Die Lebensumstände Älterer scheinen aber ebenfalls bedeutsam für die Ausprägung von Altersbildern zu sein. Altersbilder sind

u. a. abhängig von der subjektiven Einschätzung des eigenen Gesundheitszustands und dem psychischen Wohlbefinden (vgl. SCHELLING und MARTIN 2008). Einzelne Untersuchungen belegen auch den Einfluss früher Sozialisationserfahrungen für den Aufbau von Altersbildern in Abhängigkeit von Geschlecht, ethnischer Zugehörigkeit, Bildung und ökonomischen Ressourcen (vgl. LEVY und SCHLESINGER 2005, S. 32). Darüber hinaus legt eine Studie zum Ausstieg aus dem Erwerbsleben auch einen Einfluss beruflicher Sozialisationsprozesse auf das Selbstbild im Alter nahe (vgl. ADIS, REINHART und STENGEL 1996).

Die subjektiven Vorstellungen über die Lebensphase Alter, über die damit verbundenen Entwicklungsgewinne und -verluste, über die soziale Position Älterer sowie über deren Aufgaben und Pflichten prägen nicht nur das Selbstbild und die sozialen Interaktionen Älterer (vgl. LEVY 2003), sondern wirken auch auf die Gesundheit und das körperliche Wohlbefinden im Alter. Individuelle Altersbilder beeinflussen einerseits gesundheitsbewusstes Verhalten, andererseits ließen sich auch ganz konkrete Auswirkungen auf einzelne Bereiche physischer und kognitiver Leistungsfähigkeit (z. B. ANDREOLETTI und LACHMANN 2004) sowie auf die subjektive Wahrnehmung der eigenen physischen Verfassung nachweisen. Ältere mit einem positiven Altersbild fühlen sich eher gesund (vgl. ORY u. a. 2003) und haben auch eine deutlich höhere Lebenserwartung (LEVY, SLADE und KASL 2002) als Personen mit negativen Altersstereotypen.

Altersbilder sind aber nicht nur als Prädiktoren für ein aktives Altern wesentlich, sondern als Hintergrundfolie für die Interaktion verschiedener Generationen im Betrieb. Voraussetzung für einen intergenerationellen Wissensaustausch ist einerseits die Bereitschaft älterer Arbeitnehmer und Arbeitnehmerinnen, kumulierte Wissens- und Erfahrungsbestände zu teilen und auch die Wertschätzung der eigenen Kompetenzen. Andererseits ist diese Wertschätzung auch aufseiten der lernenden jüngeren Kolleginnen und Kollegen erforderlich. Das Voneinanderlernen (vgl. SIEBERT und SEIDEL 1990) der Generationen ist dabei kein unidirektionaler Prozess, sondern bedeutet gerade in Zeiten technischer Innovationen und schnell veraltender Wissensbestände auch das Lernen der Älteren von den Jüngeren. Altersbilder sind hier nicht nur moderierende Variablen im Lernprozess, sondern bestimmen die Sichtweise der Generationen aufeinander, die Akzeptanz gegenüber Wissen und Erfahrungen des jeweils anderen sowie das Rollenverhalten in der Wissenskommunikation. Intergeneratives Lernen in Weiterbildungsszenarien, verstanden als ein Übereinanderlernen, bietet überdies die Chance zum intergenerativen Dialog, zum Austausch der generationsspezifischen Perspektiven, bietet aber auch Raum für die konflikthafte Auseinandersetzung mit den teilweise divergenten Interessen verschiedener Generationen (vgl. SCHMIDT und TIPPELT 2009). Die Begegnung der Generationen erfolgt natürlich primär im Lebens- und Berufsalltag der Akteure, der wiederum stark von kulturellen Mustern und Traditionen bestimmt ist. Die Bedeutung von Altersbildern liegt u. a. darin, dass sie die Funktion von kulturellen Leitbildern für das Älterwerden erfüllen (Niederfranke 2000). Dieses Rollenverständnis wirkt wiederum zurück auf Generationenbeziehungen und ist stark geprägt von den vorherrschenden kulturhistorischen Rahmungen (vgl. Kruse 2009).

3.   Altersbilder in Deutschland

Für Deutschland liegen seit den 1970er-Jahren verschiedene Untersuchungen zu Altersbildern verschiedener sozialer Gruppen vor. Diese verweisen immer wieder auf eine Art selbstwertdienliche Uminterpretation der eigenen Leistungsfähigkeit und auf eine Unterschätzung von Verlustprozessen aufgrund fehlender objektiver Maßstäbe. Personen neigen mit zunehmendem Alter mehr dazu, sich in verschiedenen Leistungsbereichen jünger zu fühlen als ihr kalendarisches Alter (vgl. Filipp und Ferring 1989). Allgemein verbreitete negative Altersstereotype könnten die Älteren dazu veranlassen, zum Erhalt eines positiven Selbstbildes das gefühlte Alter durchschnittlich geringer anzusetzen als das kalendarische. Eine generell negative Konnotation des Labels „alt" tritt in verschiedenen Untersuchungen zutage, insbesondere wenn die Bezeichnung „alt" an höhere Altersgruppen delegiert wird, um diese Stigmatisierung von der eigenen Altersgruppe abzuwenden (vgl. Tippelt u. a. 2009). Allerdings lassen sich Altersbilder nicht immer eindimensional auf einem Kontinuum zwischen einem positiven und einem negativen Extrem verorten. In den kognitiven Repräsentationen vom Alter spiegeln sich die von Gerontologen postulierte Multidimensionalität und Multidirektionalität von Alternsprozessen (vgl. Schmitt 2004) wider, wenn von Befragten positive wie negative Aspekte des Alters gleichzeitig genannt werden, Alter also mit Gewinnen und Verlusten gleichermaßen assoziiert wird (vgl. Kruse und Schmitt 2005). Als besonders bedeutsam für das individuelle Altersbild erwiesen sich intergenerationelle Kontakte und der intergenerative Dialog. Sowohl Kinder als auch Ältere, die regelmäßig in Interaktion mit anderen Generationen treten, haben eine positivere Einstellung gegenüber der Lebensphase Alter allgemein und dem eigenen Altern (vgl. Schmidt und Theisen 2009). Die Möglichkeiten intergenerativer Begegnungen haben im Alltag moderner Industrienationen – und nicht zuletzt im beruflichen Alltag – aufgrund der Alterssegmentierung von Branchen, beruflichen wie außerberuflichen Tätigkeitsfeldern und veränderten Familienstrukturen allerdings erheblich an Raum verloren (vgl. Kade 2004). Intergenerationelle Begegnungen können aber z. B. in Weiterbildungsmaßnahmen wieder bewusst initiiert und moderiert werden (vgl. Schmidt und Tippelt 2009).

4. Altersbilder von älteren Arbeitnehmerinnen und Arbeitnehmern: eine Sekundäranalyse der EdAge-Studie

Im Rahmen der EdAge-Studie zu Weiterbildungsverhalten und -interessen Älterer (vgl. Tippelt u. a. 2009) wurde 2007 eine Repräsentativbefragung der 45- bis 80-jährigen Wohnbevölkerung in Deutschland durchgeführt (n = 4.909). Im Rahmen dieser Erhebung wurde unter anderem das persönliche Altersbild mittels einer Skala erhoben, die sich in weiten Teilen an die entsprechenden Fragen aus dem deutschen Alterssurvey (vgl. Tesch-Römer u. a. 2002) und der ILSE-Studie (vgl. Martin u. a. 2000) anlehnt. Diese Skala umfasst 17 Items zu Erwartungen und Erfahrungen bzgl. des eigenen Alters und Alterns, die hier für die älteren Erwerbstätigen (n = 2.012) ausgewertet werden. Im Mittelpunkt steht dabei die Frage nach relevanten Einflussgrößen im Hinblick auf das persönliche Altersbild. In einer Regressionsanalyse wurden zunächst aus einem Pool von Variablen diejenigen identifiziert, die einen statistisch bedeutsamen Beitrag zur Varianzaufklärung in der Skala „Altersbild" leisten. Als wesentlich erwiesen sich dabei das Alter der Befragten, die Schulbildung, der Berufsstatus sowie die Teilnahme an außerberuflicher Weiterbildung. Aufgrund fehlender Signifikanz wurden die Variablen Geschlecht, Berufsbildung, Teilnahme an beruflicher Weiterbildung und Betriebsgröße schrittweise ausgeschlossen. In einigen deskriptiven Darstellungen lassen sich die regressionsanalytisch bestätigten Zusammenhänge verdeutlichen. Zu diesem Zweck wurde die intervallskalierte Skala „Altersbild" in vier Quartile aufgeteilt, d. h., es wurden die Skalenwerte in vier gleichgroße Gruppen aufgeteilt, die stark überdurchschnittlich negative (Quartil 1), leicht überdurchschnittlich negative (Quartil 2), leicht überdurchschnittlich positive (Quartil 3) und stark überdurchschnittlich positive Altersbilder (Quartil 4) jeweils zu einem Cluster zusammenfassen. Betrachtet man nun die Verteilung dieser Cluster innerhalb verschiedener Untergruppen, so zeigt sich zunächst ein überproportional hoher Anteil von Personen mit stark oder moderat negativem Altersbild unter den älteren Erwerbstätigen mit Hauptschulabschluss, während ältere Erwerbstätige mit (Fach-)Hochschulreife häufiger dem vierten Quartil mit sehr positivem Altersbild angehören. Die Befragten mit mittleren Schulabschlüssen nehmen auch hinsichtlich der Verteilung auf die Quartile eine mittlere Position ein (siehe Abbildung 1).

Abbildung 1: **Altersbild älterer Erwerbstätiger nach Schulabschluss (Verteilung auf Quartile)**

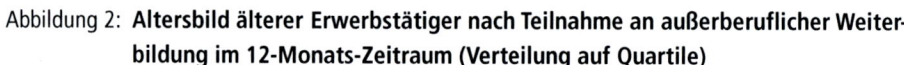

Neben der schulischen Erstausbildung scheinen auch aktuelle Bildungsaktivitäten mit dem individuellen Altersbild zu korrespondieren. Interessanterweise sind hierbei weniger die beruflichen als die außerberuflichen Weiterbildungsaktivitäten bedeutsam. Ältere Erwerbstätige, die innerhalb von zwölf Monaten an einer außerberuflichen Weiterbildung teilgenommen haben, gehören sehr viel häufiger zu dem Quartil mit stark überdurchschnittlich positivem Altersbild (Quartil 4) als ältere Erwerbstätige ohne außerberufliche Weiterbildungsteilnahme (siehe Abbildung 2).

Abbildung 2: **Altersbild älterer Erwerbstätiger nach Teilnahme an außerberuflicher Weiterbildung im 12-Monats-Zeitraum (Verteilung auf Quartile)**

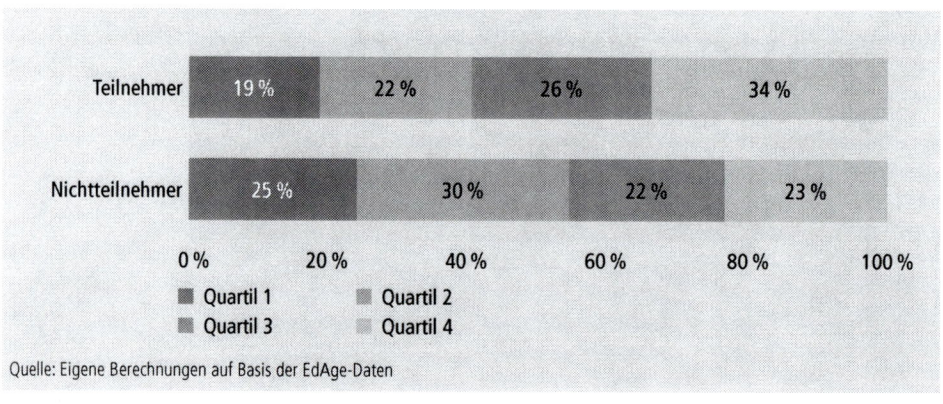

Da die Daten in einer Querschnittserhebung gewonnen wurden, lassen sie keine direkten Rückschlüsse auf Kausalzusammenhänge zu. Es wäre also ebenso denkbar, dass die Teilnahme an außerberuflicher Weiterbildung zu einem positiveren Altersbild beiträgt als auch, dass ein positives Altersbild die Bereitschaft zu außerberuflichen Bildungsaktivitäten erhöht. Beide Lesarten scheinen plausibel, und für beide finden sich theoretische und empirische Anhaltspunkte. In verschiedenen Studien (z. B. Lehr und Niederfranke 1991) – so auch in den hier vorgestellten Daten – bestätigte sich ein positiver Effekt einer höheren Schulbildung auf das Altersbild im Erwachsenenalter, wobei hier die Interpretation schulischer Bildung als verursachende Variable naheliegt. Umgekehrt gehört eine aktive Freizeitgestaltung – und dazu gehören auch Bildungsaktivitäten – per definitionem zu einem positiven Altersbild. Es ist nach aktuellem Forschungsstand also von einer gegenseitigen positiven Beeinflussung von Altersbild und Weiterbildungsaktivitäten auszugehen.

Ähnlich wie die schulische Bildung ist – in Anbetracht der Zusammenhänge zwischen Berufsstatus und Altersbild – auch der berufliche Status als wesentlicher Sozialisationsfaktor und damit eher als verursachende Variable für die Genese von Altersbildern anzunehmen. Wie die Daten aus der EdAge-Studie zeigen, gehören Selbstständige und Beamte deutlich überproportional dem durch ein sehr positives Altersbild gekennzeichneten vierten Quartil an, während zwei Drittel der Arbeiter und Arbeiterinnen den beiden Quartilen mit überdurchschnittlich negativen Vorstellungen über Alter und Altern zuzurechnen sind. Die Angestellten sind im Vergleich relativ gleichmäßig über die verschiedenen Quartile verteilt (siehe Abbildung 3).

Abbildung 3: **Altersbild älterer Erwerbstätiger nach Berufsstatus (Verteilung auf Quartile)**

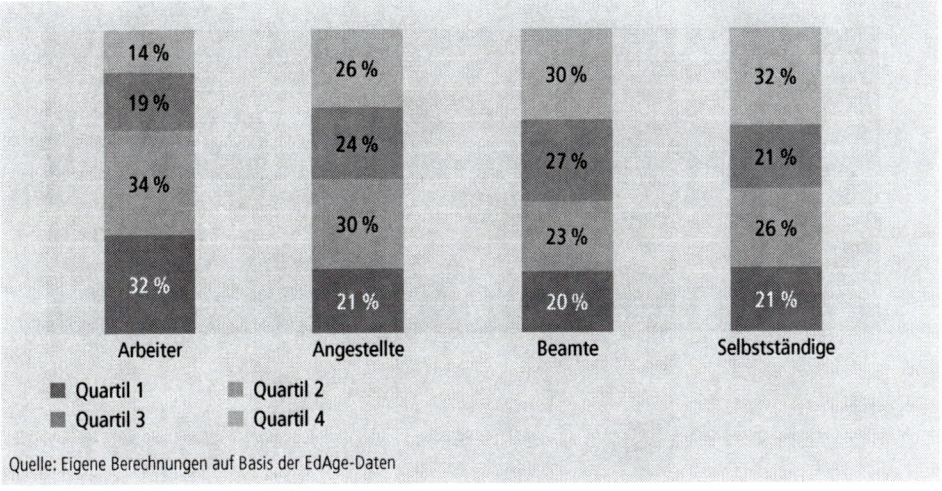

Quelle: Eigene Berechnungen auf Basis der EdAge-Daten

Die Altersbilder der älteren Erwerbstätigen sind – so lässt sich der gezeigte Zusammenhang interpretieren – abhängig von den Bedingungen beruflicher Sozialisation und vermutlich auch von aktuellen Erfahrungen im beruflichen Umfeld. Insofern ist die Weiterentwicklung beruflicher Kompetenzen – z. B. durch Weiterbildung – nicht nur von den persönlichen subjektiven Vorstellungen über das eigene Altern beeinflusst, sondern auch abhängig von den im sozialen Umfeld vertretenen Altersbildern. Insbesondere die Altersbilder von Personalverantwortlichen und Führungskräften dürften nicht nur entscheidend für berufliche Entwicklungsmöglichkeiten Älterer, sondern auch maßgeblich für deren Integration in Maßnahmen der Personalentwicklung sein.

5.   Altersbilder von Personalverantwortlichen

In den Betrieben sehen sich ältere Arbeitnehmer/Arbeitnehmerinnen häufig mit widersprüchlichen Erwartungen konfrontiert. Einerseits wird ihnen eine mangelnde Lernbereitschaft unterstellt, andererseits wird von älteren Beschäftigten gerade bei einer angespannten Arbeitsmarktlage ein allmählicher Rückzug aus dem Erwerbsleben in den „verdienten Ruhestand" erwartet (vgl. Adis, Reinhart und Stengel 1996). Ältere sind für den Betrieb kostenintensiver als jüngere Mitarbeiter und Mitarbeiterinnen, da sie für gleiche Tätigkeiten in der Regel höher entlohnt werden und vielfach Zusatzleistungen erhalten (z. B. mehr Urlaubstage). Zusätzlich wächst mit zunehmendem Alter das Risiko längerer Krankheitsphasen, was aber nicht unabhängig von betrieblichen Arbeitsbedingungen betrachtet werden kann (vgl. Behrend und Frerichs 2004). Zur Rechtfertigung einer frühzeitigen Entlassung in den Ruhestand wird vonseiten der Arbeitgeber oft auf die fehlende Weiterbildungsbereitschaft und -fähigkeit Älterer verwiesen und deren dadurch veraltetes Know-how. Das Weiterbildungsverhalten Älterer ist aber unter anderem von den in der Unternehmensleitung vorherrschenden Stereotypen zur Lern- und Leistungsfähigkeit älterer Mitarbeiter/Mitarbeiterinnen abhängig, d. h., dass sich auch hier Altersbilder tendenziell selbst bestätigen. So zeigen Bellmann und Stegmaier (2006), dass eine positive Einschätzung der Lernfähigkeit älterer Mitarbeiter/-innen mit einer höheren Weiterbildungspartizipation dieser Gruppe einhergeht. Überraschenderweise verzeichnen aber auch diejenigen Unternehmen eine überdurchschnittliche Weiterbildungsteilnahme Älterer, deren Führungskräfte ein deutlich negativ geprägtes Altersbild vertreten, was die Autoren der Untersuchung hier auf eine kompensatorische Zielsetzung betrieblicher Weiterbildung zurückführen.

Eine geringere Lernfähigkeit als auch eine generell geringere Weiterbildungsbereitschaft älterer Arbeitnehmer/Arbeitnehmerinnen sind aus wissenschaftlicher

Sicht nicht haltbar (vgl. SCHMIDT 2009) und daher eher Indizien für negative Altersstereotype in den Betrieben. Diese Stereotype dürften mit dazu beitragen, dass die
Zugangsmöglichkeiten Älterer zu betrieblichen Bildungsangeboten in zahlreichen
Industrienationen als unzureichend identifiziert wurden (vgl. PATE, DU und HAAVARD
2004). Auch das Argument der höheren Lohnkosten älterer Arbeitnehmer/Arbeitnehmerinnen könnte – bei einem positiven Altersbild – mit dem umfangreichen
Erfahrungswissen oder anderer Vorzüge älterer Beschäftigter von den Betrieben in
Relation gesetzt und so eine höhere Entlohnung als gerechtfertigt und leistungsadäquat betrachtet werden. HÜBNER, KÜHL und PUTZING (2003) untersuchten auf Basis
der Daten des IAB-Betriebspanels das in den Unternehmensleitungen vorherrschende Bild über ältere Arbeitnehmer/Arbeitnehmerinnen.[1] Zwar sehen die befragten Personalverantwortlichen aus den Betrieben in vielen Leistungsbereichen
wenig Differenzen zwischen jüngeren und älteren Mitarbeiterinnen und Mitarbeitern, einige verwiesen jedoch auf einen altersbedingten Abbau körperlicher Belastbarkeit und Lernfähigkeit. 28 Prozent der befragten Personalverantwortlichen
sehen in diesen Bereichen einen Leistungsvorsprung bei jüngeren Beschäftigten.
Im Bereich Kreativität und Lernbereitschaft sahen nur je 17 Prozent einen Vorteil
bei Jüngeren, 7 bzw. 4 Prozent bewerteten sogar die Älteren als leistungsfähiger
in diesen Kriterien. Insgesamt zugunsten der Älteren fielen die Bewertungen von
Qualitätsbewusstsein, Arbeitsmoral und insbesondere Erfahrungswissen aus. Bei
Letzterem sehen über die Hälfte (53 Prozent) ältere Mitarbeiter/Mitarbeiterinnen
im Vorteil, lediglich 4 Prozent gehen vom Gegenteil aus.

Insgesamt verweisen die Ergebnisse auf eine positive Einschätzung älterer
Mitarbeiter/Mitarbeiterinnen gerade in den Leistungsbereichen, die für moderne
Unternehmen von zentraler Bedeutung sind. Problematisch scheint hingegen die
subjektiv als geringer wahrgenommene Lernfähigkeit und Lernbereitschaft. Die
IAB-Befragung zeigt aber auch deutliche interindividuelle Differenzen im Bild der
Befragten von älteren Mitarbeiterinnen und Mitarbeitern. So fiel die Beurteilung
Älterer bei Belegschaften mit einem höheren Anteil älterer Arbeitnehmer und Arbeitnehmerinnen insgesamt positiver aus als in Betrieben mit nur wenigen älteren
Beschäftigten (vgl. HÜBNER, KÜHL und PUTZING 2003). Unklar bleibt, inwieweit diese
Bilder von älteren Arbeitskräften auf betriebsinternen Daten, auf Erfahrungen aus
dem betrieblichen Alltag oder auf allgemeinen Stereotypen beruhen.

---

1   Im IAB-Betriebspanel definiert als die über 50-jährigen Mitarbeiter/Mitarbeiterinnen.

6.   Fazit

Ältere Arbeitnehmer/Arbeitnehmerinnen sind in verschiedener Hinsicht von eigenen und fremden Altersbildern tangiert. In diesem Beitrag wurden insbesondere die folgenden Wirkzusammenhänge herausgearbeitet:

1. Persönliche Altersbilder stehen in direktem Zusammenhang mit der Lebensgestaltung, dem Aktivitätspotenzial und auch der Gesundheit im Alter. Für ältere Erwerbstätige muss also davon ausgegangen werden, dass auch ihr berufliches Leistungsvermögen sowie die Bereitschaft und Motivation zur Weiterentwicklung beruflicher Kompetenzen von den individuellen Vorstellungen über das eigene Altern geprägt sind.
2. Diese Altersbilder stehen in Wechselwirkung mit der Lebenswelt älterer Arbeitnehmer/Arbeitnehmerinnen und somit auch mit deren Bedingungen am Arbeitsplatz. Eine alterssensitive Arbeitsplatzgestaltung, die es Älteren ermöglicht, ihr berufliches Erfahrungswissen konstruktiv einzubringen, kann ein positives Altersbild ebenso unterstützen wie der intergenerative Dialog mit jüngeren Kollegen/Kolleginnen.
3. Die sich am Arbeitsplatz bietenden Entfaltungsmöglichkeiten sowie berufliche Entwicklungschancen generell sind abhängig von der Unterstützung durch die jeweiligen Führungskräfte und Personalverantwortlichen. Dominiert bei diesen ein stark negativ gefärbtes Altersbild, das ältere Arbeitskräfte als defizitär stigmatisiert, so wird sich das auch auf die Förderung und Arbeitsbedingungen von älteren Mitarbeitern und Mitarbeiterinnen auswirken.
4. Altersbilder stehen auch in einem engen Zusammenhang mit Bildungsprozessen. So wie ein positives Altersbild die Wahrscheinlichkeit von Weiterbildungsteilnahmen erhöht, so können Bildungsaktivitäten auch nachhaltig zu einem positiveren Altersbild beitragen. Der Abbau negativer Altersstereotype ist dabei als eine altersgruppenübergreifende Aufgabe zu verstehen, die gerade von der Weiterbildung aufgegriffen werden sollte.

Literatur

Adis, S.; Reinhart, J.; Stengel, M.: Der Berufsaustritt. Erhofft. Befürchtet. Folgenlos. Eine Untersuchung aus sozioökonomischer Sicht. München 1996

Andreoletti, C.; Lachmann, M. E.: Susceptibility and Resilience to Memory Aging Stereotypes: Education Matters More than Age. In: Experimental Aging Research, 30 (2004) 2, S. 129–148

Behrend, Ch.; Frerichs, F.: Arbeit und Alter. In: Kruse, A.; Martin, M. (Hrsg.): Enzyklopädie der Gerontologie. Bern 2004, S. 97–109

BELLMANN, L.; STEGMAIER, J.: Betriebliche Weiterbildung für ältere Arbeitnehmer/Arbeitnehmerinnen. Der Einfluss betrieblicher Sichtweisen und struktureller Bedingungen. In: Report. Zeitschrift für Weiterbildungsforschung 29 (2006) 3, S. 29–40

DE GRACIO BLANCO, M. u. a.: Analysis of Self-Concept in Older Adults in Different Contexts. Validation of the Subjective Aging Perception Scale (SAPS). In: European Journal of Psychological Assessment 20 (2004) 4, S. 262–274

FILLIPP, S.-H.; FERRING, D.: Zur Alters- und Bereichsspezifität subjektiven Alterserlebens. In: Zeitschrift für Entwicklungspsychologie und Pädagogische Psychologie 21 (1989) 4, S. 279–293

GÖCKENJAN, G.: Das Alter würdigen. Altersbilder und Bedeutungswandel des Alters. Frankfurt a. M. 2000

HÜBNER, W.; KÜHL, A.; PUTZING, M.: Kompetenzerhalt und Kompetenzentwicklung älterer Mitarbeiter in Unternehmen. Berlin 2003

KADE, S.: Alternde Institutionen – Wissenstransfer im Generationenwechsel. Bad Heilbrunn 2004

KRUSE, A.; SCHMITT, E.: Zur Veränderung des Altersbildes in Deutschland. In: Politik und Zeitgeschichte (2005) 49/50, S. 9–16

KRUSE, A. (2009): Altersbilder in anderen Kulturen. Herausgegeben von der Robert Bosch Stiftung. Stuttgart 2009. – URL: http://www.bosch-stiftung.de/content/language1/downloads/Gesamt_AlterbilderKulturen_2310.pdf

LEHR, U.; NIEDERFRANKE, A.: Altersbilder und Altersstereotype. In: OSWALD, W. u. a. (Hrsg.): Gerontologie. Medizinische, psychologische und sozialwissenschaftliche Grundbegriffe. Stuttgart 1991, S. 38–46

LEVY, B. R.: Mind Matters: Cognitive and Physical Effects of Aging Self-Stereotypes. In: The Journals of Gerontology: Psychological Sciences 58B (2003) 4, S. 203–211

LEVY, B. R.; SCHLESINGER, M. J.: When Self-Interest and Age Stereotypes Collide: Elders Opposing Increased Funds for Programs Benefiting Themselves. In: Journal of Aging and Social Policy 17 (2005) 2, S. 25–39

LEVY, B. R.; SLADE, M. D.; KASL, S. V.: Longitudinal Benefit of Positive Self-Perceptions of Aging on Functional Health. In: The Journals of Gerontology: Psychological Sciences 57B (2002) 5, S. 409–417

MARTIN, P. u. a. (Hrsg.): Aspekte der Entwicklung im mittleren und höheren Lebensalter. Ergebnisse der Interdisziplinären Längsschnittstudie des Erwachsenenalters (ILSE). Darmstadt 2000

MERTON, R. K.: The self-fulfilling prophecy. The Antioch Review (1948) 8, S. 193–210

NIEDERFRANKE, A.: Altersbilder – Bilder und Einstellungen zu alternden und alten Menschen. In: BECKER, S.; VEELKEN, L.; WALLRAVEN, K. P. (Hrsg.): Handbuch Altenbildung. Theorien und Konzepte für Gegenwart und Zukunft. Opladen 2000, S. 386–394

ORY, M. u. a.: Challenging Aging Stereotypes. Strategies for Creating a More Active Society. In: American Journal of Preventive Medicine (2003) 25, S. 164–171

PATE, G.; DU, J.; HAVARD, B.: Instructional Design – Considering the Cognitive Learning Needs of Older Learners. In: International Journal of Instructional Technology and Distance Learning 1 (2004) 5. – URL: http://www.itdl.org/Journal/May_04/article01.htm

SCHELLING, H. R.; MARTIN, M.: Einstellungen zum eigenen Altern: Eine Alters- oder eine Ressourcenfrage? In: Zeitschrift für Gerontologie und Geriatrie (2008) 41, S. 38–50

SCHMIDT, B.: Weiterbildung und informelles Lernen älterer Arbeitnehmer: Bildungsverhalten. Bildungsinteressen. Bildungsmotive. Wiesbaden 2009

SCHMIDT, B.; THEISEN, C.: Lebensbedingungen, Lebensstile und Altersbilder älterer Erwachsener. Unveröffentlichte Expertise zum sechsten Altenbericht der Bundesregierung. München 2009

SCHMIDT, B.; TIPPELT, R.: Bildung Älterer und intergeneratives Lernen. In: Zeitschrift für Pädagogik 55 (2009) 1, S. 74–90

SCHMITT, E.: Altersbild – Begriff, Befunde und politische Implikationen. In: KRUSE, A. (Hrsg.): Enzyklopädie der Gerontologie. Alternsprozesse in multidisziplinärer Sicht. Bern 2004, S. 135–147

SIEBERT, H.; SEIDEL, E.: Senioren/Seniorinnen studieren. Zwischenbilanz des Seniorenstudiums an der Universität Hannover. Hannover 1990

TESCH-RÖMER, C. u. a.: Die zweite Welle des Alterssurveys – Erhebungsdesign und Instrumente. Berlin 2002

TIPPELT, R. u. a. (Hrsg.): Bildung Älterer – Chancen des demografischen Wandels. Bielefeld 2009

Michael L. Bienert

Betriebliches Gesundheitsmanagement: auch für KMU

Der Beitrag führt in das Themenfeld „Betriebliches Gesundheitsmanagement" (BGM) ein. Ziele und Nutzen, die Vorgehensweise und Hauptinhalte werden skizziert. Da Großunternehmen bereits sehr aktiv BGM betreiben, sollten sich mittelständische Unternehmen zukünftig viel intensiver als bislang mit BGM auseinandersetzen, um wettbewerbsfähig zu bleiben. Gründe sind die demografische Entwicklung und die damit verbundene zunehmende Kostenbelastung der Betriebe, der sich verschärfende Fachkräftemangel und generell der Zusammenhang zwischen einer gesunden Belegschaft und einem gesunden und produktiven Unternehmen.

1. Ausgangssituation

Für rohstoffarme Dienstleistungsgesellschaften wie Deutschland ist die Gesundheit und Motivation der Menschen und Arbeitnehmer/Arbeitnehmerinnen aus volkswirtschaftlicher Sicht der Schlüsselfaktor für langfristigen Wohlstand. Aus betriebswirtschaftlicher Sicht gilt damit für alle deutschen Unternehmen: Nur mit physisch und psychisch gesunden und für die Arbeit motivierten Mitarbeiterinnen und Mitarbeitern gibt es Erfolg. Und natürlich gilt auch aus der privaten Perspektive: Jeder will gesund sein (werden). Beim Thema Gesundheit sind sich also – was selten der Fall ist – alle einig: Der Staat will es, die Unternehmen wollen es, die Menschen wollen es. Warum ist es dann um die Gesundheit auf allen drei Ebenen so schlecht bestellt? Dem Staat geht es nicht gut, vielen Unternehmen geht es nicht gut, und auch die Mehrzahl der Menschen sagt, es ginge ihnen nicht gut. Alle wollen Gesundheit, nur wenige haben (die gewünschte) Gesundheit. Das klingt nach Handlungsbedarf.

Im vorliegenden Beitrag geht es mittelbar um die Gesundheit auf allen drei Ebenen, primär aber um das betriebliche Gesundheitsmanagement (BGM). Es ist für Unternehmen der zentrale Ansatzpunkt für mehr Unternehmensgesundheit im Sinne physisch, psychisch und sozial gesünderer Mitarbeiter/Mitarbeiterinnen und Führungskräfte. Auch wenn staatliche Rahmenbedingungen (z. B. Arbeitsschutzgesetze) und individuelles menschliches Verhalten (z. B. Rauchen) diese Unternehmensgesundheit mit beeinflussen, so haben es doch die Unternehmen weitgehend selbst in der Hand, gesünder und damit produktiver zu werden. Leider haben insbesondere kleine und mittelgroße Unternehmen (KMU) das Instrument „Betriebliches Gesundheitsmanagement" für sich mehrheitlich noch nicht entdeckt. Aber die Zahl der Engagierten steigt kontinuierlich, und die demografische Entwicklung sowie der damit verbundene Fachkräftemangel werden dafür sorgen, dass sich letztlich alle

Unternehmen mit diesem Zukunftsthema auseinandersetzen müssen. Je eher, desto besser.

2.   Nutzen und Ziele von BGM

Zu einer **kritischen Bestandsaufnahme** des betrieblichen Gesundheitsmanagements gehören heute folgende Erkenntnisse:

* Viele Großunternehmen sind bereits seit Jahren sehr aktiv in der Gesundheitsförderung ihrer Belegschaft, dagegen empfinden die meisten KMU das nicht als Unternehmensaufgabe, sondern als Privatangelegenheit jedes Einzelnen.
* Gesetzliche Rahmenbedingungen zum Arbeitsschutz und zur Gesundheitsförderung werden von den Unternehmensverantwortlichen überwiegend als negative externe Verpflichtung angesehen.
* Gesundheitsförderung wird primär als Kostenfaktor eingeordnet, dem kein messbarer Nutzen gegenübersteht.
* Maßnahmen zur Gesundheitsförderung bleiben Einzelfälle und sind zeitlich befristet.
* Gesundheitsförderungsmaßnahmen sind oft „Insellösungen" für ausgewählte Mitarbeiterinnen und Mitarbeiter oder ausgesuchte Bereiche des Unternehmens.
* Gesundheitsförderung ist kein erklärtes strategisches Unternehmensziel, es wird isoliert als operative Einzelmaßnahme platziert.
* Für Führungskräfte sind Gesundheitsfragen kein wichtiges betriebliches Aufgabengebiet, sie werden daran schließlich auch nicht persönlich gemessen.

Diesem kritischen Befund stehen mittlerweile eine Vielzahl an Untersuchungen gegenüber: zu einzelnen und übergeordneten Effekten der betrieblichen Gesundheitsförderung aus dem In- und Ausland sowie viele praktische Erfahrungen einzelner Unternehmen mit einzelnen Maßnahmen, Projekten oder systematischen Programmen der aktiven Gesundheitsförderung ihrer Belegschaften. Zum **Nutzen** von betrieblichem Gesundheitsmanagement können daraus u. a. folgende Erkenntnisse berichtet werden:

* Die meisten Einzelmaßnahmen führen zumindest kurzfristig zu spürbaren Erfolgen im gewünschten Sinne. Mittel- bis langfristig gehen die Erfolge aber oftmals wieder zurück, weil keine nachhaltige Verankerung in der Unternehmenspolitik gegeben ist.
* Der Nutzen ist zwar schwer direkt in Euro messbar, indirekt werden in seriösen wissenschaftlichen Metaanalysen (= übergeordnete zusammenfassende Auswertungen jeweils einer Vielzahl von Einzelanalysen zu diesem Themengebiet) aber positive Kosten-Nutzen-Verhältnisse attestiert, mit einem Return on Invest-

ment von 1 : 2 bis 1 : 5 und höher. Das heißt, für jeden eingesetzten Euro erhält das Unternehmen zwei bis fünf Euro zurück: eine im Vergleich zu anderen Investitionsalternativen unschlagbare Rendite.

- Die positiven Wirkungen von Maßnahmen des betrieblichen Gesundheitsmanagements sind besonders qualitativ deutlich spürbar, insbesondere:
  - höhere Zufriedenheit und Motivation der Mitarbeiterinnen und Mitarbeiter, da die Belegschaft erkennt, dass sich die Unternehmensführung aktiv um sie kümmert;
  - geringere Fehlzeiten und Krankenstandsquoten;
  - eine Verbesserung des Unternehmensimages nach innen und nach außen;
  - eine gesteigerte Bindung von Fachkräften und eine Verbesserung der Attraktivität als Arbeitgeber („war for talents").

Unter dem Strich kann festgehalten werden: Betriebliches Gesundheitsmanagement ist eine Investition in das „Humankapital" des Unternehmens, die kurzfristig Geld kostet, sich aber langfristig in finanzieller und nicht finanzieller Hinsicht deutlich lohnt. Die wichtigsten einzelnen **Zielsetzungen** aus Unternehmens- und Beschäftigtensicht zeigt die folgende Tabelle.

Tabelle 1: **Zielsetzungen des BGM**

Soziale Ziele des Unternehmens	• Steigerung von Gesundheit und Wohlbefinden der Belegschaft • Erhöhung der Arbeitszufriedenheit und Motivation der Belegschaft • Verbesserung des Betriebsklimas • verbesserte Kommunikation im Unternehmen • höhere Identifikation mit dem Unternehmen
Ökonomische Ziele des Unternehmens	• Kostensenkung durch Reduzierung von Arbeitsunfähigkeit und Arbeitsunfällen • Kostensenkung durch eine geringere Fluktuationsrate • Steigerung der Arbeitsproduktivität und Leistungsfähigkeit • Senkung der Lohnnebenkosten • Steigerung des Unternehmensergebnisses und der Rentabilität
Ziele der Arbeitnehmer und Arbeitnehmerinnen	• Steigerung des körperlichen Wohlbefindens und Erhalt der Arbeitsfähigkeit, auch mit zunehmendem Alter (Rente mit 67) • ein höheres Maß an Gesundheit durch gesündere Arbeitsbedingungen und die Verringerung vermeidbarer Arbeitsbelastungen • Vergrößerung der eigenen Bewältigungskompetenzen, aktivere und bewusste Lebensführung (im Berufs- wie im Privatleben) • höhere Arbeitszufriedenheit, mit positiven Auswirkungen auf die private Lebenszufriedenheit • günstigere Krankenkassenbeiträge, weniger private Krankheitskosten und Zuzahlungen • Verbesserung der Beziehungen zu Kollegen, Kolleginnen und Vorgesetzten

Trotz der mittlerweile eindeutigen Nutzenerkenntnisse scheint die Schwelle für ein konkretes Engagement in Sachen betriebliches Gesundheitsmanagement in der Praxis immer noch hoch zu sein. Wie bei anderen strategischen Themen auch bedarf es eines vorausschauenden Handelns der Unternehmensverantwortlichen, möglichst noch in guten Zeiten in die Gesundheit zu investieren und damit in Vorleistung zu treten, um in schlechten Zeiten die Früchte zu ernten. In der Praxis war und ist für viele Unternehmen erst eine schwierige oder krisenhafte Situation **Auslöser** für den bewussten Einstieg in das betriebliche Gesundheitsmanagement:

- zu hohe Krankenstände, die über dem Branchendurchschnitt liegen;
- zu hohe Fehlzeiten und damit einhergehend zu hohe Fehlzeitenkosten;
- ein immer schlechter werdendes Betriebsklima in der Belegschaft, innere Kündigungen und „Dienst nach Vorschrift", eine hohe Fluktuationsquote;
- hohe Fehlerquoten, Qualitätsmängel oder hohe Beschwerderaten von Kunden;
- zunehmende Alterung der Belegschaft und damit verbunden stark steigende Ausfallzeiten und Kosten;
- Facharbeitermangel und Probleme, genügend qualifizierte Mitarbeiterinnen und Mitarbeiter am Arbeitsmarkt zu erhalten;
- aktives und öffentlichkeitswirksames Gesundheitsengagement wichtiger Wettbewerber.

Anlässe, Motive und die zur Einführung von betrieblichem Gesundheitsmanagement definierten Ziele können demnach sehr unterschiedlich sein. Entsprechend kann und sollte auch bedarfsgerecht je nach den Bedingungen im Einzelfall ein Einstieg in das Thema gefunden werden. Es gibt nicht „den" BGM-Standardweg, und es muss nicht gleich ein großes Projekt mit sehr hohem finanziellem Aufwand gestartet werden. Gleichwohl gibt es mittlerweile aus der Erfahrung der letzten Jahre zentrale Inhalte und Vorgehensweisen typischer BGM-Projekte, die Neueinsteigern zeigen können, was sie mittelfristig erwartet.

3. Vorgehensweise und Hauptinhalte von BGM

Betriebliches Gesundheitsmanagement hat sich historisch gesehen aus dem gesetzlich determinierten Arbeits- und Gesundheitsschutz und der betrieblichen Gesundheitsförderung heraus entwickelt. Eine mögliche **Definition** des BGM zeigen BADURA, RITTER und SCHERF (1999):

„BGM ist die bewusste Steuerung und Integration aller betrieblichen Prozesse mit dem Ziel der Erhaltung und Förderung der Gesundheit und des Wohlbefindens der Beschäftigten. BGM betrachtet die Gesundheit der Mitarbeiter als

strategischen Faktor, der Einfluss auf die Leistungsfähigkeit, die Kultur und das Image der Organisation hat. BGM bezieht Gesundheit in das Leitbild und in die (Führungs-)Kultur, in die Strukturen und Prozesse der Organisation ein" (S. 17).

Ein effektives betriebliches Gesundheitsmanagement beinhaltet zum einen Maßnahmen der sogenannten Verhältnisprävention, die auf eine positive Gestaltung der Arbeitsbedingungen abzielen (etwa Schaffung einer angenehmen Arbeitsplatzgestaltung und eines guten Raumklimas oder das systematische Erkennen und Beseitigen von Gesundheitsgefahren). Und zum anderen geht es im Rahmen der sogenannten Verhaltensprävention darum, das individuelle Verhalten des Einzelnen zu verbessern (etwa Hebe- und Tragetechniken für Lagerarbeiter oder Stressbewältigungstechniken für Führungskräfte). Die Durchführung einzelner Maßnahmen sollte zielorientiert, das heißt auf Basis einer vorhergehenden Analyse von Schwachstellen, darauf ausgerichtet sein, diese gezielt zu beseitigen. Gesundheitsbezogene Zielsetzungen sollten darüber hinaus letztlich in der Unternehmensplanung fest verankert und mit anderen Bereichen wie Personalpolitik, Unternehmensorganisation oder Controlling abgestimmt sein, damit von einem integrierten und ganzheitlichen Ansatz gesprochen werden kann. Kennzeichen jedes Managementansatzes ist es ferner, den Erfolg oder Misserfolg der eingeleiteten Maßnahmen über definierte Indikatoren laufend zu messen, um rechtzeitig steuernd eingreifen zu können. All das muss nicht sofort und vollständig erreicht werden. Betriebliches Gesundheitsmanagement kann mit gezielten punktuellen Einzelmaßnahmen beginnen und sich im Laufe der Zeit zu einem strategischen Gestaltungs- und Steuerungsprozess entwickeln, bei dem es um die laufende Erarbeitung, Umsetzung, Evaluation und Optimierung von Maßnahmen zur Gesundheitsschaffung und Gesundheitsprävention im gesamten Betrieb geht. Typische Phasen zur Einführung eines betrieblichen Gesundheitsmanagements zeigt das in Abbildung 1 beschriebene Basismodell.

In **Phase 1 (Vorstudie und Projektplanung inkl. Zieldefinition)** wird die grundsätzliche Entscheidung für den aktiven Einstieg in die betriebliche Gesundheitsförderung gefällt, eine grobe Zieldefinition wird erarbeitet, und in einer Planungs- und Vorbereitungsphase werden die erforderlichen betriebspolitischen, strukturellen und planerischen Rahmenbedingungen geschaffen (z. B. Benennung von Projektmitarbeitern und -mitarbeiterinnen oder Freigabe eines Budgets). Dabei sollte die Zieldefinition aus einem Abwägungsprozess zwischen dem konkreten Handlungsbedarf und den zeitlichen und finanziellen Möglichkeiten des Unternehmens resultieren, um die Machbarkeit des gesamten Vorhabens zu gewährleisten. Sich zu viel vorzunehmen kann im Ergebnis genauso schlecht sein wie ein zu kleiner, isolierter Ansatz.

Abbildung 1: **Basismodell zur Einführung betrieblichen Gesundheitsmanagements**

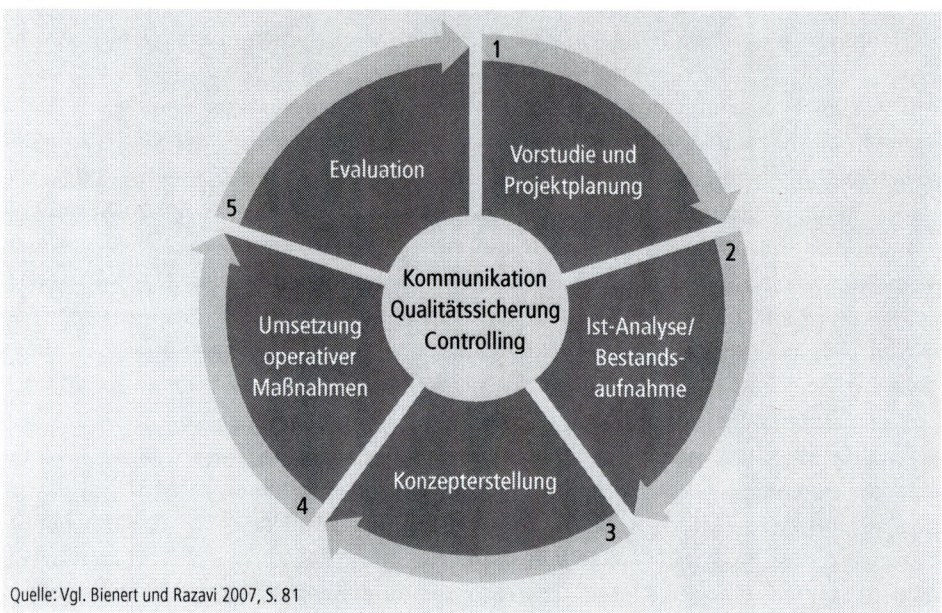

Quelle: Vgl. Bienert und Razavi 2007, S. 81

In **Phase 2 (Ist-Analyse/Bestandsaufnahme)** geht es darum, den aktuellen Status quo von Gesundheit und Wohlbefinden der Beschäftigten zu erheben. Analysiert werden in dieser Phase das körperliche und psychosoziale Befinden der Beschäftigten, wobei auch die Einflussgrößen mit herausgearbeitet werden sollten. Damit wird die Grundlage für die Maßnahmenplanung und -durchführung und eine valide Basis für die spätere Evaluation geschaffen. Um ein umfassendes Bild des Ist-Zustandes zu erhalten, werden verschiedene Daten- und Informationsquellen herangezogen. In den meisten Fällen muss im Unternehmen nicht bei null angefangen werden. Sehr häufig liegen dem Unternehmen bereits objektive Sekundärdaten vor, z. B. interne Fehlzeiten-/Krankenstandsstatistiken, Unfallanzeigen und -statistiken, Ergebnisse betriebsärztlicher Untersuchungen oder dokumentierte Gefährdungsbeurteilungen. Instrumente zur Primärerhebung der Gesundheitssituation im Betrieb sind darüber hinaus insbesondere Mitarbeiterbefragungen, Einzelinterviews und Workshops.

In der **Phase 3 (Konzepterstellung)** werden passende Maßnahmen auf Grundlage der Ergebnisse der Ist-Analyse geplant, und die Handlungsabfolge wird für die nachfolgenden Interventionen festgelegt. Basis dafür sind die z. B. in Gesundheitszirkeln oder in Mitarbeitergesprächen erkannten Problemfelder und deren Priorisierung. Es werden Soll-Vorgaben zur Durchführung und Steuerung der Interventionen ermittelt, und die einzelnen Maßnahmen werden inhaltlich und organisatorisch vorbereitet (was wird wann und wo, von wem und mit welchem Aufwand gemacht?).

In **Phase 4 (Umsetzung operativer Maßnahmen)** geht es um die systematische Durchführung und laufende Steuerung der auf Gesundheit bezogenen Maßnahmen. Je nach Diagnoseergebnis ergibt sich für die Intervention in jedem Einzelfall ein individuelles Handlungsmuster. Um ein problem- und betriebsspezifisches Vorgehen zu ermöglichen, erweist sich dabei ein modularer Aufbau der Intervention, der je nach Bedarf variiert werden kann, als sinnvoll. Grundmodule wie eine bedarfsorientierte medizinische Betreuung, eine gesundheitsgerechte Arbeitsgestaltung, aktive Mitarbeiterbeteiligung, sachgerechte und kontinuierliche Information und Kommunikation (z. B. Mitarbeitergespräche, Gesundheitsberichte oder News in der Mitarbeiterzeitung) sind für nahezu alle Unternehmen von Bedeutung. Nach der Einrichtung einer operativen Infrastruktur sowie der Durchführung und Steuerung der Interventionen sollte auch eine geeignete Dokumentation aller Maßnahmen gegenüber dem Steuerungsgremium, dem Top-Management und den Beschäftigten erfolgen.

Die häufig mit relativ hohem Ressourcenaufwand verbundenen Maßnahmen im betrieblichen Gesundheitsmanagement sollten in Bezug auf ihre theoretische Fundierung, ihre praktische Umsetzung und ihre tatsächliche Wirksamkeit geprüft und bewertet werden **(Phase 5: Evaluation)**. In jeder einzelnen Phase sollte die Erreichung der dort gesetzten Ziele kritisch überprüft werden, um Fehlentwicklungen frühzeitig zu erkennen, notwendige Korrekturen rechtzeitig vorzunehmen und im Ergebnis unerwünschte Nebenwirkungen zu verhindern. Grundsätzlich können verschiedene Evaluationsebenen unterschieden werden. Die Evaluation kann sich auf die Programmkonzeption (gehen wir das Problem richtig an?), die Programmdurchführung (wählen wir die richtigen Maßnahmen?) und/oder die Programmwirkungen konzentrieren (erreichen wir die gewünschten Ergebnisse?).

Kommunikation, Qualitätssicherung und laufendes Controlling sollten als Querschnittaufgaben parallel zum Projektablauf in jeder Phase zielgruppenadäquat durchgeführt werden, um den Erfolg des Gesundheitsprojekts und später der laufenden Gesundheitsarbeit nachhaltig zu sichern.

4. BGM-Netzwerke

Große Unternehmen wie VW, Daimler und Bertelsmann verfügen über eigene Gesundheits- und Arbeitsschutzabteilungen, die auf dem neuesten Stand von Forschung und Entwicklung Erkenntnisse aus Arbeitsorganisation, Medizin und Management nutzen, um die betriebswirtschaftlichen Vorteile eines modernen Arbeits- und Gesundheitsschutzes zu generieren.

Kleine und mittelständische Unternehmen (KMU) stoßen dabei auf das Problem der Ressourcenbegrenzung. Oft verfügen sie weder über ausreichend qualifiziertes Personal noch über hinreichende Zeitressourcen, um die Vorteile und das aktuelle Wissen im Bereich des betrieblichen Gesundheitsmanagements umfassend zu nutzen (vgl. BIENERT, DRUPP und KIRSCHBAUM 2009, S. 156 ff.). Professionell organisierte Netzwerke können dieses größenstrukturell bedingte Defizit kompensieren. Sie sind vor allem für KMU ein Hilfsinstrument, das größenbedingte Entwicklungsbarrieren ausgleicht, themenbezogenes Erfahrungswissen generieren lässt und damit Innovations- und Wettbewerbsvorteile verschafft. Nicht zuletzt der anhaltende Wettbewerbs- und Kostendruck selbst führt bei vielen Betrieben zu einer Konzentration auf ihre Kernkompetenzen und lässt bei der Nutzung betriebswirtschaftlich mittelbar relevanter Supportleistungen den Einbezug von externen Dienstleistern und die Kooperation mit anderen branchengleichen oder auch branchenfremden Unternehmen attraktiv erscheinen.

Ein einschlägiges Beispiel ist das Netzwerk KMU-Kompetenz, das bereits seit Dezember 2005 in Niedersachsen besteht. Das Projekt wurde durch INQA (Initiative neue Qualität der Arbeit) finanziell gefördert und seit 2007 im Rahmen eines Transferauftrags auf drei weitere Bundesländer ausgeweitet. Im Kompetenznetzwerk sind aktuell 43 mittelständische Unternehmen organisiert (vgl. www.inqa.de und www. kmu-komp.de). Das Netzwerk richtet sich vornehmlich an Unternehmen mit 100 bis 500 Mitarbeitern. Der DGB Niedersachsen/Bremen/Sachsen-Anhalt und die Unternehmerverbände Niedersachsen e.V., die die Initiierung und den Ausbau des Netzwerks von Beginn an unterstützt haben, sind sogenannte Kernnetzwerkpartner. Die Organisation und Steuerung des Netzwerkes hat das niedersächsische AOK-Institut für Gesundheitsconsulting übernommen.

Das Netzwerk leistet konkrete Beiträge wie z. B. Wissensvermittlungen über Arbeitskreise und Seminare, damit auch kleine und mittelständische Betriebe eine verstärkte Handlungskompetenz in Bezug auf Sicherheit und Gesundheitsförderung am Arbeitsplatz erwerben können. Das Netzwerk veranstaltet jährlich eine Konferenz, auf der in Management- und Fachkräfteforen Arbeitskreise der beteiligten Partnerbetriebe gebildet werden, die konkrete Fragestellungen und Herausforderungen im Folgejahr gemeinsam angehen.

5.   BGM-Erfolgsfaktoren

Die Praxis betrieblicher Gesundheitsförderung in den letzten Jahren hat deutlich gemacht, dass es immer wieder ganz bestimmte Faktoren sind, die einen betrieblichen Gesundheitsmanagementprozess fördern oder behindern. Schon 1997 stellte das europäische Netzwerk „Betriebliche Gesundheitsförderung" mit der Luxemburger Deklaration **Leitlinien** für eine erfolgreiche Umsetzung auf.[1] Hauptaspekte sind demnach:

- Partizipation (aktive Mitarbeiterbeteiligung);
- Integration (in bestehende Managementkonzepte);
- professionelles Projektmanagement;
- Ganzheitlichkeit (z. B. Betrachtung nicht nur der monetären Aspekte).

Als weitere **Erfolgsfaktoren** für BGM können genannt werden:
- den Nutzen sehr deutlich machen (monetär, soweit möglich aber auch nicht monetär);
- intensive begleitende Kommunikation gegenüber Mitarbeiterinnen, Mitarbeitern und Führungskräften (über mehrere Kanäle, z. B. Intranet, Flyer, persönliche Gespräche etc.);
- Legitimation und Rückendeckung durch das Top-Management einholen (die Unternehmensleitung muss hinter dem BGM stehen und die dafür nötigen Ressourcen bereitstellen sowie an der Definition der Zielstellungen und an der Realisierung des Prozesses mitwirken);
- die Einbindung externer Expertise z. B. in Form von Vernetzung mit wissenschaftlichen Akteuren und Interessenvertretungen hat sich als sehr förderlich für BGM-Projekte erwiesen;
- erfahrene Unternehmen empfehlen grundsätzlich ein aktives Controlling des Gesundeitsmanagementprozesses, denn nur wenn die Ziele laufend überprüft und die Prozesse bedarfsgerecht gesteuert werden, können Erfolge sichtbar gemacht und Problemfelder erkannt und beseitigt werden;
- der Erfolg und die Wirtschaftlichkeit sollen über klar definierte qualitative und quantitative Kennzahlen gemessen werden;
- Qualifikation zumindest der wichtigsten Akteure des eigenen Unternehmens.

6. Fazit

Welches Zwischenfazit ist nach diesem einführenden Überblick zum Themenfeld BGM nun zu ziehen? Vielleicht dieses: mit Mut anfangen, auch wenn nicht alle Voraussetzungen erfüllt, nicht alle Kosten und Wirkungen exakt ermittelbar und Königs-

---

1   Die Luxemburger Deklaration zur betrieblichen Gesundheitsförderung in der Europäischen Union; www. netzwerk-unternehmen-fuer-gesundheit/fileadmin/rs-dokumente/dateien/Luxemburger_Deklaration/22_okt07.pdf.

wege nicht vorab beschreibbar sind. Denn Unternehmen werden die Zukunft nur mit gesunden, motivierten und flexiblen Mitarbeiterinnen und Mitarbeitern erfolgreich bewältigen können. Und um im Wettbewerb um gute Nachwuchskräfte nicht den Kürzeren zu ziehen und die negativen Kostenwirkungen alternder Belegschaften zu vermeiden, kommt kein Unternehmensverantwortlicher darum herum, sich stärker um die Gesundheit seiner Mitarbeiterinnen und Mitarbeiter auch betrieblich zu kümmern. Das Schöne ist: Es ist ein positives Thema, alle wollen möglichst gesund sein und sind daher i. d. R. gern bereit, aktiv mitzumachen. Eine Win-win-Situation ist dann keine Theorie mehr. Das Unternehmen gewinnt, und jeder Einzelne gewinnt. Vorausgesetzt, die Verantwortlichen im Unternehmen setzen BGM auf die Tagesordnung.

Literatur

BADURA, B.; RITTER, W.; SCHERF, M.: Betriebliches Gesundheitsmanagement – ein Leitfaden für die Praxis. Berlin 1999

BIENERT, M. L.; RAZAVI, B.: Betriebliche Gesundheitsförderung: Entwicklung, Vorgehensweise und Erfolgsfaktoren. In: HELLMANN, W. (Hrsg.): Gesunde Mitarbeiter als Erfolgsfaktor – Ein Weg zu mehr Qualität im Krankenhaus. Heidelberg 2007, S. 49–115

BIENERT, M. L.; DRUPP, M.; KIRSCHBAUM, V.: Gesundheitsmanagement und netzwerkgestütztes Lernen als Erfolgsfaktoren. In: BADURA, B.; SCHRÖDER, H.; VETTER, C. (Hrsg.): Fehlzeiten-Report 2008. Heidelberg 2009, S. 155–162

Ernst Kaiser

Alternsbewusste betriebliche Gesundheitsförderung – das Initialprojekt der „Arbeitssituationsanalyse 50plus"

Die „Arbeitssituationsanalyse 50plus" (ASiA 50plus) ist eine Gruppenbefragung, die die Chancen des demografischen Wandels fokussiert, ein längeres gesundes Leben führen zu können. Sie ist in einen Organisationsentwicklungsprozess eingebettet, der beispielsweise mit einer Aufstellungsarbeit der Führungskräfte und einer Prognose von Altersstruktur, Krankenstand und Präsentismus startet. Nach einer subjektiven Einschätzung der Arbeitsfähigkeit mithilfe des „DGB-Index Gute Arbeit" äußern sich die Beschäftigten in altersübergreifenden Workshops selbst zu der Frage, was sich an den Arbeitsbedingungen und am eigenen Gesundheitsverhalten verbessern müsste, um gesund bis in die Rente arbeiten zu können. Im „Gesundheitsdialog" mit dem Management werden Verbesserungsmaßnahmen entwickelt und umgesetzt.

1.   Arbeitssituationsanalyse 50plus

Die „Arbeitssituationsanalyse 50plus" („ASiA 50plus") ist eine mündliche qualitative Gruppenbefragung, die alle Beschäftigten als Experten ihrer Arbeitssituation und Gesundheit betrachtet. Sie muss als Organisationsentwicklungsprozess angelegt sein und nach dem Managementregelkreis (Plan-Do-Check-Act) durchgeführt werden. Erste Schritte sind die Einrichtung eines Steuerkreises, eine Aufstellungsarbeit mit den Führungskräften sowie die Ist-Analyse und Prognose von Altersstruktur, Krankenstand und Präsentismus. Nach einer subjektiven Einschätzung der Arbeitsfähigkeit mithilfe des „DGB-Index Gute Arbeit" äußern sich die Beschäftigten in altersübergreifenden Workshops selbst zu der Frage, was sich an den Arbeitsbedingungen und am eigenen Gesundheitsverhalten verbessern müsste, um gesund bis in die Rente arbeiten zu können (*Plan*). Im anschließenden „Gesundheitsdialog" mit dem Management werden Verbesserungsmaßnahmen entwickelt und umgesetzt (*Do*). Ziel ist es, die Gesundheit und Arbeitsfähigkeit der Beschäftigten zu fördern und die Produktivität zu verbessern. Die Prozess- und Ergebnisevaluation (*Check*) überführt das Initialprojekt in einen kontinuierlichen Verbesserungsprozess der betrieblichen Gesundheitssituation (*Act*).

2.   Die Chancen des demografischen Wandels durch eine alternsbewusste betriebliche Gesundheitsförderung (BGF)

Die durchschnittliche Lebenserwartung in Deutschland steigt alle 10 Jahre um etwa 2,5 Jahre und lag 2008 für Frauen bei 82,4 und für Männer bei 77,2 Jahren.

Eine zentrale gesundheitliche Frage des demografischen Wandels ist, ob wir die gewonnenen Lebensjahre in guter oder schlechter Gesundheit verbringen werden. Dazu gibt es drei verschiedene Thesen, die in der Abbildung 1 schematisch gegenübergestellt sind. Die pessimistische Expansionsthese geht davon aus, dass mit der steigenden Lebenserwartung nur die Dauer der gesundheitlich eingeschränkten Lebensphase, nicht aber die Länge der gesunden Lebenszeit verlängert wird. Die Jahre in guter Gesundheit verharren im Zustand des Status quo. Die optimistische Kompressionsthese hingegen geht davon aus, dass aufgrund von besseren Arbeitsbedingungen etc. chronische Krankheiten in ein immer höheres Alter zurückgedrängt werden können. Anhaltspunkte dafür finden sich etwa im Alterssurvey des Deutschen Zentrums für Altersfragen, in dem die Anzahl der Erkrankungen nach Altersgruppen ab 40 im Jahre 1996 und im Jahre 2002 erhoben und miteinander verglichen wurde. Dabei zeigte sich, dass die später geborenen Jahrgänge über deutlich weniger Erkrankungen berichteten als die früher geborenen Kohorten (DER ALTERSSURVEY 2002).

Abbildung 1: **Schematische Darstellung des Zusammenhangs zwischen Lebenserwartung und „Lebensjahren in guter Gesundheit"**

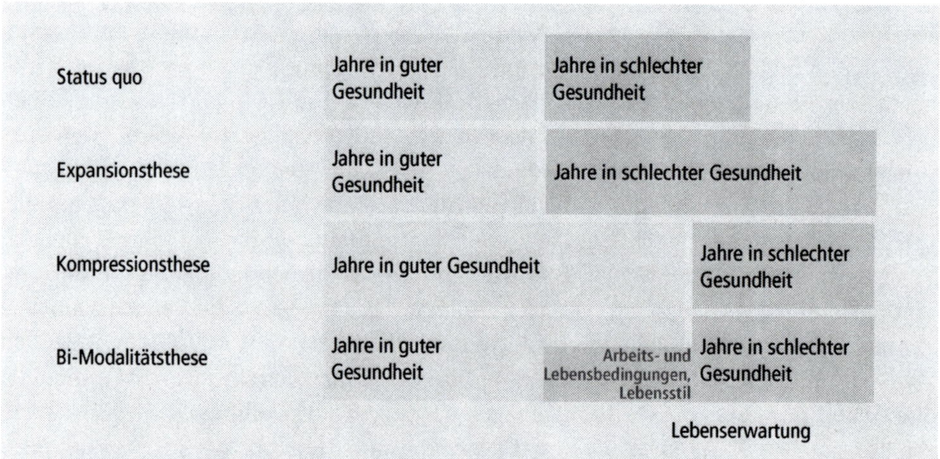

Quelle: Eigene Darstellung in Anlehnung an Erbsland 2006, Deutscher Bundestag 2002, Lauterbach u. a. 2006

Die Ergebnisse scheinen darauf hinzuweisen, dass die Erwerbstätigen im Durchschnitt immer gesünder werden und sich die Alterungsphasen nach hinten verschieben. 50-Jährige sind heute biologisch eher 40-Jährige, 60-Jährige eher 50-Jährige usw. Doch diese Entwicklung passiert nicht „automatisch". Gesundheitsbeeinträchtigende Arbeitsbedingungen können auch zu einem arbeitsinduzierten Voraltern führen (HACKER 2004; RESCH 2005). Sozialepidemiologische Untersuchungen legen deshalb die Bi-Modalitätsthese nahe. Diese besagt, dass sowohl die Expansions- als auch die Kompressionsthese für sich genommen zutreffen, je nachdem, welche Lebens- und Arbeitsbedingungen sowie Lebensstile vorherrschen (DEUTSCHER BUNDESTAG 2002). Der Einfluss dieser Variablen auf die Gesundheit liegt offensichtlich nach Einschätzung des Sachverständigenrates der Bundesregierung bei 60 bis 90 Prozent. Nimmt man für diese Variablen die höchsten und niedrigsten Einkommensgruppen als Indikatoren, so variiert die Lebenserwartung um bis zu 10,8 Jahre bei Männern und bis zu 8,4 Jahre bei Frauen; die gesunde Lebenserwartung streut um 14,3 Jahre bei Männern und um 13,3 Jahre bei den Frauen (LAMPERT 2009). Wenn das biologische Alter kein statischer Zustand ist, dann sollte anstelle von der reaktiv konnotierten „alternsgerechten" betrieblichen Gesundheitsförderung (BGF) von einer „alternsbewussten" BGF gesprochen werden, womit gemeint ist, proaktiv auf den Prozess des Älterwerdens „sorgsam achtend, negative Auswirkungen in dieser Richtung zu vermeiden suchend und entsprechend handelnd" (DUDEN-Bedeutungswörterbuch) einzuwirken. Das Ziel der alternsbewussten BGF ist es, sozusagen immer jünger bleiben zu können. Gesundheitsfördernde und trainierende Arbeitsprozesse können nicht nur den arbeitsinduzierten Verschleiß vermeiden helfen, sondern alternskorrelierte Gesundheitsprobleme und Leistungsrückgänge verzögern.

Die Gesundheitskultur in vielen Betrieben ist geprägt von Resignation. Das Gefühl vieler, an ihrem Arbeitsplatz „nichts mehr wert zu sein", lässt sie mangels Selbstwertgefühl leicht in eine Opferrolle treten. Seitens der Führung werden physischer und psychischer Gesundheitsverschleiß häufig als individuelles Verhaltensproblem behandelt. Genau hier setzt eine Grundüberlegung der „ASiA 50plus" an, „die unterschiedlichen Träger des betrieblichen Erfahrungswissens miteinander ins Gespräch zu bringen" (FRICZEWSKI 1994), um real etwas zu bewegen. Wie Umfragen zum „DGB-Index Gute Arbeit" belegen, gibt es keine noch so belastete Berufsgruppe, „in der nicht mindestens ein kleiner Prozentsatz der Befragten den eigenen Arbeitsplatz als gut beschreibt" (FUCHS, KISTER und TRISCHLER 2009). Das bedeutet im Umkehrschluss, dass es durch entsprechende Gestaltung der Arbeitssituation an jedem Arbeitsplatz Möglichkeiten gibt, etwas für die Gesundheit der Beschäftigten zu erreichen! Wer „Wertschätzung erfährt, in wessen Aus- und Fortbildung investiert wird, wem etwas zugetraut wird, traut sich seinerseits etwas zu, entwickelt eine höhere Selbstwertschätzung und geht in der Regel schonender und nachhaltiger mit seiner Gesundheit und damit auch mit seinem Leben um. Im Idealfall gehen betriebliche Gesundheitsförderung und individuelles gesundheitsverantwortliches Verhalten Hand in Hand. (...) Beides kann nicht additiv aufgesetzt werden, sondern muss in der gelebten Unternehmensphilosophie verankert sein" (KISTLER u. a. 2006). Eine alternsbewusste BGF basiert auf Wertschätzung sich selbst und anderen gegenüber und nutzt durch frühzeitige verhältnis- und verhaltensorientierte Maßnahmen unter aktiver Beteiligung der Führungskräfte und Beschäftigten alle Gesundheitspotenziale in der Organisation, um gesundheitliche Spätfolgen durch die Arbeitstätigkeit zu vermeiden, die Arbeits- und Beschäftigungsfähigkeit der Belegschaft zu erhöhen sowie die Lebensjahre in guter Gesundheit zu verlängern.

3. Rahmenbedingungen und erste Projektschritte

Im Vorfeld einer „ASiA 50plus" sollte kritisch geprüft werden, inwieweit dieses Instrument zum Unternehmen passt und ob die Bereitschaft und die notwendigen Ressourcen vorhanden sind, um Verbesserungsmaßnahmen umzusetzen. Eine mündliche Befragung zur Gesundheit weckt große Erwartungen in der Belegschaft. Um sich dieser Tragweite bewusst zu sein, ist es ratsam, eine schriftliche Vereinbarung zwischen Geschäftsleitung und Mitarbeitervertretung über das Projekt abzuschließen. Der erste Schritt zur Durchführung ist die Gründung eines übergeordneten Steuerkreises. Dieser setzt sich zusammen aus der Geschäftsleitung, der Mitarbeitervertretung, den Fachexperten bzw. Fachexpertinnen und der Leitung des Einsatzbereiches, in deren Händen die Projektleitung liegt. Die wichtigsten Aufgaben des Steuerkreises sind die Auswahl eines Pilotbereiches zur Projektdurchführung sowie die Festlegung der Verantwortlichkeiten, der Aufbau- und Ablaufstrukturen sowie der Projektziele, an denen der Erfolg des Projektes gemessen werden kann. Es empfiehlt sich, zwischen kurz- und längerfristigen Zielen zu unterscheiden. Kurzfristige Ziele können beispielsweise eine bestimmte Beteiligungsquote der Beschäftigten an den Workshops sein oder die Verbesserung der allgemeinen Arbeitszufriedenheit, gemessen auf einer siebenstufigen Smiley-Skala (BAILLOD und SEMMER 1994) vor und nach dem Projekt. Längerfristige Ziele sind z. B. auf die Verbesserung der subjektiven Einschätzung der Arbeitsfähigkeit, Erfolge bei der Reduzierung gesundheitsbedingter produktiver Arbeitszeitverluste (siehe unten) oder die Verbesserung des geschätzten medianen Gesundheitsalters im Vergleich zum medianen kalendarischen Alter (FISCHER 2009) angelegt. Der zweite Schritt ist eine intensive Schulung der Führungskräfte, deren Verhalten entscheidend für die Verbesserung der Arbeitsfähigkeit ist (ILMARINEN und TEMPEL 2002), sowie eine Informationsveranstaltung für alle Beschäftigten im Einsatzbereich.

In die Führungskräfteschulung kann eine Aufstellungsarbeit integriert werden, bei der die Führungskräfte repräsentativ die aktuelle Altersstruktur der Belegschaft im dafür präparierten Raum „nachstellen" und dann um eine Dekade „voranschreiten". Dabei ist die Frage zu beantworten: „Welche Gedanken, Gefühle und Bilder verknüpfe ich mit dem eigenen Älterwerden (im Betrieb)?" Die „gestellte" Altersstrukturprognose beinhaltet auch die Ist-Analyse und Prognose von Krankenstand und Präsentismus in der Belegschaft (zur Vorgehensweise siehe Abbildung 3) und verbindet diese mit einer Reflexion zur eigenen Gesundheitssituation der Führungskräfte: „Um gesund zu bleiben, brauche ich am Arbeitsplatz ...“ Das Verständnis der Führungskräfte für die „Schlüsselfunktion“ der Arbeitssituation bei der Entstehung und Entwicklung chronischer Erkrankungen (FELDES 2007) kann auf diese Weise eindrucksvoll gefördert werden.

4. Prognose von Krankenstand und Präsentismus bei alternden Belegschaften

Je älter die Beschäftigten sind, desto höher sind in Abhängigkeit von den Arbeitsbedingungen die Arbeitsunfähigkeits-(AU-)Tage, was zu einem Großteil auf jahrelang kumulierte Fehlbeanspruchungen am Arbeitsplatz zurückgeführt werden kann (KAISER 2010). Die Prognose der Krankheitslast bei alternden Belegschaften knüpft an die Bi-Modalitätsthese an und überträgt in einem Status-quo-Szenario die heutigen altersspezifischen AU-Tage auf die erwartete zukünftige Belegschaft in zehn Jahren. Nimmt das Alter der Belegschaft zu, steigen demnach die AU-Tage insgesamt. Damit wird unterstellt, dass das heutige Ausmaß der Fehlbeanspruchungen konstant bleibt. Fehlbeanspruchungen entstehen, wenn die Belastungen aus der Arbeitssituation die Bewältigungsmöglichkeiten des Einzelnen (interne und externe Ressourcen) übersteigen oder unterschreiten (ROHMERT 1984). Hält eine solche Situation dauerhaft an, können daraus chronische Erkrankungen begünstigt werden oder entstehen, die dann jedoch nicht dem Alter, sondern vielmehr der Arbeit selbst geschuldet sind. Je höher die Fehlbeanspruchungen sind und je länger die ihr zugrunde liegende Tätigkeit wie z. B. langjährige Schichtarbeit, extensive Mehrarbeit etc. andauert, umso höher ist die Wahrscheinlichkeit, dass Gesundheitsstörungen auftreten (SIEGRIST und DRAGANO 2007).

Instrumente zur Hochrechnung des Krankenstandes auf der Basis von Altersstrukturprognosen (www.demowerkzeuge.de, www.tk-online.de) bilden bislang nicht den Präsentismus mit ab, der „künftig als das zentrale Problem betrieblicher Gesundheitspolitik“ angesehen wird (ULICH und STRASSER 2010). Verschiedene Studien zeigen, dass viele Beschäftigte krank oder sogar gegen ärztlichen Rat zur Arbeit gehen, hauptsächlich aus steigender Eigenverantwortung und Pflichtgefühl, aber auch aus Furcht vor Arbeitslosigkeit. Ein solches Verhalten kann längerfristig das Risiko einer chronischen Erkrankung verdoppeln. Im Folgenden soll deshalb ein Prognoseinstrument vorgestellt werden, das neben dem Krankenstand auch den Präsentismus erfasst. EMMERMACHER (2008) definiert Präsentismus als „das Phänomen der Präsenz am Arbeitsplatz trotz gesundheitlicher Beeinträchtigungen und Beschwerden inklusive der damit verbundenen negativen Folgen für die Produktivität im Arbeitsprozess". Er schlägt vor, als Berechnungsgröße für Präsentismus die ausgefallene produktive Arbeitszeit zu verwenden, und führt dazu den Begriff der Health-Related Lost Productive Time (gesundheitsbedingte Produktivitätszeitverluste) ein, die sich aus dem Krankenstand und dem Präsentismus zusammensetzt (siehe Abbildung 2).

Abbildung 2: **Zusammenhang zwischen erbrachter Arbeitsleistung und gesundheitsbedingten Produktivitätszeitverlusten durch Krankenstand und Präsentismus**

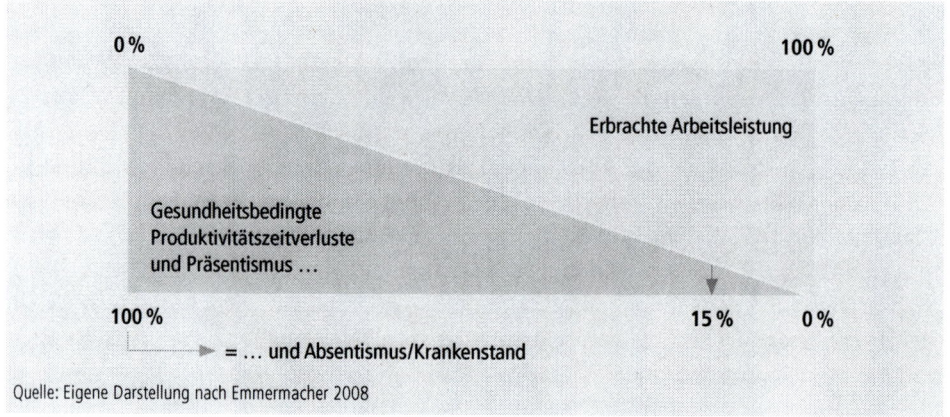

Quelle: Eigene Darstellung nach Emmermacher 2008

Auf der Grundlage eines an die Stanford Presenteeism Scale angelehnten Fragebogens ermittelt EMMERMACHER einen Health-Related Factor, mit dem der prozentuale Verlust an produktiver Arbeitszeit durch Präsentismus bestimmt werden kann. Leichtere Beeinträchtigungen der Leistungsfähigkeit wie etwa ein leichter Schnupfen etc. werden dabei nicht in die Berechnung der Präsentismusquote einbezogen. Als Grenzwert wurde eine Leistungsminderung von größer als 15 Prozent festgelegt. Auf dieser Basis ermittelte EMMERMACHER in der Abteilung eines Industrieunternehmens ein Verhältnis zwischen Produktivitätszeitverlusten durch Krankenstand und Präsentismus von 1 : 0,85. Dieses Verhältnis wird in der Prognose in Abbildung 3 heuristisch zugrunde gelegt. Die Abbildung 3 zeigt am Musterbeispiel einer 10-Jahres-Prognose für die „Zukunfts AG" ein Status-quo-Szenario gesundheitsbedingter Produktivitätszeitverluste. Im ersten Schritt ist die heutige Anzahl der Beschäftigten nach fünf Altersgruppen erfasst. Im zweiten Schritt wird diese Altersstruktur jeweils um eine Dekade nach rechts verschoben und auf diese Weise die Altersverteilung der Beschäftigten in zehn Jahren ermittelt. Es handelt sich um die einfache Fortschreibung der Altersstruktur nach dem Szenario einer unveränderten Einstellungspolitik bei rückläufigem Personalbestand (KÖCHLING 2002). Im Fall der „Zukunfts AG" sinkt dadurch die Anzahl der Beschäftigten in zehn Jahren von 100 auf 85, und es zeigt sich eine Verschiebung von einer mittelalters- zu einer alterszentrierten Altersstruktur. Im dritten und vierten Schritt werden die heutigen AU-Tage je Mitarbeiter/Mitarbeiterin in jeder Altersgruppe erfasst und mit den heutigen Beschäftigtenzahlen pro Altersgruppe multipliziert. Im fünften Schritt werden die heutigen AU-Tage je Beschäftigten in die Zukunft projiziert und mit den in zehn Jahren zu erwartenden Beschäftigtenzahlen pro Altersgruppe multipliziert. Mit diesen Daten lassen sich nach den Berechnungsformeln für Krankenstand (nach Kalendertagen = Krankenkassenkonvention) und Präsentismus die Produktivitätszeitverluste berechnen. Im Fall der „Zukunfts AG" ist zu erwarten, dass diese in zehn Jahren von 9,6 auf 11,3 Prozent steigen.

Abbildung 3: **Status-quo-Szenario gesundheitsbedingter Produktivitätszeitverluste**

10-Jahres-Prognose von Altersstruktur, Krankenstand und Präsentismus bei der Zukunfts AG						
	Altersgruppen					
Vorgehensweise	**bis 24**	**25–34**	**35–44**	**45–54**	**ab 55**	**Gesamt**
1. Anzahl der Beschäftigten heute	5	20	40	20	15	100
2. Beschäftigte in 10 Jahren	0	5	20	40	20	85
3. AU-Tage je Beschäftigten heute	13	13	17	22	31	
4. AU-Tage gesamt heute (1. x 3.)	65	260	680	440	465	1.910
5. AU-Tage gesamt in 10 Jahren (2. x 3.)	0	65	340	880	620	1.905
6. Krankenstand heute				1.910/36.500 x 100 = 5,2 %		
7. Präsentismus heute				1.910/36.500 x 85 = 4,4 %		
8. Produktivitätszeitverluste gesamt heute						**9,6 %**
9. Krankenstand in 10 Jahren				1.905/31.025 x 100 = 6,1 %		
10. Präsentismus in 10 Jahren				1.905/31.025 x 85 = 5,2 %		
11. Produktivitätszeitverluste gesamt in 10 Jahren						**11,3 %**
Krankenstand:	AU-Tage gesamt/(Beschäftigte gesamt x 365 Kalendertage) x 100					
Präsentismus:	AU-Tage gesamt/(Beschäftigte gesamt x 365 Kalendertage) x 85					
Quelle: Eigene Darstellung unter Bezugnahme auf Köchling 2002 und Emmermacher 2008						

Das Beispiel kann auf die spezifische betriebliche Situation abgewandelt werden. Mit einer Prognose-Abweichungsanalyse lässt sich fortlaufend ein „ASiA 50plus"-Projekt evaluieren.

5.   Die Prinzipien und Verfahrensschritte der „ASiA 50plus"

Bei der „ASiA 50plus" handelt es sich um einen altersübergreifenden Workshop für alle Altersgruppen in einem Arbeitsbereich bzw. in einem Team. Die klassische Arbeitssituationsanalyse nach Nieder (2005) wird in der „ASiA 50plus" mit einer subjektiven Einschätzung zur eigenen Arbeitsfähigkeit aus dem DGB-Index „Gute Arbeit" verknüpft (www.dgb-index-gute-arbeit.de). Dazu werden maximal 15 Teilnehmende auf freiwilliger Basis für circa zwei Stunden während der Arbeitszeit mündlich über ihre wichtigsten gesundheitlichen Belastungspunkte, Ressourcen und Anregungen für Verbesserungsmaßnahmen im Hinblick auf das eigene „Älterwerden" befragt. Die Befragung sollte abteilungs- bzw. bereichsweit stattfinden, d. h., es sollten so viele Workshops durchgeführt werden, dass alle Beschäftigten des betreffenden Betriebsbereiches am Projekt teilnehmen können. Die Einteilung der Teilnehmenden sollte möglichst nach belastungshomogenen Gruppen bzw. nach Arbeitsteams erfolgen. Die Workshops finden ohne Vorgesetzte statt. Die Moderation erfolgt durch zwei neutrale Personen, die sich Moderation und Mitschrift teilen, um z. B. Sprachbarrieren besser begegnen zu können. Die Ergebnisse sind noch nicht umsetzungsreif, erst im anschließenden Gesundheitszirkel werden Maßnahmen erarbeitet. Die Dramaturgie der „ASiA 50plus" ist so dynamisch aufgebaut, dass eine maximale Ideenproduktion erzeugt wird. Erfahrungsgemäß kann fast immer mit einer intensiven Beteiligung der Teilnehmenden gerechnet werden („Dampfkesselprinzip"). Bei der späteren Präsentation der Ergebnisse ist zu beachten, dass die Äußerungen der Beschäftigten subjektive Wahrnehmungen der Arbeitssituation darstellen. Hierbei handelt es sich um diejenigen Bilder, Gedanken und Gefühle, die in den Köpfen der Beschäftigten vorherrschen und nicht am Werkstor abgelegt werden. Es ist das wichtigste Prinzip der „ASiA 50plus", durch die Anerkennung dieser subjektiven Wirklichkeiten, mögen sie objektiv mitunter auch abwegig erscheinen, die dahinterstehenden Personen wertzuschätzen, um mit diesen in einen klärenden Dialog darüber einzutreten. Dabei geht es keineswegs darum, die im Workshop geäußerten Verbesserungsanregungen 1 : 1 umzusetzen – dazu sind die Informationen der Beschäftigten über komplexe betriebliche Zusammenhänge oftmals nicht ausreichend genug –, sondern um das ernsthafte Bemühen, nach Lösungen zur Verbesserung der Arbeitssituation zu suchen. Nach dem Ansatz der Salutogenese ist es gesunderhaltend, wenn die Beschäftigten ihre Arbeitssituation als stimmig, d. h. als sinnvoll, vorhersehbar und handhabbar, erfahren. Der erste Schritt dorthin ist oftmals schon getan, wenn die Beschäftigten übergeordnete Zusammenhänge und Sachzwänge erklärt bekommen, um bei Unabänderlichkeit wenigstens den organisationalen Sinn subjektiv nervender Arbeitsprozesse zu verstehen.

Zu Beginn des Workshops wird noch einmal der Anlass des Projektes erläutert und zur regen Mitarbeit aufgefordert mit dem Hinweis, dass alle Angaben anonym sind, keinerlei Nachteile durch Äußerungen entstehen, die Ergebnisse vom Betrieb ernst genommen und die im Gesundheitszirkel gefundenen Lösungen umgesetzt werden. Danach werden die in der Abbildung 4 dargestellten sieben Leitfragen gemeinsam mit den Teilnehmenden bearbeitet.

Abbildung 4: **Die sieben Leitfragen der Arbeitssituationsanalyse 50plus**

Nr.	Leitfragen
1	Wenn Sie an Ihre Arbeit und Ihren Gesundheitszustand denken: Meinen Sie, Ihre heutige Tätigkeit unter den derzeitigen Umständen bis zum Rentenalter ausführen zu können? ☐ Ja, wahrscheinlich ☐ Nein, wahrscheinlich nicht ☐ Weiß nicht
2	Stellen Sie sich bitte vor, dass Sie bis zu Ihrem 65./67. Lebensjahr arbeiten werden. Um fit und motiviert zu bleiben: Halten Sie eine Veränderung Ihrer Arbeitssituation für: ☐ Nicht wichtig ☐ Teilweise wichtig ☐ Sehr wichtig
3	In welchen Bereichen Ihrer Arbeitssituation sollte eine Veränderung erfolgen? ☐☐ Tätigkeit ☐☐ Organisation ☐☐ Vorgesetztenverhalten ☐☐ Arbeitsumgebung ☐☐ Gruppenklima
4	An welche konkreten Belastungspunkte haben Sie gedacht, als Sie Ihren Bewertungspunkt auf den Bereich X geklebt haben?
5	Was sind Ihre Anregungen zur Verbesserung der Arbeitssituation? Was könnte der Betrieb und was könnten Sie als Mitarbeiter/-in tun?
6	Was gefällt Ihnen besonders gut an Ihrer Arbeit?
7	Wer soll die Ergebnisse im Gesundheitszirkel vertreten?

Quelle: Eigene Darstellung unter Bezugnahme auf Nieder 2005 und DGB-Index Gute Arbeit 2008

Die Leitfrage *eins* ist identisch mit der entsprechenden Frage aus dem „DGB-Index Gute Arbeit", der jährlich anhand einer repräsentativen Zufallsstichprobe von mehr als 6.000 Beschäftigten in Deutschland erhoben wird. Danach gaben 2009 durchschnittlich 50 Prozent der Befragten an, ihre heutige Tätigkeit im Hinblick auf ihren Gesundheitszustand unter den derzeitigen Umständen wahrscheinlich bis zum Rentenalter ausführen zu können. 34 Prozent der Befragten gaben hingegen an: „wahrscheinlich nicht". Gliedert man diese Antworten nach Berufsgruppen auf, so zeigen sich erhebliche Unterschiede. Zum Beispiel geben 75 Prozent der Ingenieure/Ingenieurinnen an, dass sie wahrscheinlich das Rentenalter arbeitend erreichen. In den Bauberufen sind es nur 24 Prozent. Zur Beantwortung der Frage im Workshop erhält jede bzw. jeder Teilnehmende (TN) einen Bewertungspunkt, der anonym auf ein Kärtchen zu setzen ist. Die Auswertung erfolgt durch die Moderation am Flipchart. Im Auswertungsprotokoll später kann das Ergebnis mit dem Berufsgruppenergebnis des DGB-Index verglichen werden. Die subjektive Einschätzung der Arbeitsfähigkeit hat für die individuelle Zukunft der einzelnen Workshop-Teilnehmenden keine Prognosefähigkeit. Auf Gruppenebene korrelieren die subjektiven Einschätzungen jedoch stark mit der objektiven Quote der Erwerbsminderungsrenten (FUCHS, KISTLER und TRISCHLER 2009). Die Leitfrage *eins* eignet sich deshalb auch dazu, die Maßnahmen des „ASiA 50plus"-Projektes später auf ihre Wirksamkeit hin zu überprüfen. Die Einschätzung der Arbeitsfähigkeit zeigt Untersuchungen zufolge eine gute Veränderungssensitivität. Bei Erwerbstätigen, die über belastende Arbeitsbedingungen in der Vergangenheit berichten, reduziert sich der Anteil derjenigen, die nicht glauben, bis zur Rente arbeiten zu können, dann erheblich, wenn sie ihre aktuellen Arbeitsbedingungen im Hinblick auf die belastenden Aspekte als deutlich verbessert beschreiben (KISTLER. TRISCHLER und EBERT 2008). Bei einem erfolgreichen „ASiA-50plus"-Projekt besteht also die Aussicht, dass die Einschätzung der Arbeitsfähigkeit der TN steigt.

Die Leitfrage *zwei* wird ebenfalls anonym von den Teilnehmenden beantwortet und am Flipchart ausgezählt. Von rund 2.900 Teilnehmenden an ASiA-Projekten der AOK Hessen bis 2010 antworteten über alle Branchen hinweg rund 40 Prozent, dass sie eine Veränderung der Arbeitssituation für „teilweise wichtig" halten, und rund 55 Prozent, dass sie eine Veränderung für „sehr wichtig" halten (KAISER 2010). Zur Leitfrage *drei* werden die fünf Bereiche der Arbeitssituation anhand von Bildern und Beispielen ausführlich vorgestellt: Tätigkeit, Organisation, Vorgesetztenverhalten, Arbeitsumgebung und Gruppenklima. Jede Teilnehmerin bzw. jeder Teilnehmer erhält zwei Punkte, die auf einen oder zwei gewünschte Veränderungsbereiche geklebt werden können. Die beiden „Spitzenreiter" werden dann prioritär bearbeitet. Erfahrungsgemäß reicht in jedem Workshop die Zeit, um auch alle anderen bepunkteten Bereiche zu bearbeiten. Zur Leitfrage *vier* werden die Teilnehmenden angehalten, alle persönlichen Belastungspunkte für Gesundheit und Wohlbefinden zu nennen. Die Zurufe werden anonym auf Moderationskärtchen protokolliert und an der Pinnwand thematisch zusammengefasst. Bei der Leitfrage *fünf* sollen zu allen Themenclustern Verbesserungsideen genannt werden. Abschließend bewerten die Teilnehmenden die Themen nach ihrer Priorität, gemessen an der Bedeutung der Belastungen. Dazu stehen jeder Person vier Bewertungspunkte zur Verfügung (max. zwei/Thema). Die Teilnehmerinnen und Teilnehmer werden gebeten, sich noch im Sitzen zu entscheiden, wo sie ihre Bewertungspunkte kleben, um nicht im Sinne sozialer Erwünschtheit zu votieren. Erst wenn alle die innerlich getroffene Entscheidung per Handzeichen bestätigen, werden sie gleichzeitig nach vorne an die Pinnwand gebeten, um ihre Bewertungspunkte zu verteilen. Aus den Leitfragen *vier* und *fünf* ergibt sich die Essenz der „ASiA 50plus", denn hieraus wird das Aktionsprotokoll (siehe Abbildung 5) erstellt, das übergreifend die Ergebnisse aller durchgeführten Workshops im Arbeitsbereich zusammenfasst, sodass eine Hitliste der Themen nach den Bewertungspunkten der Teilnehmenden vorgelegt werden kann.

Abbildung 5: **Das Aktionsprotokoll**

Arbeitssituationsanalyse 50plus				Gesundheitszirkel			
Themen/ priorisiert durch TN	Belastungs- punkte/ Gesundheits- beschwerden	Anregungen der Mitarbeiter		Aktion/ Maßnahme	Wer?	Bis wann?	Status
		Was kann der Betrieb tun?	Was kann der /die Mit- arbeiter/in tun?				

Quelle: Eigene Darstellung

Dies bedeutet keineswegs, dass die Belastungsthemen, die nur wenige oder nur einen Punkt erhalten haben, unwichtig sind, denn hierbei kann es sich um Einzel-arbeitsplätze handeln oder um Aspekte, die aus Sicht der Arbeitssicherheit oder der Arbeitsmedizin bedeutsam sind. Die Leitfrage *sechs* gibt die Gelegenheit, den jewei-ligen Arbeitsplatz wertzuschätzen und Ressourcen zu benennen. Schließlich werden die Teilnehmenden zur Leitfrage *sieben* gebeten, einen Sprecher/eine Sprecherin und einen Stellvertreter/eine Stellvertreterin in geheimer Wahl zu bestimmen, die die Gruppe im Gesundheitszirkel vertreten sollen.

6. Der Gesundheitsdialog im Gesundheitszirkel

Der Gesundheitszirkel setzt sich aus den gewählten Sprechern bzw. Sprecherinnen der einzelnen „ASiA 50plus"-Gruppen, aus Experten/Expertinnen, Betriebsrat, Mo-derator bzw. Moderatorin und Vorgesetzten zusammen und hat die Aufgabe, aus dem Aktionsprotokoll konkrete Maßnahmen abzuleiten. Im Vorfeld ist insbesondere zu klären, wie die regelmäßige Teilnahme der Sprecher/-innen am Gesundheitszir-kel gewährleistet wird und der Informationsfluss zu den anderen Beschäftigten im Interventionsbereich sichergestellt ist. Entscheidend ist der „Gesundheitsdialog", der im Gesundheitszirkel zwischen den Beschäftigten und den Führungskräften während der Abarbeitung des Aktionsprotokolls ausgelöst wird. Die Teilnahme der Bereichslei-tung erhöht diesen Effekt, indem sofortige Beschlussfähigkeit gegeben ist. Auf diese Weise ist in aller Regel gewährleistet, dass die Arbeitsprozesse tagesgeschäftstaug-lich mit der „alternsbewussten Gesundheitsbrille" durchleuchtet und Maßnahmen definiert werden, die nicht mit den Betriebszielen konfligieren, sondern mit ihnen im Einklang stehen. Das ist der Kern der „ASiA 50plus", da der Gesundheitsdia-log zwischen den Welten der betrieblichen Erfahrungsträger eine kognitiv-emotional verbundene Erfahrung werden kann, die „unter die Haut" geht und dadurch einen haltungs-, verhaltens- und kulturverändernden Charakter annehmen kann (HÜTHER und FISCHER 2009). Der Schlüssel dazu ist der gegenseitige Perspektivenwechsel, den Beschäftigte und Führungskräfte zueinander einnehmen. Nach der Umsetzung der

Maßnahmen bietet es sich zum Projektabschluss an, erneut eine Mitarbeiterversammlung durchzuführen, auf der durch alle Mitglieder des Gesundheitszirkels die Ergebnisse präsentiert werden und die Beschäftigten zur Ergebnisevaluation wieder nach ihrer Arbeitszufriedenheit, Arbeitsfähigkeit etc. befragt werden. Als besondere Anerkennung wird es von allen Beteiligten erlebt, wenn die Versammlung in einem festlichen Rahmen stattfindet und den Teilnehmenden des Gesundheitszirkels durch die Bereichsleitung z. B. eine Teilnahmeurkunde überreicht wird. Zum endgültigen Abschluss sollte ein Review-Workshop mit dem Team des Gesundheitszirkels zur Prozessevaluation durchgeführt werden. Einleitend werden die Zirkelteilnehmer/Zirkelteilnehmerinnen danach gefragt, inwieweit sich ihre bei der konstituierenden Sitzung geäußerten Erwartungen erfüllt haben. Schließlich werden folgende Fragen gestellt: Was ist gut gelaufen und warum? Was ist nicht gut gelaufen und warum? Was können wir beim nächsten Projekt besser machen und wie? Mit den Ergebnissen dieser Reflexion könnte dann der Staffelstab durch den Steuerkreis an das nächste „ASiA-50plus"-Projekt im Betrieb übergeben und ein weiterer Mosaikstein gesetzt werden hin zu einer alternsbewussten Gesundheitskultur.

Literatur

BAILLOD, J.; SEMMER, N.: Fluktuation und Berufsverläufe bei Computerfachleuten. In: Zeitschrift für Arbeits- und Organisationspsychologie 38 (1994) 4, S. 152–163

DEUTSCHER BUNDESTAG: 14. Wahlperiode: Schlussbericht der Enquete-Kommission „Demographischer Wandel", Drucksache 14/8800, 28.03.2002

DER ALTERSSURVEY – Aktuelles auf einen Blick. Gesundheit und Gesundheitsversorgung. Herausgegeben vom Deutschen Zentrum für Altersfragen. 2002

EMMERMACHER, A.: Gesundheitsmanagement und Weiterbildung. Eine praxisorientierte Methodik zur Steuerung, Qualitätssicherung und Nutzenbestimmung. Wiesbaden 2008

ERBSLAND, M.: Alternde Bevölkerung und ökonomische Konsequenzen für das Gesundheitswesen. Vortrag an der FH Ludwigshafen, 20.10.2006. Ludwigshafen 2006

FELDES, W.: Altersgerechte und lernförderliche Gestaltung der Arbeit. In: IG Metall (Hrsg.): Handbuch „Gute Arbeit". Hamburg 2007, S. 179–197

FISCHER, J. E.: Gesundheitsmonitor für Unternehmen. In: KROMM, W.; FRANK, G. (Hrsg.): Unternehmensressource Gesundheit. Düsseldorf 2009, S. 215–237

FRICZEWSKI, F.: Gesundheitszirkel als Organisations- und Personalentwicklung. In: WESTERMAYER, G.; BÄHR, W. (Hrsg.): Betriebliche Gesundheitszirkel. Göttingen 1994, S. 14–24

FUCHS, T.; KISTLER, E.; TRISCHLER, F.: „DGB-Index Gute Arbeit" – Exemplarische Ergebnisse und Diskussion. In: KISTLER, E.; MUSSMANN, F. (Hrsg.): Arbeitsgestaltung als Zukunftsaufgabe. Die Qualität der Arbeit. Hamburg 2009

HACKER, W.: Leistungsfähigkeit und Alter. Dresden 2004

Hütı ıer, G.; Fischer, J. E.: Biologische Grundlagen des Wohlbefindens. In: Badura, B. u. a. (Hrsg.): Fehlzeiten-Report 2009. Arbeit und Psyche: Belastungen reduzieren – Wohlbefinden fördern. Zahlen, Daten, Analysen aus allen Branchen. Berlin, Heidelberg 2009, S. 23–29

Ilmarinen, J.; Tempel, J.: Arbeitsfähigkeit 2010. Hamburg 2002

Kaiser, E.: Von der Altersstruktur-Datenanalyse mit Daten der GKV zur alternsgerechten Gesundheitsförderung mit der Arbeitssituationsanalyse 50plus. In: Marie-Luise und Ernst Becker Stiftung (Hrsg.): Gesundheit, Qualifikation und Motivation älterer Arbeitnehmer – messen und beeinflussen, Dokumentation der Tagung 2009. Bonn 2010, S. 69–82

Kistler, E. u. a.: Altersgerechte Arbeitsbedingungen (Machbarkeitsstudie). Zusammenfassung. Stadtbergen 2006

Kistler, E.; Trischler, F.; Ebert, A.: DGB-Index Gute Arbeit. Arbeitsbedingungen und Arbeitsfähigkeit bis zur Rente. Ergebnisse aus der Erhebung 2008. Stadtbergen 2008

Köchling, A.: Projekt Zukunft. Leitfaden zur Selbstanalyse altersstruktureller Probleme in Unternehmen. Dortmund 2002

Lampert, T.: Soziale Ungleichheit und Gesundheit im höheren Lebensalter. In: Statistisches Bundesamt, Deutsches Zentrum für Altersfragen, Robert Koch-Institut (Hrsg.): Beiträge zur Berichterstattung des Bundes, Gesundheit und Krankheit im Alter. 2009

Lauterbach, K. u. a.: Zum Zusammenhang zwischen Einkommen und Lebenserwartung. Studien zu Gesundheit, Medizin und Gesellschaft. Köln: Ausgabe 01/2006 vom 25.02.2006

Nieder, P.: Anpacken wo der Schuh drückt. Das Instrument der Arbeitssituationsanalyse. In: Organisationsentwicklung 4 (2005), S. 54–61

Resch, M.: Wer gesund alt werden will, muss früh damit beginnen. In: Universität Flensburg (Hrsg.): Gesundheitsstandort Betrieb. Neue Herausforderungen für Unternehmen und ihre älter werdenden Beschäftigten. Auftakt GESA-Schwerpunkt. 2005, S. 10–21

Rohmert, W.: Das Belastungs-Beanspruchungs-Konzept. In: Zeitschrift für Arbeitswissenschaft 38 (1984), S. 193–200

Siegrist, J.; Dragano, N.: Rente mit 67 – Probleme und Herausforderungen aus gesundheitswissenschaftlicher Sicht. Hans-Böckler-Stiftung (Hrsg.): Düsseldorf 2007

Ulich, E.; Strasser, P.: Kostspielige Präsenz: Wer krank zur Arbeit geht, tut sich und den Kollegen keinen Gefallen. In: Harvard Business Manager (2010) 5, S. 24–25

Christian Stamov Roßnagel

Berufliche Weiterbildung älterer Beschäftigter: Elemente einer umfassenden Förderstrategie

Nicht wenige Personalverantwortliche hegen Zweifel an der Lernfähigkeit älterer Beschäftigter. Die Forschung belegt indessen nachdrücklich, dass die Lernfähigkeit älterer Beschäftigter während des gesamten Berufslebens intakt bleibt – was für die Lernbereitschaft häufig nicht im selben Maß gilt. Eine nachhaltige Strategie zur Förderung der Lern- und Weiterbildungsbereitschaft setzt an der individuellen Lernkompetenz an. Diese lässt sich als trainierbare Fertigkeit verstehen, die nicht zwangsläufig mit dem Alter abbaut. Sie unterliegt aber persönlichen und unternehmensseitigen Einflüssen, denen ältere Beschäftigte stärker ausgesetzt sind als jüngere. In diesem Beitrag stelle ich einen auf der individuellen Lernkompetenz aufbauenden Ansatz der betrieblichen Lernförderung vor.

1. Ältere Beschäftigte und Weiterbildung

Viele Unternehmen führen seit geraumer Zeit das Schlagwort vom *lebenslangen Lernen* im Munde. Die Einsicht scheint sich durchgesetzt zu haben, dass berufliches Lernen mit der Erstausbildung keineswegs abgeschlossen ist, sondern zum ständigen Begleiter der gesamten Karriere werden muss – auch und gerade für Beschäftigte jenseits der 50. Immerhin wird mittelfristig jeder dritte Beschäftigte über 50 Jahre alt sein und nur noch jeder fünfte jünger als 30. Gleichzeitig steigt der Anteil an Wissensarbeitern und Wissensarbeiterinnen, während der Anteil körperlicher und gering qualifizierter Tätigkeiten abnimmt. Lebenslanges Lernen gilt als eine der zentralen Strategien, diesen Wandel der Arbeitswelt zu bewältigen.

Die betriebliche Realität wird diesem Anspruch allerdings häufig noch immer nicht gerecht. Schon jenseits der 40 werden Beschäftigte vielfach kaum noch zur Weiterbildung ermuntert, entmutigt werden sie dann oft ab 50. Auf die Lernbedürfnisse dieser Gruppe abgestimmte Angebote sind Mangelware. Oft herrscht Unklarheit, wie ältere Beschäftigte mit der Anforderung nach beständigem Lernen zurechtkommen und wie sie unterstützt werden können. In unserer Zusammenarbeit mit Unternehmen unterschiedlicher Größen und Branchen zeigt sich, dass bloße Appelle die Weiterbildungsbeteiligung Älterer kaum beeinflussen. Vielmehr besteht Bedarf an fundierter Information, wie das Lernen Älterer „funktioniert". In diesem Beitrag stelle ich Werkzeuge vor, die Unternehmen helfen können, eine für sie passende Strategie der Lernförderung zu entwickeln.

2.   Zentraler Ansatzpunkt: Die individuelle Lernkompetenz

Ein zukunftsorientiertes Verständnis lebenslangen Lernens setzt einen zeitgemäßen Begriff des Lernens voraus. Wer Lernen als dozentengesteuerte Abfrageveranstaltung auf der Grundlage „auf Vorrat" angehäuften Faktenwissens versteht, riskiert, dass „lebenslang" nach „lebenslänglich" klingt. Das weckt Erinnerungen an spaßfreies, prüfungsorientiertes Lernen im Frontalunterricht, von dem höchstens die Lehrer/Lehrerinnen glaubten, dass es „nicht für die Schule", sondern „für das Leben" sei. Lernen sollte als der handlungsorientierte Aufbau der *Fertigkeit zur Bewältigung von Anforderungen* (vgl. HACKER und SKELL 1993) verstanden werden. Dadurch rücken zwei Aspekte in den Blickpunkt, die vielen Beschäftigten oft nicht klar sind und die im Rahmen einer internen Kampagne zur Lernförderung nicht deutlich genug betont werden können:

- Lernen zielt darauf ab, Anforderungen zu bewältigen, und nicht nur, Zertifikate zu erwerben. In unseren Untersuchungen (z. B. STAMOV ROSSNAGEL, BIEMANN und KINSCHER 2009) zeigt sich, dass Beschäftigte mit höherer Lernaktivität bei sonst gleichen Voraussetzungen (Alter, Bildung, Unternehmen) höhere Arbeitszufriedenheit, mehr positive Emotionen bei der Arbeit und eine höhere allgemeine Arbeitsmotivation angeben. Zugleich ist aus der Forschung bekannt, dass geistige Aktivität eine wichtige Stellgröße erfolgreichen Alterns ist. Wer lernt, tut dies nicht allein für sein Unternehmen, sondern nicht zuletzt für sich selbst – und betreibt damit eine wichtige Form der Altersvorsorge.
- Lernen ist keine Fähigkeit, sondern eine Fertigkeit! Wie jede Fertigkeit auch, kann man „Lernen lernen" – aber auch wieder verlernen, zum Beispiel durch die von Personalern befürchtete „Lernentwöhnung". Lernen ist eine komplexe Fertigkeit, die sich aus Teilfertigkeiten kognitiver und motivationaler Art zusammensetzt. Diese lassen sich im Konzept der Lernkompetenz bündeln. Sie ist für die Analyse des Lernens Älterer ein wichtiges Werkzeug.

Das Fundament der Lernkompetenz ist die Lernorientierung mit den Hauptfacetten der Lernmotivation und der Lernüberzeugung. Erstere bezieht sich auf die mit Weiterbildung verknüpften Ziele, die neben positiven Zielen (z. B. Vorbereitung auf die Übernahme neuer Aufgaben) auch die Vermeidung negativer Konsequenzen umfassen können (z. B. wenn Beschäftigte die Bewertung als „desinteressiert" durch Vorgesetzte vermeiden wollen). Lernüberzeugungen sind subjektive Auffassungen darüber, was Wissen ist und wie Lernen funktioniert (z. B. „Wissen ist eher sicher als vorläufig" oder „Die Fähigkeit zu lernen ist eher angeboren als erlernt"). Die Lernorientierung steuert maßgeblich, wie viel Zeit und Aufwand Beschäftigte in ihr Lernen investieren.

Abbildung 1: **Konzept der Lernkompetenz**

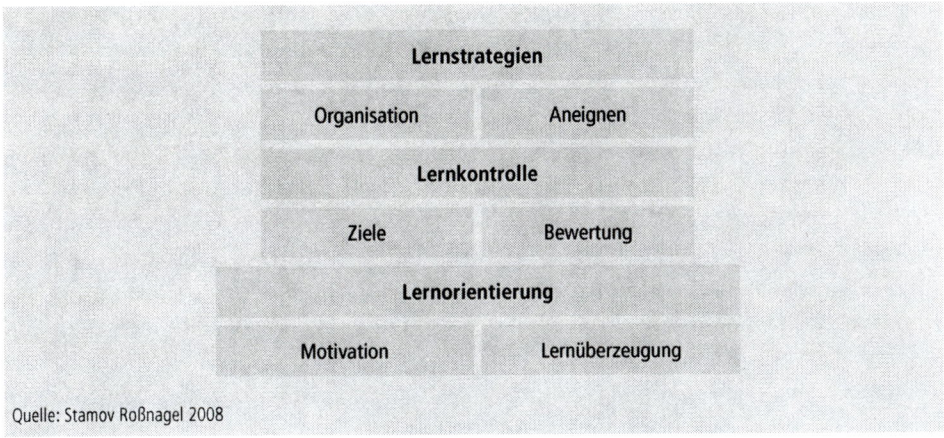

Quelle: Stamov Roßnagel 2008

Die Lernkontrolle wiederum bestimmt, ob diese Investition lohnt. Sie umfasst das Planen, Überwachen und Bewerten des Lernens, also die Festlegung von Lernzielen und Mitteln, mit denen diese Lernziele erreicht werden können. Im Rahmen der Lernkontrolle legen Lernende darüber hinaus fest, wann ein Lernziel als erreicht gilt. In Übereinstimmung mit zahlreichen Untersuchungen des schulischen und universitären Lernens zeigen unsere eigenen Untersuchungen, dass die Lernkontrolle zusammen mit der Lernorientierung eine zentrale Bestimmungsgröße des Lernerfolgs bei der Weiterbildung ist (SCHULZ und STAMOV ROSSNAGEL 2010).

Die Lernstrategien schließlich kommen dem am nächsten, was sich viele unter Lernen vorstellen. Sie dienen dem Erschließen von Lerninhalten, dem Einprägen und dem Abruf auf Bedarf. Das Studium von Fallbeispielen, die Leitfragenmethode, das Mapping oder Visualisierung sind bekannte Beispiele von Lerntechniken und -strategien, die in der beruflichen Weiterbildung nützlich sein können. Ihr Wert hängt entscheidend davon ab, dass sie in angemessene Lernkontrolle und Lernorientierung eingebettet sind. Wer nur negative Weiterbildungsziele hat („Kompetenzlücken verbergen") und unzureichende Lernkontrolle ausübt, wird auch von den fortgeschrittensten Lerntechniken kaum profitieren können.

3. Alter und Lernkompetenz

Wodurch verändert sich das Lernverhalten älterer Beschäftigter? Das oft bemühte „Nachlassen der Lernfähigkeit im Alter" spielt für berufsbezogenes Lernen keine allzu große Rolle. Davon einmal abgesehen, dass die Lern*fähigkeit* bei Gesunden zeitlebens nicht nachlässt – andernfalls haben wir es mit Formen der Demenz zu tun –, baut lediglich die Lern*leistung* etwas ab. Das drückt sich darin aus, dass Ältere in derselben Zeit in aller Regel etwas weniger lernen als Jüngere oder aber für dasselbe Lernpensum etwas länger brauchen. Dieser Befund gilt allerdings nur mit zwei wichtigen Einschränkungen! Erstens stammen die entsprechenden Befunde (Übersicht z. B. bei BALTES, LINDENBERGER und STAUDINGER 2006) großenteils aus dem Labor. Dabei wird nicht nur relativ künstliches Lernmaterial verwendet (z. B. lange Listen von Wortpaaren), das mit der beruflichen Lernrealität wenig zu tun hat. Solche Untersuchungen beruhen vor allem auf dem *Testing the limits*-Ansatz, mit dem man die Grenzen kognitiver Leistungsfähigkeit bestimmt, indem man Testpersonen kognitiv stark beansprucht und sie unter Zeitdruck setzt oder Vorgaben macht, wie Aufgaben zu bearbeiten seien. Kompensationsmöglichkeiten durch Wissen oder Strategien fallen dadurch weitgehend weg. Beim berufsbezogenen Lernen hingegen herrscht kein Zeitdruck, Lernende können bestimmen, wie sie Lerninhalte bearbeiten, und sie können Hilfen in Anspruch nehmen, die ihnen im Labor nicht zur Verfügung stehen (z. B. Notizen). Auch können ältere Beschäftigte kraft ihres Erfahrungswissens meist gut das Wesentliche aus neuen Lerninhalten herausfiltern und in ihr Wissen integrieren. Laborbefunde zum Altersabbau betreffen also nur einen kleinen Ausschnitt des Lernens. Zweitens bleibt selbst bei Untersuchungen zum Lernen im beruflichen Umfeld (z. B. KUBECK u. a. 1996; NG und FELDMAN 2008) offen, inwieweit negative Alterseffekte dadurch entstehen, dass Weiterbildungsformate auf die Lernbedürfnisse jüngerer Beschäftigter ausgerichtet sind und Ältere entsprechend benachteiligen. In einem solchen Umfeld werden bei Älteren schnell Lernvorbehalte geweckt (vgl. STAMOV ROSSNAGEL 2008), die zur selbsterfüllenden Prophezeiung werden und das Lernen „ohne objektive Grundlage" beeinträchtigen (vgl. STAMOV ROSSNAGEL 2009).

Kognitiv gesehen besitzen ältere Mitarbeiter/Mitarbeiterinnen also alle Voraussetzungen für erfolgreiche Weiterbildungsteilnahme über ihr gesamtes Berufsleben hinweg. Dies ist zunächst einmal eine wichtige Information aus Sicht einer Personalentwicklung: Weiterbildungsförderung verspricht Erfolg für alle Altersgruppen, sie darf nicht mit dem Argument unterbleiben, dass Ältere „nicht mehr (so gut) lernen können". Genauso wenig haben ältere Beschäftigte einen Anlass, sich hinter nachlassender Lernfähigkeit zu verstecken und eine mangelnde Weiterbildungsteilnahme mit ihr zu begründen. Allerdings ist eine solche Haltung natürlich durchaus ein Hinweis auf mangelnde Lern*bereitschaft;* sie kann bei Älteren sehr wohl gefährdet sein. So zeigten Befragungen (MAURER u. a. 2003), dass ältere Beschäftigte ihre Fertigkeiten weniger für durch Training und Weiterbildung beeinflussbar hielten als jüngere. In unseren Untersuchungen fanden wir für Unternehmen aus unterschiedlichen Branchen, dass Weiterbildung bei Beschäftigten jenseits der 50 häufiger mit Vermeidungszielen verknüpft ist („einen inkompetenten Eindruck vermeiden"). Auch *Erwartungsangst* ist eine Quelle von Alterseffekten: Lernsituationen sind nicht selten angstbesetzt. Hinzu kommen Zweifel an der Leistungsfähigkeit des eigenen Gedächtnisses, die sich mit dem Alter meist verstärken und vor allem die Lernkontrolle untergraben, indem sie zur Setzung unangemessener Lernziele oder einer negativen Bewertung des Lernfortschritts führen. Wie schon angedeutet, handelt es sich bei diesen Alterseffekten nicht um „unweigerliche" kognitiv bedingte Effekte, sondern um motivationale, übungsbedingte Effekte.

4. Drei Leitfragen zur Lernförderung

Alterskorrelierte Veränderungen des Lernverhaltens sind kein Schicksal und deswegen auch keinesfalls ein Grund, das Lernen Älterer nicht gezielt zu fördern. Ganz im Gegenteil gibt es sogar vielfältige Ansatzpunkte des Handelns. Deswegen werden viele Personalverantwortliche die Lage naturgemäß als unübersichtlich empfinden, was der Entwicklung effektiver Lernförderung nicht gerade dienlich ist. Vor diesem Hintergrund schlage ich drei Leitfragen vor, mit denen sich Unternehmen umfassenden Aufschluss über ihre Lernsituation verschaffen und das Fundament für eine nachhaltige Lernförderung legen können.

Leitfrage 1: Welches Lernkonzept haben wir?
Diese Frage betrifft zum einen die oben angesprochene Sicht auf das Lernen als eher traditionell-faktenorientiertes Frontallernen oder als zeitgemäßere Variante, die selbstgesteuertes, informelles Lernen einschließt. Untrennbar damit verbunden ist die Frage nach dem Lernklima, das sich wesentlich daraus speist, wie arbeitsbezogenes Lernen und die Erweiterung von Fertigkeiten bewertet werden. Gilt Weiterbildung als individueller, unterstützenswerter Beitrag zum Erfolg des Unternehmens? Oder geht zur Weiterbildung nur, „wer's nötig hat" und Wissenslücken füllen muss? Unsere Untersuchungen zeigen, dass ein günstiges Lernklima mit positiven Zielorientierungen einhergeht, die ihrerseits die Lernkontrolle fördern.

Beeinflusst wird das Lernklima beispielsweise durch die Stellung von Lernressourcen in Form eines differenzierten internen Weiterbildungsprogramms, das neben Seminaren und Trainings auch Selbstlernkurse umfasst sowie Qualitätszirkel oder Mitarbeiterforen. Beeinflusst wird das Lernklima auch durch Freistellungen für Weiterbildungen oder Beschränkungen der Zahl und Auswahl von Weiterbildungen.

Leitfrage 2: Wie sieht unser Altersklima aus?
Wie werden ältere Beschäftigte in unserem Unternehmen wahrgenommen hinsichtlich ihrer Leistungsfähigkeit und Leistungsbereitschaft? Entscheidend ist bei dieser Frage, dass sie im Rahmen entsprechender Befragungen den Beschäftigten selbst gestellt und nicht alleine aufgrund der Einschätzungen von Führungskräften beant-

wortet wird. Erfasst werden soll das „tatsächliche" Klima, also die Wahrnehmung der Befragten, die sich auf Lernorientierung und Lernkontrolle auswirkt.

In Unternehmen mit einem positiven Altersklima gelten ältere Beschäftigte als leistungsfähig und leistungsbereit. Dies kann die oben beschriebene Erwartungsangst vermindern und eine Lernorientierung fördern, die auf der Überzeugung ruht, zum erfolgreichen Lernen ohne Weiteres in der Lage zu sein. Damit Hand in Hand gehen die Auswirkungen eines positiven Lernklimas.

Beeinflussbar ist das Altersklima wesentlich über Regelungen, die Ältere direkt betreffen. So schaffen Betriebe, die an der Frühverrentung Älterer festhalten, ein anderes Altersklima als solche, die ihren älteren Mitarbeitern und Mitarbeiterinnen die Voraussetzungen für ein längeres Arbeitsleben schaffen und dabei „weiche Ausstiege" aus dem Arbeitsleben ermöglichen. Mentorenprogramme, bei denen ältere Beschäftigte jüngere Kollegen/Kolleginnen bei deren Einstieg begleiten, signalisieren, dass die Erfahrung der „alten Hasen" als wichtige Ressource betrachtet wird. Altersgemischte Lerngruppen vermitteln, dass Ältere als lernbereit betrachtet werden und die Zusammenführung älterer und jüngerer Kollegen und Kolleginnen beiderseitigen Nutzen bringt.

Nicht zu unterschätzen ist der Einfluss der Führungskräfte in Form der Kommunikation zwischen Führungskräften und Beschäftigten. Vorgesetzte, die sich regelmäßig und intensiv mit ihren Mitarbeitern und Mitarbeiterinnen austauschen, können die Auswirkungen eines negativen Altersklimas „abpuffern". Von besonders großer Bedeutung ist dabei eine differenzierte Rückmeldung, die Beschäftigten hilfreiche Informationen zu ihrem Lern- und Verbesserungsbedarf gibt. Überrascht zeigen sich manche Führungskräfte vom Befund, dass ihr Führungsverhalten das Zutrauen Älterer in ihre Weiterbildungsfähigkeit stärker beeinflusst als das der Jüngeren (BARON und STAMOV ROSSNAGEL 2010). Ältere sind also trotz ihrer Erfahrung auf systematische Rückmeldung angewiesen und dürfen nicht einfach „sich selbst überlassen" werden.

Unternehmen, die sich einen Überblick über ihre Lernkonzeption (Leitfrage 1) und ihr Altersklima (Leitfrage 2) verschafft haben, sind gut beraten, in einem dritten Schritt die Lernkompetenz ihrer Beschäftigten zu betrachten.

Leitfrage 3: Wie sieht unsere Lernkompetenz-Verteilung aus?

Wie sehen die Lernkompetenzen unserer Beschäftigten aus, welche Gruppen mit unterschiedlichen Förderbedarfen bestehen? Diese Informationen und die Antworten auf die ersten beiden Leitfragen fügen sich zu einem diagnostischen Schema, mit dessen Hilfe altersdifferenziertes Weiterbildungsmanagement möglich wird. Als Beispiel kann der Fragebogen zur Lernkompetenz-Analyse (LKA) dienen, der aus unserer Forschung hervorging und – je nach gewünschter Analysetiefe – die individuelle Lernkompetenz in drei bis zehn Minuten erfasst. Die LKA lässt sich leicht z. B. in turnusmäßige Mitarbeiterbefragungen integrieren. Optimalerweise wird sie mit einer Befragung zum Alters- und Lernklima verknüpft und liefert so wichtige Anhaltspunkte für die Lernförderung. In der LKA werden keine simplen Punktwerte für eine Einteilung in „hohe" und „geringe" Lernkompetente erhoben. Vielmehr bestimmen wir Lernkompetenz-Profile, die Auskunft geben über Ansatzpunkte der Förderung, indem sie die drei Ebenen der Lernorientierung, Lernkontrolle, und Lerntechniken zueinander in Beziehung setzen.

5. Maßgeschneiderte Werkzeuge der Lernförderung

Beschäftigte mit (relativer) Schwäche in der Lernorientierung beispielsweise haben oft eine geringe Überzeugung von der Nützlichkeit von Weiterbildung, die durch längere Lernentwöhnung verstärkt wird. Dies kann in Aussagen gipfeln wie „Meinem Betrieb ist es egal, ob ich mich weiterbilde" und fließend in eine Lernverweigerung übergehen. In solchen Fällen wären die „üblichen" Lernworkshops zum Einüben von Lernstrategien wenig zielführend, weil sie nicht an der Ursache der Lernorientierung ansetzen. Meist sind hier gezielte Explorationen in Mitarbeitergesprächen hilfreicher. Sie schieben die Problemlösung manchmal schon an, in „schweren Fällen" können darüber hinaus kurzfristige Lernverträge hilfreich sein, mit denen die (symbolische) Lernunterstützung signalisiert wird, die bislang fehlte.

Bei Beschäftigten mit Verbesserungspotenzial in der Lernkontrolle spielt nicht selten die schon erwähnte Erwartungsangst eine Rolle. Lernende in dieser Gruppe sind oft der Überzeugung, den Lernanforderungen einer Weiterbildung nicht gewachsen zu sein, weil sie ihre „Lernfähigkeit" als gering einschätzen. Meist ist freilich das Gedächtnis solcher Beschäftigten objektiv viel leistungsfähiger, als es ihren Erwartungen entspricht. Zum Abbau solcher Lernvorbehalte können sich kognitive Trainings eignen. Sie machen sich die Tatsache zunutze, dass sich Gedächtnis und Konzentrationsfähigkeit in jedem Alter deutlich steigern lassen. Solche Trainings können für die Teilnehmer eine Art „Initialzündung" zum Lernen sein. Erste Erfolgserlebnisse sind relativ schnell zu erzielen.

Weist die LKA auf Defizite in den Lerntechniken hin, dann können die schon angesprochenen Lernworkshops das Mittel der Wahl sein. In ihnen werden an konkreten Lernbeispielen aus dem Berufsalltag der Teilnehmer/Teilnehmerinnen Techniken zur Erschließung und Organisation von Lerninhalten vermittelt und verfeinert, die vor allem darauf ausgerichtet sind, die Fertigkeiten zur eigenständigen Erstellung eines persönlichen „Lernfahrplans" zu verbessern. Ähnlich wie kognitive Trainings zeitigen Workshops schon nach fünf bis sechs Sitzungen (in der Regel in Kleingruppen) erste Erfolge.

6.   Fazit

Ältere Beschäftigte besitzen während ihres gesamten Berufslebens das Potenzial für erfolgreiche Weiterbildung. Unternehmen haben entscheidenden Einfluss darauf, ob jene dieses Potenzial ausschöpfen. Entsprechende Fördermöglichkeiten sind selten kostspielig, verlangen aber ein umfassendes und systematisches Vorgehen, dessen Ansatzpunkte ich hier vorgestellt habe. Dass ich bei der Komplexität des Themas nicht auf alle Facetten einging, liegt in der Natur der Sache. Verstehen Sie diesen Beitrag deshalb bitte als Einladung zum Dialog.

Literatur

BALTES, P. B.; LINDENBERGER, U.; STAUDINGER, U. M.: Life span theory in developmental psychology. In: DAMON, W.; LERNER, R. M. (Hrsg.): Handbook of child psychology: Vol. 1. Theoretical models of human development (6th ed., pp. 569–664). New York: Wiley 2006

BARON, S.; STAMOV ROSSNAGEL, C.: Führungskräfte sind für alle da. In: Personal 62 (2010), S. 44–48

HACKER, W.; SKELL, W.: Lernen in der Arbeit. Berlin 1993

KUBECK, J. E. u. a.: Does job-related training performance decline with age? In: Psychology and Aging 11 (1996), S. 92–107

MAURER, T. J. u. a.: Beliefs about "improvability" of career-relevant skills: Relevance to job/task analysis, competency modelling, and learning orientation. In: Journal of Organizational Behavior 24 (2003), S. 107–131

NG, T. W. H.; FELDMAN, D. C.: The relationship of age to ten dimensions of job performance. In: Journal of Applied Psychology 93 (2008), S. 392–423

SCHULZ, M.; STAMOV ROSSNAGEL, C.: Informal workplace learning: An exploration of age differences in learning competence. In: Learning and Instruction 20 (2010), S. 383–399

STAMOV ROSSNAGEL, C.: Mythos: „alter" Mitarbeiter – Lernkompetenz jenseits der 40. Weinheim: Beltz 2008

STAMOV ROSSNAGEL, C.: Was Hänschen nicht lernt ...? Von (falschen) Altersstereotypen zum (echten) Lernkompetenzmangel. In: BRAUER, K.; CLEMENS, W. (Hrsg.): Zu alt? „Ageism" und Altersdiskriminierung auf Arbeitsmärkten. Wiesbaden 2009, S. 187–204

STAMOV ROSSNAGEL, C.; BIEMANN, T.; KINSCHER, M.: Wege aus dem Teufelskreis. In: Personal 61 (2009), S. 48–50

Jens Friebe

Betriebliche Weiterbildung für die Nacherwerbsphase? Zur Bedeutung des lebenslangen Lernens für die Altersphasen

In diesem Beitrag wird die Rolle der Weiterbildung im Übergang von der Erwerbs-arbeitsphase zur Nacherwerbsphase thematisiert. Es stellt sich die Frage, ob die betriebliche Weiterbildung nicht nur einen Beitrag zur Qualifizierung im Unternehmen, sondern auch zur persönlichen Entwicklung im Alter bzw. zur Bewältigung alterstypischer Aufgaben leisten kann – und warum sollte sie dies tun?

1.   Aufgaben der Weiterbildung im höheren Lebensalter

Es ist inzwischen allgemein üblich, von der Bedeutung der Weiterbildung bei der Verlängerung der Lebensarbeitszeit zu sprechen. Der demografische Wandel verlangt eine bessere Nutzung der Produktivität älterer Menschen und eine Abkehr von der frühen Ausgliederung erfahrener Mitarbeiterinnen und Mitarbeiter. Insbesondere in Zeiten zurückgehender Arbeitslosigkeit und sich gut entwickelnder Wirtschaftskonjunktur zeichnen sich bereits Engpässe bei der Gewinnung geeigneter Mitarbeiter/Mitarbeiterinnen in einigen Wirtschaftsbranchen ab. Hinzu kommen Verschiebungen innerhalb der Alterspyramide und die relative Zunahme Älterer, sodass es naheliegt, ältere Menschen stärker an der Arbeitswelt zu beteiligen.

Allerdings werden nicht alle Arbeitnehmer/-innen zukünftig länger arbeiten können, und der Übergang von der Erwerbsarbeitsphase in den sogenannten Ruhestand entstandardisiert sich zunehmend. Die höhere Lebensphase weist immer mehr Variationen auf. Die Altersforschung betont die hohen interindividuellen Unterschiede in Bezug auf Aktivität und soziale Partizipation älterer Menschen (vgl. BACKES, CLEMENS und KÜNEMUND 2004, S. 8), und so werden auch die Aufgaben der Bildung immer differenzierter. Wichtig für den Übergang aus der Erwerbsphase in die Altersphase sind die sogenannten Autonomie- und Kontrollüberzeugungen (KRUSE 2008, S. 29). Es macht z. B. einen Unterschied, ob jemand aus eigenem Entschluss aus der Berufsarbeit ausscheidet oder ob er seine Stelle verliert, ob jemand eine bestimmte Aktivität aufgibt, da er die Anstrengungen nicht mehr haben möchte oder weil er unter körperlichen Einschränkungen leidet.

Für die meisten älteren Menschen wandelt sich die Nacherwerbsphase von einer Zeit des sogenannten Ruhestandes zu einer Lebensphase mit vielfältigen Konstruktionen des Alters (vgl. KADE 2007, S. 14) und des Lernens. Die generelle Freisetzung aus der Erwerbsarbeit verliert an Bedeutung, und sinnstiftende Tätigkeiten oder Hinzuverdienste bei sinkenden Renteneinkünften werden für Ältere immer wichtiger. Gleichzeitig entwickelt sich das Ehrenamt bzw. bürgerschaftliche Engagement immer mehr zu einem Element gesellschaftlicher Teilhabe im Alter. Hinzu kommt die Erwartung von älteren Menschen, möglichst lange in der eigenen Wohnung selbstständig zu leben und bei Beeinträchtigung durch die Familie oder andere nahestehende Personen versorgt zu werden. Dies umfasst auch Pflegeleistungen, die fast professionelle Ansprüche stellen.

Das Paradigma des „verdienten Ruhestands" mit gesellschaftlichem Disengagement hat sich zu einem Aktivitätsparadigma (vgl. WHO 2002, S. 12) mit individueller Verantwortlichkeit gewandelt. Die Umstellung auf Aktivierung hat aber tendenziell stark ausgrenzende Folgen für diejenigen Menschen, die aus verschiedenen Gründen nicht aktiv werden können (vgl. Kronauer 2010, S. 9). Wer nicht aktiv privat für das Alter vorsorgt, bleibt auf die Grundsicherung in Höhe des Mindesteinkommens angewiesen, wer keine Gesundheitsprävention betreibt, hat nur noch bedingt Anspruch auf Rehabilitation, und wer keine Bedingungen für seine häusliche Pflege schafft, muss sich im Falle der Pflegebedürftigkeit selbst versorgen oder ins Heim gehen (vgl. Friebe 2010, S. 150). Schlechte Lebensbedingungen im Alter erscheinen als Resultat eigenen Handelns sowie fehlender Bildungsaktivität und nicht als kollektives Schicksal bzw. Facette des „negativen Individualismus" (Kronauer 2010, S. 12).

Besonders deutlich zeigte sich diese Entwicklung in den neuen Bundesländern nach der Wiedervereinigung Deutschlands. Lineare Lebensläufe, in denen eine Ausbildung zur Berufsausübung und schließlich zum Ruhestand führte, wurden immer stärker durch diskontinuierliche Verläufe abgelöst. Zahlreiche Arbeitnehmer/Arbeitnehmerinnen kamen zwischen der Erwerbsphase und dem Ruhestand in eine Übergangsphase der Arbeitslosigkeit oder in prekäre Arbeitsverhältnisse. Sie arbeiteten in Beschäftigungsgesellschaften, in befristeten Arbeitsverhältnissen, als Leiharbeiter oder als „1-Euro-Jobber". Auch Weiterbildungsangebote wurden in dieser Übergangsphase angeboten, doch letztlich waren viele Maßnahmen Bestandteil von „schleichenden Freisetzungsprozessen" (Knopf 1999, S. 3) aus der Arbeitswelt. Knopf (ebenda, S. 20) bezeichnete die ostdeutschen Arbeitnehmer/Arbeitnehmerinnen als „Pioniere ungesicherter Lebensführung" und betonte den Zwang zur Selbstgestaltung in der Vorruhestandsphase. Die Vorruhestandsregelungen sind heute im Osten wie im Westen Deutschlands vielfach abgebaut worden, und vereinzelt steigt sogar die Nachfrage nach älteren Arbeitnehmern und Arbeitnehmerinnen in den Unternehmen wieder an. Doch dies verändert wenig an der oft schwierigen Situation im Übergang aus der Arbeit in die Nacherwerbsphase.

Gleichzeitig dehnt sich die Nacherwerbsphase aus, und viele Ältere fühlen sich noch fit für die Ausübung produktiver Tätigkeiten. Dafür bieten sich zahlreiche Angebote des ehrenamtlichen und bürgerschaftlichen Engagements oder Minijobs und

Teilzeitarbeit an. Im Kontext dieser Entwicklungen verändert sich die Funktion der Weiterbildung für ältere Menschen. Sie wandelt sich tendenziell von einer Freizeit- und Kulturbildung zu einer Qualifizierung für die Übernahme freiwilliger Leistungen und zur Bewältigung von Alltagsproblemen. Für ältere Menschen verringert sich zwar die Relevanz fachlicher Qualifikationen, doch auch ihr Alltag wird durch neue Techniken und Medien immer mehr geprägt. Aus gesellschaftlicher Perspektive erhält damit die Weiterbildung älterer Menschen folgende notwendige Funktionen:

1. Verbesserung der Teilhabe an der Arbeitswelt durch Erlangung und Integration neuer Kompetenzen,
2. Erhöhung der gesellschaftlichen Partizipation, der freiwilligen Arbeit und des bürgerschaftlichen Engagements,
3. Unterstützung der Selbstständigkeit und der familiären Netzwerke für hochbetagte und pflegebedürftige Menschen.

Die Weiterbildung bekommt damit einen eher instrumentellen Charakter und ist weniger auf persönliche Entwicklung und individuelles Wohlbefinden orientiert. Technische und soziale Innovationen markieren die Notwendigkeit und die Inhalte entsprechender altersbezogener Weiterbildungsangebote. Berücksichtigt man aber einen erweiterten Lern- und Bildungsbegriff, der alle Formen des Selbstlernens und informellen Lernens einschließt, so erscheint die instrumentelle Verengung der Weiterbildung auf gesellschaftlich notwendige Funktionen fraglich. Die betriebliche Weiterbildung kann allerdings nur dann wichtige Funktionen für die Übergangs- und Nacherwerbphase erfüllen, wenn ältere Menschen überhaupt im wesentlichen Umfang an organisierter Weiterbildung teilnehmen. Daher werden im Folgenden einige Daten zur Weiterbildungsbeteiligung Älterer analysiert.

2. Rückgang der Weiterbildungsteilnahme im höheren Alter

Aktuelle Daten zur Weiterbildungsteilnahme liefern in Deutschland die Untersuchungen des „Adult Education Survey" (AES) (von ROSENBLADT und BILGER 2008), die eine geringere Weiterbildungsbeteiligung der höheren Altersgruppen im Vergleich zu den jüngeren zeigen (ebenda, S. 227). Der Rückgang der Bildungsaktivität[1] war im Jahr 2007 bereits bei der Altersgruppe der über 45-Jährigen deutlich bemerkbar: Mehr als die Hälfte der jüngeren Menschen war bildungsaktiv, während die Teilnahmequote bei den 45- bis 54-Jährigen 44 Prozent betrug. Bei den 55- bis 64-Jährigen lag die Beteiligung an Weiterbildung bei 27 Prozent und bei den 65- bis 80-Jährigen bei 13 Prozent (ebenda, S. 134).

---

1   Teilnahme an regulärer und formaler Weiterbildung.

Tabelle 1: **Bildungsbeteiligung im Lebensverlauf**

Vorgehensweise	Altersgruppen					
	19–24	**25–34**	**35–44**	**45–54**	**55–64**	**65–80**
Anzahl Befragte	939	1.321	1.878	1.759	1.449	1.701
darunter:						
Anteil Erwerbstätige (%)	49	68	82	76	47	3
Teilnahmequoten in %						
reguläre Bildungsgänge (FED)	57	14	3	2	2	1
Weiterbildungsveranstaltungen (NFE)	49	48	50	44	26	12
Selbstlernen (INF)	59	54	54	53	45	38
„Bildungsaktive" (FED oder NFE)	75	54	51	45	27	13
Ausschließlich Selbstlerner (nur INF)	10	18	21	21	27	29
Zahl der Lernaktiven (FED, NFE, INF)	2,7	2,5	2,5	2,4	2,2	1,7

Basis: Lernaktive im Zwölfmonatszeitraum
Quelle: von Rosenbladt und Bilger 2008, S. 134; TNS Infratest: AES 2007; Basis AES 2007 und EdAge, Personen von 19 bis 80 Jahren

Ein wichtiger Einflussfaktor der Bildungsaktivität ist die abnehmende Teilnahme Älterer an Veranstaltungen der beruflichen und betrieblichen Bildung (vgl. von Ro-SENBLADT und BILGER 2008, S. 57). Dieser Trend wird auch durch Ergebnisse aus Betriebs- bzw. Unternehmensbefragungen, wie z. B. „CVTS" (MORAAL u. a. 2009, S. 9), oder aus dem Betriebspanel des Instituts für Arbeitsmarkt- und Berufsforschung (IAB 2007) bestätigt. Auch die Münchner EdAge-Studie zum Weiterbildungsverhalten Älterer resümiert, dass die Teilnahme jüngerer Menschen an der beruflichen Weiterbildung 1,7-mal häufiger ist als die älterer (TIPPELT u. a. 2009, S. 40). Durch den Rückgang der betrieblichen und beruflichen Weiterbildung entsteht eine Lücke der Bildungsaktivität im Lebenslauf, die durch andere Bildungsmaßnahmen nicht geschlossen werden kann (vgl. WEISS 2009, S. 50).

Allerdings ist das Lebensalter nicht alleiniger Grund für die abnehmende Weiterbildungsbeteiligung, denn das Bildungsverhalten Älterer erweist sich als sehr komplex: Der Schulabschluss und die berufliche Stellung nehmen starken Einfluss auf die Weiterbildungsteilnahme. Personen mit höherem Bildungs- und/oder Berufsabschluss nehmen doppelt so häufig an Weiterbildung teil wie Personen mit geringem Bildungsabschluss bzw. ohne Ausbildung (v. ROSENBLADT und BILGER 2008, S. 154). Ab 55 Jahren nehmen Menschen mit niedrigem Bildungshintergrund nur noch selten an Weiterbildung teil (TIPPELT u. a. 2009, S. 57). Bei nicht erwerbstätigen Personen im Alter von 55 bis 64 Jahren tendiert die Teilnahme an individueller berufsbezogener Weiterbildung und beim beruflichen Selbstlernen „bis hin zu Werten nahe null" (von ROSENBLADT und BILGER, S. 136). In der Kombination mit anderen Faktoren wie prekärer Arbeit, geringem Einkommen, Migrationshintergrund, schlechter Gesundheit oder fehlender Lernbereitschaft kumulieren die Gefahren der langfristigen Ausgrenzung aus der Weiterbildung bestimmter Gruppen alter Menschen (vgl. FRIEBE 2010, S. 145). Auch Frauen sind in der beruflichen Weiterbildung unterrepräsentiert (TIPPELT u. a. 2009, S. 43), denn neben der beruflichen Situation wirken auch familiäre Bedingungen auf das Bildungsverhalten. Frauen geben häufig an, dass sie durch familiäre Aufgaben daran gehindert worden seien bzw. daran gehindert werden, sich weiterzubilden (vgl. KOLLAND und AHMADI 2010, S. 60).

Es ergeben sich im Alter bestimmte biografische Hemmfaktoren (KÜNEMUND 2009, S. 110), z. B. durch negative Schulerfahrungen und Nichtbeteiligung an beruflicher Weiterbildung, die im Alter durch gesundheitliche Einschränkungen und persönliche Faktoren verstärkt werden. Bereits deutlich vor dem Berufsaustritt setzt ein Rückzug aus Bildungsprozessen ein, der negative Bildungsbiografien entstehen lässt und die Entwöhnung von Lernprozessen (vgl. WEISS 2009, S. 53) mit verursacht. Personen, die im Alter von Mitte 50 Jahren aus dem Erwerbsleben ausscheiden und anschließend nicht aus freiem Willen in eine Vorruhestandsphase gehen, sind besonders gefährdet, in der Nacherwerbsphase dauerhaft Nichtteilnehmende von Weiterbildung zu werden.

3. Weiterbildung im Übergang der Lebensphasen

Das lebenslange Lernen kann natürlich nicht ausschließlich unter einer betrieblichen Perspektive betrachtet werden, denn Lernen ist ja nicht nur nützlich für die Erfüllung bestimmter Funktionen, sondern es kann ja auch zur Freizeitgestaltung und zur kulturellen Betätigung sinnvoll sein. Ebenso können Erhalt und Zuwachs von Wissen im Alter das Wohlbefinden steigern und die Bereitschaft, sich auf Neues einzulassen, erhöhen. Das Lernen im Alter ist auch notwendig, um bestimmte Entwicklungsaufgaben zu erfüllen (vgl. KRUSE 2008), die sich bereits bei älteren Arbeitnehmern/Arbeitnehmerinnen in der Altersgruppe der 55- bis 65-Jährigen beim Übergang aus der Erwerbs- und Hausarbeitsphase in den sogenannten Ruhestand ergeben. Lernerfahrungen sind zudem sehr wichtig in der „aktiven" Phase des höheren Alters von 65 bis circa 80 Jahren, in denen neue soziale Rollen gefunden werden müssen, oder in der Lebensphase über 80 Jahre, in der in besonderer Weise Unterstützungsbedürftigkeit und Abhängigkeit drohen. Lernen hat in diesen Beispielen stärker instrumentellen Charakter, wie z. B. bei der Prävention von gesundheitlichen Einschränkungen.

Die Entwicklungsaufgaben sind nicht von allen Menschen der jeweiligen Altersgruppe zeitgleich zu erfüllen, sondern sie variieren individuell und überlagern sich. Entsprechend unterschiedlich sind auch die Weiterbildungsbedürfnisse Älterer. So sind bereits im späten Erwerbsleben Weiterbildungen relevant, die das Management von Alltagsproblemen und die Gesundheitsprävention im Alter thematisieren. Insbesondere die Stabilisierung der „Work-Life-Balance" ist ein wichtiges Thema der älteren Arbeitnehmerin und des älteren Arbeitnehmers. Weiterbildungsangebote müssen daher aus ihrem utilitaristischen Kontext befreit und eher langfristig auf die Lebensqualität und Bedürfnisse des Individuums ausgerichtet werden. Dies würde z. B. bedeuten, dass die Teilnahme an einer beruflichen oder betrieblichen Weiterbildung weniger auf einen betrieblichen Nutzen orientiert ist, sondern mehr einem allgemein gesellschaftlichen und individuellen Interesse entspricht. Man könnte von einer Neuausrichtung der betrieblichen Bildung für die Belange der freien Zeit sprechen, die aber dennoch in der Arbeitszeit stattfindet. Hier stellt sich die Frage, welches Interesse ein Betrieb an derartigen Angeboten haben könnte.

Dass die Neuausrichtung der betrieblichen Bildung bereits praktisch umgesetzt wird, zeigen einige Betriebe, die für ihre Belegschaften ein breites Spektrum der Weiterbildung vorhalten. Als Beispiel soll hier der Stahlbetrieb Voestaplin/Donawitz in Österreich dienen, der mit der deutschen Salzgitter AG verbunden ist. Das Weiterbildungsprogramm des Betriebes firmiert unter dem Titel „Life": Lebensfroh, ideenreich, fit und erfolgreich. Es ist ein Angebot und eine Aufforderung an alle Mitarbeiter/Mitarbeiterinnen, besonders aber an Ältere, mindestens 2 Prozent Jahresarbeitszeit in die persönliche und/oder fachliche Weiterentwicklung zu investieren. Die Weiterbildungsangebote können „on the Job – near the Job – off the Job" durchgeführt werden und haben ein umfangreiches Themenspektrum. So umfasst das Thema Gesundheit z. B. Schichtarbeitertraining, Ernährung, Bewegung, Stressbewältigung, aber auch Hilfen bei Scheidung, Schulden oder bei Suchtproblemen. Der Betrieb begründet seine Weiterbildungsangebote damit, dass er ein attraktiver Arbeitgeber sein will, der mit neuer Unternehmenskultur die Anforderungen an Mitarbeiter/-innen in alternden Belegschaften bewältigen möchte. Der Zufriedenheitsindex sei mit der Einführung des Life-Programms deutlich gestiegen, und es konnten mehr Arbeitnehmer/Arbeitnehmerinnen länger im Betrieb gehalten werden (vgl. HOEDL 2009).

Betriebliche Weiterbildung orientiert sich in diesem Beispiel nicht ausschließlich am betrieblichen Nutzen. Der praktizierte Bildungsansatz ist eher ganzheitlich und umfasst Bildungsangebote mit persönlichem, betrieblichem und gesellschaftlichem Nutzen. Wenn der/die einzelne Mitarbeiter/Mitarbeiterin durch Erlernen einer Fremdsprache fit bleibt, so nützt dies ihm/ihr nicht nur selbst, sondern auch dem Betrieb, und wenn er/sie sich außerdem noch in Bildungsprozessen sozial engagiert, so ist dies förderlich für die Unternehmenskultur und allgemein für die demokratische Gesellschaft. Wenn einzelne Menschen darin unterstützt werden, für andere Hilfe zu leisten, wird damit auch volkswirtschaftlicher Nutzen gestiftet. Ein Rückzug in das Private hingegen kann im Alter erhebliche Kosten verursachen, wenn fehlende Netze Risikokonstellationen im Alter nicht abfedern können und öffentliche Unterstützung notwendig machen. Die sogenannten „Benefits of Learning" (KOLLAND und AHMADI

2010, S. 104) sind bisher nicht umfassend untersucht worden, doch ist es eindeutig, dass aus gesellschaftlicher Perspektive der Abbruch der Bildungsbeteiligung Älterer in der Phase vor der eigentlichen Berentung sehr nachteilige Auswirkungen hat.

Es existieren in Deutschland zwar auch einige Unternehmen mit umfassenden Bildungsprogrammen, doch in vielen deutschen Betrieben sind anscheinend immer noch Vorstellungen vorherrschend, die von der Weiterbildung Älterer über 50 Jahre keinen Nutzen mehr erwarten. Untersuchungen zeigten immer wieder auf, dass ältere Mitarbeiter/Mitarbeiterinnen immer noch nicht im gleichen Maße wie jüngere gefördert werden (IAB 2007, S. 3). Dabei investieren ältere Arbeitnehmer/Arbeitnehmerinnen mehr in Bildung als jüngere (WEISS 2009, S. 48), was dokumentiert, dass die fehlende Bildungsaktivität nicht primär ein Problem der individuellen Motivation für Weiterbildung darstellt, sondern im Bereich der betrieblichen Bildung eher durch mangelnde Unterstützung der Verantwortlichen in den Betrieben entsteht. Zudem fehlen bisher weitgehend betriebliche Weiterbildungsangebote, die das Thema Altern mit Aspekten der lernförderlichen Arbeitsplätze und Erkenntnissen der alterssensiblen Didaktik (vgl. NUISSL 2009) verbinden. Der Ausschluss Älterer aus Bildungskontexten betrifft allerdings nicht nur die betriebliche Ebene, denn auch gesellschaftlich sind bislang wenig Aufgaben oder Visionen für die älteren Lerner/Lernerinnen ausformuliert worden (vgl. KALBERMATTEN 2008).

Hinzu kommt der unzureichende politische Rahmen für eine betriebliche Bildung mit umfassenden Bildungszielen, der finanzielle Engagements der einzelnen Beschäftigten und des Unternehmens erleichtert. Ebenso werden Tarifverträge und andere rechtliche Vereinbarungen bisher eher selten genutzt, um die Weiterbildungsansprüche der älteren Belegschaft sicherzustellen (vgl. DIE 2008, S. 15). Eine „kluge Politik" (KOCKA und STAUDINGER 2009) würde die Identifikation der älteren Menschen mit der Gesellschaft erhöhen und die Weiterbildung mit langfristigen gesellschaftlichen Aufgaben verknüpfen. Die Notwendigkeit, das lebenslange Lernen bis ins Alter zu fördern, ist bereits im 5. Bericht zur Lage der älteren Generation begründet (BMSFJ 2005, S. 156) und in den Kontext einer Verbesserung der wirtschaftlichen Entwicklung, Steigerung der individuellen Beschäftigungsfähigkeit und des Erhalts der Selbstständigkeit gestellt worden. Allerdings ist die Weiterbildung Älterer allein nicht in der Lage, die mit dem Altern verbundenen Aufgaben zu erfüllen, sondern sie muss mit anderen sozialpolitischen Handlungsfeldern vernetzt werden. Dann könnte Bildung einen Beitrag zur Antizipation von Anforderungen, Reflexion von Handlungsmöglichkeiten und für die Ausschöpfung bestehender Potenziale leisten. Dazu wäre eine Neuorientierung der betrieblichen Bildung im Sinne einer ganzheitlichen Bildungskonzeption notwendig (vgl. KALBERMATTEN 2008, S. 191), die auch die Partizipation Älterer an der Weiterbildung über die Berufsaustrittsgrenzen hinaus nachhaltig unterstützt.

Literatur

BACKES, G.; CLEMENS, W.; KÜNEMUND, H. (Hrsg.): Lebensformen und Lebensführung im Alter. Wiesbaden 2004

BUNDESMINISTERIUM FÜR FAMILIE, SENIOREN, FRAUEN UND JUGEND (BMFSFJ): Fünfter Bericht zur Lage der älteren Generation in Deutschland. Bericht der Sachverständigenkommission. Berlin 2005

DEUTSCHES INSTITUT FÜR ERWACHSENENBILDUNG (DIE): Trends der Weiterbildung. Bielefeld 2008

FRIEBE, J.: Exklusion und Inklusion älterer Menschen in Weiterbildung und Gesellschaft. In: KRONAUER, M.: Inklusion und Weiterbildung. Bielefeld 2010, S. 141–184

HOEDL, C.: LIFE. Das Mitarbeiterprogramm der Voestalpin. 2009. – URL: http://www.fes.de/wiso/pdf/aq/2009/301109/hoedl.pdf, Zugriff 30.05.2010

INSTITUT FÜR ARBEITSMARKT- UND BERUFSFORSCHUNG (IAB): Demographischer Wandel. IAB Kurzbericht Nr. 21. Nürnberg 2007

KADE, S.: Altern und Bildung. Bielefeld 2007

KALBERMATTEN, U.: Bildungsbedürfnisse und -interessen von Schweizern vor und nach der Pensionierung. In: KRUSE A. (Hrsg.): Weiterbildung in der zweiten Lebenshälfte. Bielefeld 2008, S. 191–209

KNOPF, D.: Menschen im Übergang von der Erwerbsarbeit in den Ruhestand. BMBF, Bonn 1999

KOCKA, J.; STAUDINGER, U.: Gewonnene Jahre, Empfehlungen der Akademiegruppe Altern in Deutschland. Halle (Saale) 2009

KOLLAND, F.; AHMADI, P.: Bildung und aktives Altern. Bielefeld 2010

KRONAUER, M. (Hrsg.): Inklusion und Weiterbildung. Bielefeld 2010

KRUSE, A. (Hrsg.): Weiterbildung in der zweiten Lebenshälfte. Bielefeld 2008

KÜNEMUND, H.: Bildung und Produktivität im Alter. In: DEHMEL, A. u. a. (Hrsg.): Bildungsperspektiven in alternden Gesellschaften. Frankfurt/Main 2009, S. 107–124

MORAAL, D. u. a.: Daten und Fakten der nationalen CVTS-3-Zusatzerhebung. BIBB Report 7/2009. Bonn

NUISSL, E.: Professionalisierung in der Altenbildung. In: STAUDINGER, U.; HEIDEMEIER, H. (Hrsg.): Altern, Bildung und lebenslanges Lernen. Halle (Saale) 2009, S. 95–102

ROSENBLADT, B. von; BILGER, F.: Weiterbildungsverhalten in Deutschland, Band 1. Bielefeld 2008

STAUDINGER, U.; HEIDEMEIER, H. (Hrsg.): Altern, Bildung und lebenslanges Lernen. Altern in Deutschland, Band 2. Halle (Saale) 2009

TIPPELT, R. u. a.: Bildung Älterer. Bielefeld 2009

WELTGESUNDHEITSORGANISATION (WHO): Aktiv Altern. 2. Weltversammlung zu Altersfragen. Madrid 2002

WEISS; R.: Ausgelernt? Befunde, Interpretationen und Empfehlungen zum lebensbegleitenden Lernen älterer Menschen. In: STAUDINGER, U.; HEIDEMEIER, H. (Hrsg.): Altern, Bildung und lebenslanges Lernen. Halle (Saale) 2009, S. 43–61

Michael Falkenstein

Ältere Arbeitnehmer: Das Projekt PFIFF

Im Alter lassen bestimmte geistige (kognitive) Funktionen nach, wobei der Grad des Abfalls von vielen Faktoren abhängt, z. B. von der ausgeführten Arbeit. Im Projekt PFIFF (Programm zur Förderung und zum Erhalt intellektueller Fähigkeiten für ältere Arbeitnehmer und Arbeitnehmerinnen) wurden zunächst anhand der Literatur Einflussfaktoren auf altersbegleitende kognitive Veränderungen zusammengestellt. Der Einfluss der Arbeit auf kognitive Funktionen wurde exemplarisch an jüngeren und älteren Produktionsbeschäftigten der Automobilindustrie untersucht, wobei sich klare Beeinträchtigungen bereits bei ca. 50-jährigen Beschäftigten mit hochrepetitiver Arbeit zeigten. Aus diesen Ergebnissen wurde ein Bündel von Maßnahmen für die Umsetzung in Betrieben konzipiert.

1. Altern und Arbeit

Der demografische Wandel wirkt sich auf viele Bereiche unserer Gesellschaft aus, auch auf den betrieblichen. Insgesamt weniger und zugleich ältere Erwerbstätige werden den zukünftigen Anforderungen der Arbeitswelt nachkommen müssen. Im Alter zeigen sich jedoch Veränderungen bestimmter sensorischer, kognitiver und motorischer Fähigkeiten (sog. Funktionen). Andere Funktionen sind hingegen im Alter besser ausgeprägt. Viele Unternehmen haben (noch) keine ausreichenden Kenntnisse über die individuellen Veränderungen der o. g. Funktionen ihrer alternden Belegschaft. In der Tat lässt die subjektiv empfundene eigene Arbeitsfähigkeit im Alter nach, jedoch mit großer individueller Streuung. Dies zeigt sich beispielsweise bei dem bekannten Workability Index (WAI; www.arbeitsfaehigkeit.net): Einige der 60-jährigen Beschäftigten fühlen sich ausgelaugt, andere vollkommen fit und arbeitsfähig. Hieraus ergibt sich erheblicher Forschungs- und Handlungsbedarf zur Klärung dieser Unterschiede sowie zu Maßnahmen zur Verbesserung der geistigen Fitness und Arbeitsfähigkeit älterer Beschäftigter.

2. Geistige Kompetenzen im Alter

Bereits der renommierte Alternsforscher SCHAIE stellte fest, dass es keinen allgemeinen Abbau geistiger Fähigkeiten im Alter gibt (SCHAIE 1984). HORN und CATTELL (1967) teilten die Intelligenz in eine erfahrungsabhängige und erfahrungsunabhängige Kategorie ein. Erstere, die sog. kristalline Intelligenz, beinhaltet Langzeitgedächtnis, sprachliche Kompetenz, Urteilsfähigkeit, strategisches Denken und plane-

rische Intelligenz. Letztere, die sog. fluide Intelligenz, beinhaltet Aspekte des Kurz-
zeitgedächtnisses, Suche von Information, Unterdrückung von Störinformation und
spontanen Reaktionen, Aufgabenwechsel und Mehrfachtätigkeit, Erkennen eigener
Handlungsfehler und logisches Denken. Während die kristalline Intelligenz im Alter
nur wenig nachlässt oder gar besser werden kann – wobei erst bei Hochbetagten
letztlich ein Abfall stattfindet –, nimmt die fluide Intelligenz in der Regel schon im
höheren Erwachsenenalter mehr oder weniger ab. Die punktierten Begrenzungs-
linien in Abbildung 1 kennzeichnen diese große Variabilität der Abnahme der fluiden Intelligenz.

Abbildung 1: **Schematischer Verlauf kognitiver Funktionen über die Lebensspanne**

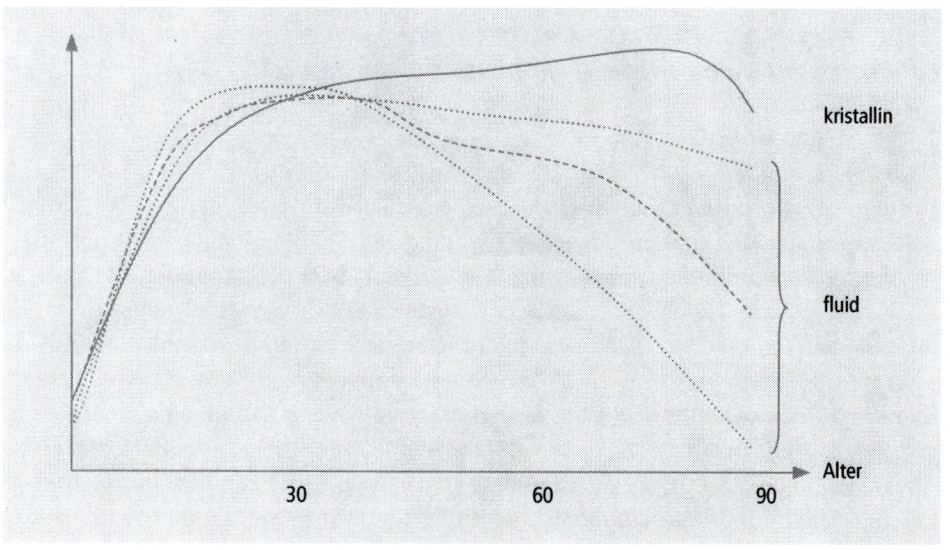

Der Erhalt oder gar Zuwachs der kristallinen Intelligenz mit steigendem Alter ermöglicht spezifische Stärken Älterer: Sie verfügen oft über mehr Wissen, Erfahrung und Expertise als Jüngere; auch ihre sprachliche Kompetenz ist meist besser
ausgeprägt. Voraussetzung hierfür ist natürlich Wissenserwerb und Erfahrung mit
sprachlichem Material. Zudem sind Ältere meist emotional ausgeglichener und
verfügen über bessere soziale Fähigkeiten und ausgeprägtere planerische Intelligenz. Die Schwächen in der fluiden Intelligenz hingegen können zu Leistungseinbußen und überproportionalen Beanspruchungen älterer Beschäftigter führen; sie
sind daher ein gewichtiger Problembereich und der Ausgangspunkt des Projekts
PFIFF.

3.   Das Projekt PFIFF

PFIFF (Programm zur Förderung und zum Erhalt intellektueller Fähigkeiten für ältere Arbeitnehmer/-innen) bezeichnet ein vom Bundesministerium für Arbeit und Soziales im Rahmen der Initiative Neue Qualität der Arbeit (INQA) gefördertes Projekt; alle Detailinformationen zum Projekt finden sich auf der Internetseite www.pfiffprojekt.de.

Im Rahmen von PFIFF wurden drei Ziele verfolgt: Das *erste* Ziel war eine umfassende Zusammenstellung der Erkenntnisse der wissenschaftlichen Literatur zu den Faktoren, die intellektuelle Fähigkeiten bei Älteren beeinflussen. Das *zweite* Ziel war eine exemplarische experimentelle Untersuchung zur Veränderung intellektueller Fähigkeiten bei älteren im Vergleich zu jüngeren Beschäftigten. Hierbei sollte je eine Subgruppe mit langjähriger repetitiver Arbeit und eine Subgruppe mit langjähriger flexibler Arbeit mit komplexen psychometrischen Tests untersucht werden, die insbesondere fluide Funktionen testen, die im Alter deutlich nachlassen. Als abhängige Variablen sollten alle Verhaltensebenen einbezogen werden (Befindlichkeit, Verhalten und physiologische Variablen). Das *dritte* Ziel war die Erstellung eines Maßnahmenkatalogs und eines Konzepts zum Transfer der Erkenntnisse aus der Literatur und der eigenen experimentellen Untersuchung in Maßnahmen für Betriebe.

Ziel 1: Einflussfaktoren auf die intellektuelle Leistungsfähigkeit Älterer
Die Literaturanalyse ergab eine Vielzahl von Einflussfaktoren, welche einen Teil der massiven interindividuellen Unterschiede der Abnahme der fluiden Intelligenz erklären können. Dies sind vor allem emotionale und motivationale Faktoren, Persönlichkeit, Lebensstil, Bildung, körperliche und geistige Aktivität, Ernährung, Stressverarbeitungskompetenz sowie Arbeitssituation und Arbeitsgeschichte.

Es zeigt sich also insgesamt, dass nicht nur das kalendarische Alter, sondern vielmehr die genannten Einflussfaktoren die fluide Intelligenz beeinflussen und damit die große Variation derselben im Alter erklären können. Einige dieser Faktoren lassen sich durch Maßnahmen und Interventionen beeinflussen. Eine detaillierte Zusammenstellung dieser Faktoren findet sich in der ersten Broschüre zum Projekt PFIFF 1 (FREUDE u. a. 2008). Im Folgenden sollen einige besonders wichtige Einflussfaktoren etwas detaillierter diskutiert werden.

Wahrnehmung
Denken und Handeln braucht Wahrnehmung der Information aus der Umgebung. Mit dem Alter nehmen sensorische Funktionen (Sehen, Hören, taktile Wahrnehmung) deutlich ab. Insbesondere das Hören wird unter ungünstigen Bedingungen

(Lärm, schlechte Artikulation des Sprechers/der Sprecherin) bereits im mittleren Alter massiv beeinträchtigt (z. B. Divenyi, Stark und Haupt 2005). Dies ist bei der Gestaltung von Alltags- und Arbeitssituationen zu beachten.

Emotionale und motivationale Faktoren
Altersstereotype, d. h. eigene oder fremde Vorurteile über geistige Veränderungen im Alter beeinflussen die kognitive Kompetenz Älterer massiv. Beispielsweise zeigen Ältere nach der Induktion eines negativen Altersstereotyps bezüglich der Gedächtnisleistung („Ältere sind bekanntlich vergesslich" o. Ä.) eine wesentlich schlechtere Leistung in einem Gedächtnistest als Jüngere, kaum aber nach Induktion eines positiven Stereotyps (Hess u. a. 2003).

Ernährung
Verschiedene Nahrungsmittel und die in ihnen enthaltenen Wirkstoffe (v. a. Omega-3-Fettsäuren, Antioxidantien und Vitamine) haben offenbar einen starken Einfluss auf die geistige Leistungsfähigkeit und möglicherweise auch auf die Entwicklung von Demenzen. Dies sind vor allem Früchte und Gemüse, Fisch und bestimmte Getränke wie Kaffee, grüner Tee und Rotwein. Zur Förderung der geistigen Gesundheit muss daher eine massive Veränderung der Nahrungszusammenstellung gefordert werden, was angesichts der Essgewohnheiten in westlichen Ländern schwierig erscheint. Eine ausführliche Diskussion der umfangreichen Literatur zu diesem Thema findet sich bei www.pfiffprojekt.de.

Arbeitsplatzmerkmale
Alterungseffekte werden von der Beschaffenheit des Arbeitsplatzes und der Arbeitsgeschichte beeinflusst. Negative Effekte entstehen, wenn langjährige Arbeit durchgeführt wurde, welche kognitive Funktionen wenig oder nicht beansprucht (Jorm u. a. 1998), wenn monotone Tätigkeiten (Rowe und Kahn 1998) und Aufgaben mit stärkeren manuellen und geringeren intellektuellen Anforderungen (Jorm u. a. 1998) im Berufsleben dominieren und wenn Nacht- und Schichtarbeit (z. B. Rouch u. a. 2005) den Arbeitsablauf bestimmen. Anregende Arbeit fördert hingegen geistige Fitness (z. B. Schooler, Mulatu und Oates 1999). Interventionen sollten daher auf positive Veränderungen des Arbeitsplatzes abzielen.

Stressverarbeitungskompetenz
Während akuter Stress kognitive Funktionen z. T. fördert oder beeinträchtigt (z. B. Jelicic u. a. 2004), werden durch chronischen Stress wichtige kognitive Funktionen wie das deklarative Gedächtnis und die selektive Aufmerksamkeit (z. B. Wolf u. a. 1998) beeinträchtigt, Die genannten Funktionen sind fluide Funktionen, die im Alter

eher nachlassen und die durch chronischen Stress noch weiter geschädigt werden. Da sich Stressoren im realen Leben nicht vermeiden lassen, muss bei Interventionen an der Stressverarbeitungskompetenz angesetzt werden.

Körperliche Aktivität
Sport wirkt nicht nur positiv auf den Körper, sondern beeinflusst auch das Gehirn positiv und trägt damit zum Erhalt und zur Verbesserung unserer geistigen Leistungsfähigkeit bei. In den meisten wissenschaftlichen Untersuchungen zeigte sich ein positiver Zusammenhang zwischen sportlicher Betätigung und der geistigen Leistungsfähigkeit insbesondere bei älteren Teilnehmenden. In einer Metaanalyse konnte gezeigt werden (COLCOMBE und KRAMER 2003), dass Sport bei Älteren besonders fluide Funktionen verbessert.

Kognitive Aktivität
Anspruchsvolle Ausbildung und das Ausüben von Führungspositionen fördert kognitive Fitness und verringert das Risiko, im Alter an Demenz zu erkranken (BICKEL und KURZ 2009). Dies sind Faktoren, die bei langjährig prekär Beschäftigten nicht mehr beeinflussbar sind. Ein kognitiv anspruchsvoller Lebensstil verlangsamt anscheinend den Rückgang kognitiver Funktionen im Alter (HULTSCH u. a. 1999). Neuere Forschung zeigt, dass Defizite Älterer in fluiden Funktionen (z. B. beim Arbeitsgedächtnis) durch das Lernen und Ausüben neuer komplexer Alltagstätigkeiten (z. B. Musizieren, Tanzen) verringert werden können (z. B. BUGOS u. a. 2007). Alternativ können Beeinträchtigungen Älterer in fluiden kognitiven Funktionen auch durch spezielle Trainingsprogramme verringert werden (z. B. JAEGGI u. a. 2008). Unsere Arbeitsgruppe konnte zeigen, dass Senioren (65+) durch ein viermonatiges kognitives Training verschiedene fluide Funktionen verbessern konnten (GAJEWSKI, WILD-WALL und FALKENSTEIN 2010a).

Ziel 2: Untersuchung zu altersbegleitenden Veränderungen der kognitiven Leistungsfähigkeit bei Beschäftigten mit unterschiedlicher Tätigkeit

Das Ziel der Untersuchung (GAJEWSKI, WILD-WALL und FALKENSTEIN 2010b) war es, exemplarisch zu bestätigen, dass langfristige ungünstige Arbeitsbedingungen die kognitive Leistungsfähigkeit bei älteren Beschäftigten beeinträchtigen. Darüber hinaus sollte untersucht werden, welche kognitiven Funktionen von ungünstigen Arbeitsbedingungen betroffen sind. Insbesondere wurden die kognitiven Basis- und Kontrollfunktionen wie z. B. Wahrnehmung, Entscheidung, Vorbereitung, Aufgabenwechsel, Arbeitsgedächtnis und Reaktionshemmung in den Blick genommen. Diese Fähigkeiten werden durch Hirnfunktionen realisiert, die man mithilfe von Hirnstrommessungen (EEG = Elektroenzephalogramm) messen kann.

An der Studie nahmen insgesamt 44 junge (unter 30-jährige) und 46 ältere (über 48-jährige) Beschäftigte aus dem Produktionsbereich des Automobilherstellers Opel in Bochum teil. Jede Altersgruppe wurde hinsichtlich ihrer Tätigkeitsart in eine taktgebundene und flexible Tätigkeit unterteilt. Mit PC-gestützten Tests wurden die kognitiven Funktionen Aufgabenwechsel, Daueraufmerksamkeit, Arbeitsgedächtniskapazität und Fehlerdetektion untersucht. Während der Aufgabenbearbeitung wurde das EEG abgeleitet, wodurch neben Verhaltensdaten physiologische Daten erhoben werden konnten. Aus dem EEG wurden sog. ereigniskorrelierte Potenziale (EKP) extrahiert, welche die o. g. Funktionen abbilden.

Die Auswertung der Untersuchung zeigte, dass die Fähigkeit zum Wechsel zwischen kognitiven Aufgaben bei älteren verglichen mit jüngeren Probanden grundsätzlich nicht beeinträchtigt ist. Allerdings schneiden Ältere mit taktgebundener Tätigkeit schlechter als die übrigen Probanden in Tests ab, die die gleichzeitige Aufrechterhaltung von mehreren Aufgaben im Arbeitsgedächtnis erfordern. In den EKP zeigten sich deutliche Beeinträchtigungen der kontrollierten Reizverarbeitung und der Fehlerdetektion. Die älteren Probanden mit flexibler Tätigkeit zeigten hingegen keinerlei Defizite, sondern arbeiteten etwas langsamer, aber dafür viel genauer als die übrigen Probanden.

Insgesamt lassen sich mit der Studie altersbedingte und umweltbedingte Faktoren auf die kognitive Kontrolle extrahieren: Während die Älteren insgesamt Arbeitsgedächtnis- und Daueraufmerksamkeitseinbußen gegenüber den Jungen aufweisen, bringen die älteren Beschäftigten aus dem Qualitätssicherungssektor (flexible Tätigkeit) eine durchschnittlich bessere Leistung als die älteren Produktionsbeschäftigten (taktgebundene Tätigkeit). Dies könnte durch die relativ wenig kognitiv herausfordernde und monotone Tätigkeit sowie fremdbestimmte Taktgebung über einen längeren Zeitraum bedingt sein. Die exemplarische Studie bestätigt also die Literaturbefunde zum ungünstigen Einfluss monotoner und zum günstigen Einfluss flexibler Arbeit auf intellektuelle Fähigkeiten und spezifiziert genauer, welche kognitiven Funktionen durch monotone Arbeit mehr und welche weniger beeinträchtigt werden.

Ziel 3: Maßnahmenkatalog und Transferkonzept

Es wurde ein Bündel von Maßnahmen konzipiert, die z. T. am Arbeitsplatz und an der Arbeitssituation ansetzen, z. T. an den Beschäftigten. Die Maßnahmen können im Rahmen von Workshops angewandt oder in bestehende Maßnahmen integriert werden. Materialien zu einzelnen Maßnahmen sind frei als Download auf der PFIFF-Internetseite verfügbar: www.pfiffprojekt.de.

Zur Reduktion negativer und zur Förderung positiver Wirkungen der Arbeitssituation auf kognitive Funktionen werden folgende Empfehlungen gegeben:

- Häufiger Wechsel zwischen Tätigkeiten (Rotation), Reduzierung und günstige Gestaltung von Schichtarbeit, Autonomie und Freiheitsgrade, Reduktion des Zeitdrucks, Anforderungsvielfalt, lernförderliche und individualisierte Arbeit, soziale Interaktion bei der Arbeit, altersgerechte Weiterbildung, gelegentlicher Wechsel der Arbeit („horizontale Karriere"). Eine solche Arbeitsstruktur ist präventiv und für alle Beschäftigten förderlich; sie hilft aber Älteren am meisten.
- Eine weitere betriebsbezogene Maßnahme ist die Schulung von Führungspersonal zu den Themen altersbedingte Veränderungen und Umgang mit Älteren. Hierbei sind vor allem die unmittelbaren Vorgesetzten einzubeziehen, also z. B. die Leiter/Leiterinnen von Kleingruppen an der Linie.

Zur individuellen Förderung der intellektuellen Leistungsfähigkeit können mehrere Maßnahmen einzeln oder in Kombination Verwendung finden, wobei die additive oder gar überadditive Wirkung der Kombination noch der näheren Untersuchung bedarf:

a) Kognitives Training
Papier- oder PC-gestützte Aufgaben, die einzelne fluide Funktionen trainieren. Die Aufgaben sollten eine individuell angepasste und fortlaufend an die aktuelle Leistung adaptierte Schwierigkeit haben und häufige Leistungsrückmeldung beinhalten. Dies fördert die Motivation der Trainierenden.

b) Stressbewältigungstraining
Stress ist ungünstiger Umgang mit Stressoren. Stressoren lassen sich nicht eliminieren, aber ein besserer Umgang mit ihnen lässt sich lernen. Ein modernes Stressbewältigungstraining sollte die Elemente Entspannung, Vermeidung ungünstiger Gedanken, Einübung von Selbstvertrauen und Widerstandfähigkeit gegen Probleme (Resilienz) beinhalten.

c) Körperliches Training
Dieses sollte vor allem aerobes körperliches Training beinhalten (Nordic Walking, Ergometer, Laufband etc.), aber auch eine Kombination mit einem Krafttraining oder einem psychomotorischen Training kommt infrage.

d) Ernährungsmanagement
Diese Maßnahme klärt über den Einfluss bestimmter Nahrungsmittel auf kognitive Funktionen auf und versucht, Ernährungsgewohnheiten zu verändern. Da dies erfahrungsgemäß extrem schwierig ist, empfiehlt es sich, die Werkskantine in die Ernährungsumstellung einzubeziehen, um die Beschäftigten mit schmackhaften gesunden Speisen an neue Essgewohnheiten heranzuführen.

Das Workshopkonzept wird als Baukastensystem angeboten, damit es in der Praxis flexibel je nach Unternehmensgröße und zur Verfügung stehenden betrieblichen Gesundheitsakteuren zusammengestellt werden kann und damit für die verschiedensten Betriebe nutzbar ist. Damit wird der Ansatz von PFIFF auch den strukturellen Besonderheiten kleiner und mittlerer Unternehmen (KMU) gerecht, die 99,4 Prozent aller Betriebe in Deutschland stellen. Insgesamt soll mit den wissenschaftlich gut untermauerten Maßnahmen von PFIFF ein Anstoß zur Förderung der geistigen Gesundheit und Arbeitsfähigkeit von älteren Beschäftigten gegeben werden. Der am Individuum ansetzende Teil der Maßnahmen setzt allerdings Lernbereitschaft und -fähigkeit der Beschäftigten voraus. Die Bereitschaft wird am besten dadurch erreicht, dass solche Maßnahmen als allgemeine Betriebsphilosophie propagiert und implementiert werden. Die Lernfähigkeit wird auch bei Lernentwöhnten durch das Einlassen auf neue Lernkonzepte und -inhalte und das Erleben des eigenen Lernfortschritts gefördert.

Literatur

BICKEL, H.; KURZ, A.: Education, occupation, and dementia: the Bavarian school sisters study. In: Dementia and Geriatric Cognitive Disorders 27 (2009), S. 548–556

BUGOS, J. A. u. a.: Individualized piano instruction enhances executive functioning and working memory in older adults. In: Aging and Mental Health 11 (2007), S. 464–471

DIVENYI, P. L.; STARK, P. B.; HAUPT, K. M.: Decline of speech understanding and auditory thresholds in the elderly. In: Journal of the Acoustical Society of America 118 (2005), S. 1089–1100.

COLCOMBE, S. J.; KRAMER, A. F.: Fitness effects on the cognitive function of older adults: a meta-analytic study. In: Psychological Science 14 (2003), S. 125–130

FREUDE, G. u. a.: Geistig fit im Beruf. Wege für ältere Arbeitnehmer zur Stärkung der grauen Zellen. Dortmund 2008. – URL: http:// www.inqa.de/publikationen (Initiative Neue Qualität der Arbeit. Dortmund: BauA)

GAJEWSKI, P. D.; WILD-WALL, N.; FALKENSTEIN, M.: Trainingsinduzierte Veränderung der Aufmerksamkeitsleistung in der visuellen Suche bei Älteren: Eine elektrophysiologische Studie. In: FRINGS, C. u. a. (Hrsg.): Beiträge zur 52. Tagung experimentell arbeitender Psychologen. Lengerich Pabst Science Publishers 2010a

GAJEWSKI, P. D.; WILD-WALL, N.; FALKENSTEIN, M.: Effects of Aging and Job demands on cognitive flexibility assessed by task switching: an electrophysiological study. In: Biological Psychology (2010b) (im Druck)

HESS, T. M. u. a.: The impact of stereotype threat on age differences in memory performance. In: Journal of Gerontology B Psychological Sciences and Social Sciences 58 (2003), S. 3–11

HORN, J. L.; CATTELL, R. B.: Age differences in fluid and crystallized intelligence. In: Acta Psychologica 26 (1967), S. 107–129

HULTSCH, D. F. u. a.: Use it or loose it: engaged lifestyle as a buffer of cognitive decline in aging? In: Psychology and Aging 14 (1999), S. 245–263

JAEGGI, S. M. u. a.: Improving fluid intelligence with training on working memory. Proceedings of the National Academy of Sciences USA 105 (2008), S. 6829–6833

JELICIC, M. u. a.: Acute stress enhances memory for emotional words, but impairs memory for neutral words. In: International Journal of Neuroscience 114 (2004), S. 1343–1351

JORM, A. F. u. a.: Occupation type as a predictor of cognitive decline and dementia in old age. In: Age and Ageing 27 (1998), S. 477–483

ROUCH, I. u. a.: Shiftwork experience, age and cognitive performance In: Ergonomics 48 (2005), S. 1282–1293

ROWE, J. W.; KAHN, R. L.: Successful aging. New York 1998

SCHAIE, K. W.: Intelligenz. In: OSWALD, W. D. u. a. (Hrsg.): Gerontologie. Medizinische, psychologische und sozialwissenschaftliche Grundbegriffe. Stuttgart 1984

SCHOOLER, C.; MULATU, M. S.; OATES, G.: The continuing effects of substantively complex work on the intellectual functioning of older workers. In: Psychology and Aging 14 (1999), S. 483–506

WOLF, O. T. u. a.: Opposing effects of DHEA replacement in elderly subjects on declarative memory and attention after exposure to a laboratory stressor. In: Psychoneuroendocrinology 23 (1998), S. 617–629

Marc Lenze, Inga Mühlenbrock, Sabine Riechel

„Menschen in altersgerechter Arbeitskultur (MiaA) – Arbeiten dürfen, können und wollen!"

Das Projekt MiaA „Menschen in altersgerechter Arbeitskultur – Arbeiten dürfen, können und wollen!" beschäftigte sich mit der nachhaltigen Gestaltung des demografischen Wandels in Unternehmen. Auf verschiedenen Ebenen wurden Ansatzpunkte entwickelt, um sowohl Unternehmen als auch Beschäftigte für ein möglichst langes und wünschenswertes Erwerbsleben zu motivieren.

1. Hintergrund des Projekts MiaA

„MiaA" ist ein Projekt des Instituts für gesundheitliche Prävention (IFGP) aus Münster unter Förderung des Bundesministeriums für Arbeit und Soziales und unter fachlicher Begleitung der Bundesanstalt für Arbeitsschutz und Arbeitsmedizin.

Ein gesundes und engagiertes Erwerbsleben zu haben, lange fit im Beruf zu sein und Erfüllung durch die Arbeitstätigkeit zu erleben ist wohl Wunsch und Hoffnung vieler Beschäftigter. In Zeiten des demografischen Wandels werden Erwerbskarrieren länger („Rente mit 67"), Anforderungen höher und Beschäftigte älter. Die Bedeutung des Themas „Arbeit & Alter" nimmt zu. Für Unternehmen stellt sich daher die Frage nach passenden Ansatzpunkten und Gestaltungsmöglichkeiten. Das Thema ist präsent in Medien und Unternehmen, jedoch mangelt es häufig an adäquaten Umsetzungen. Dabei sind nicht alle Unternehmen von den Auswirkungen des demografischen Wandels gleichermaßen betroffen. Eine gezielte, analytische Feststellung mit der unternehmensspezifischen Situation ist daher für eine effektive Auseinandersetzung mit dem Thema notwendig.

In Zeiten zunehmenden Wettbewerbs, alternder Belegschaften und der Erhöhung des Renteneintrittsalters gewinnt vor allem das **„Arbeitenwollen"** an Bedeutung. Denn in Zeiten von Altersteilzeit (d. h. bis 2009), in der mittels staatlicher Förderung Arbeitnehmer ab 55 Jahren in den Vorruhestand eintreten konnten, ist die Frühverrentung in ihrer massenhaften Anwendung zu einer gängigen „Kultur" geworden. Das Zugangsalter für die Altersrenten lag in Deutschland 2005 zwar bei 63 Jahren – das *gewünschte* Renteneintrittsalter jedoch bei durchschnittlich 59 Jahren (AXA 2008). Wünschenswert und notwendig wäre ein Mentalitätswechsel: die (Wieder-)Entstehung einer allgemeinen Kultur des „Länger-arbeiten-Wollens". Dies wird weniger über finanzielle Anreize machbar oder sinnvoll sein, sondern in erster Linie über Motivation oder geeignete Rahmenbedingungen (Arbeit als Form von Bestätigung und Anerkennung) gestaltet werden können. Dies setzt wiederum eine Einstellungsänderung hinsichtlich Alter und Beschäftigungsfähigkeit bei „Betroffenen" und Unternehmen voraus. Gelingen kann dies nur auf Basis einer Unternehmenskultur, die dies zulässt, d. h. partnerschaftlich und kooperativ ausgerichtet ist. Beschäftigte, die für ihre Arbeit motiviert sind und Altern nicht negativ begreifen, haben eher das Bestreben, langfristig im Erwerbsleben zu bleiben, und dies ist – betrachtet man die derzeitige Erwerbssituation der älteren Beschäftigten – volkswirtschaftlich notwendig.

Vor diesem Hintergrund fokussierte das Projekt MiaA Fragen der **Motivation zur Gestaltung einer alternsgerechten Arbeitskultur:**

1. Wie können Beschäftigte motiviert werden, bis zum gesetzlichen Renteneintrittsalter arbeiten zu wollen?
2. Wie können Unternehmen motiviert werden, sich mit den Themen „ältere Beschäftigte" und „demografischer Wandel" strukturiert und nachhaltig auseinanderzusetzen?
3. Und darauf basierend: Wie kann das „Arbeiten können, Arbeiten wollen und Arbeiten dürfen" gefördert werden (Ansatzpunkte)?

Abbildung 1: **Herangehensweise im Projekt MiaA**

2.   Beschäftigte motivieren

Im Rahmen des Projektes wurden Beschäftigte zu ihrer Arbeitssituation befragt (MiaA-Beschäftigtenbefragung; n = 1.300). Von den Befragten äußerten 82 Prozent den Wunsch nach einem vorzeitigen Ruhestand (gewünschtes Renteneintrittsalter: durchschnittlich 59 Jahre, s. Abbildung 2) – dieses Ergebnis deckt sich mit denen vieler anderer Studien. Ergebnisse zeigten, dass der Wunsch nach einem vorzeitigen Ausstieg aus dem Erwerbsleben u. a. mit individuellen gesundheitlichen Aspekten zusammenhängt: Ein ausgeprägter Vorruhestandswunsch geht einher mit einem schlechteren Gesundheitszustand, einer geringeren allgemeinen Arbeitsfähigkeit und einer geringeren Arbeitsfähigkeit in Bezug zu körperlichen Anforderungen.

Abbildung 2: **Wunsch nach Vorruhestand**

Wenn Sie die freie Wahl hätten, würden Sie gern vorzeitig in den Ruhestand gehen wollen?

Ich möchte bis zum regulären Renteneintrittsalter arbeiten.

18 %

Ich möchte vorzeitig in den Ruhestand gehen.

82 %

n = 1.280

MiaA-Beschäftigtenreport
© IFGP 2009

Zudem haben auch motivationale Arbeitsbedingungen eine Bedeutung für den Wunsch, vorzeitig in den Ruhestand zu gehen: Mitarbeiterinnen und Mitarbeiter, die sich wünschen, vorzeitig in den Ruhestand zu gehen, berichten über

- eine geringere allgemeine Arbeitsmotivation,
- eine geringere Zufriedenheit mit der allgemeinen beruflichen Situation,
- weniger Spaß an der Arbeit,
- weniger Erfüllung durch ihre Tätigkeit und
- eine geringere Arbeitsfähigkeit in Bezug zu psychischen Anforderungen.

Die Arbeit scheint für die Hälfte der Befragten auch bis zum Renteneintrittsalter „gut machbar" zu sein (s. Abbildung 3). Die erwartete Gesundheit fällt jedoch umso schlechter aus, je

- schlechter der aktuelle Gesundheitszustand bewertet wird,
- geringer die momentane allgemeine Arbeitszufriedenheit ist,
- geringer die momentane allgemeine Arbeitsmotivation ausgeprägt ist,
- geringer die momentane Freude an der Arbeit ist und
- größer die physischen und psychischen Arbeitsanstrengungen empfunden werden.

Arbeitsmotivation und Arbeitszufriedenheit sind zudem umso höher ausgeprägt, je zufriedener die Beschäftigten mit der fachlichen und persönlichen Weiterentwicklung, den persönlichen Möglichkeiten, Weiterbildungsangebote zu nutzen, und mit den Aufstiegsmöglichkeiten sind. Aber nur 54 Prozent der Interviewten der MiaA-Befragung gaben an (Durchschnittsalter 48,2 Jahre), regelmäßig Qualifizierungsmaßnahmen zu besuchen.

Die Ergebnisse der Beschäftigtenbefragung weisen zudem auf die Bedeutung der Führungskraft für die Gestaltung des demografischen Wandels und die Erhöhung der Mitarbeitergesundheit und -zufriedenheit hin:

Abbildung 3: **Erwarteter Gesundheitszustand im Rentenalter**

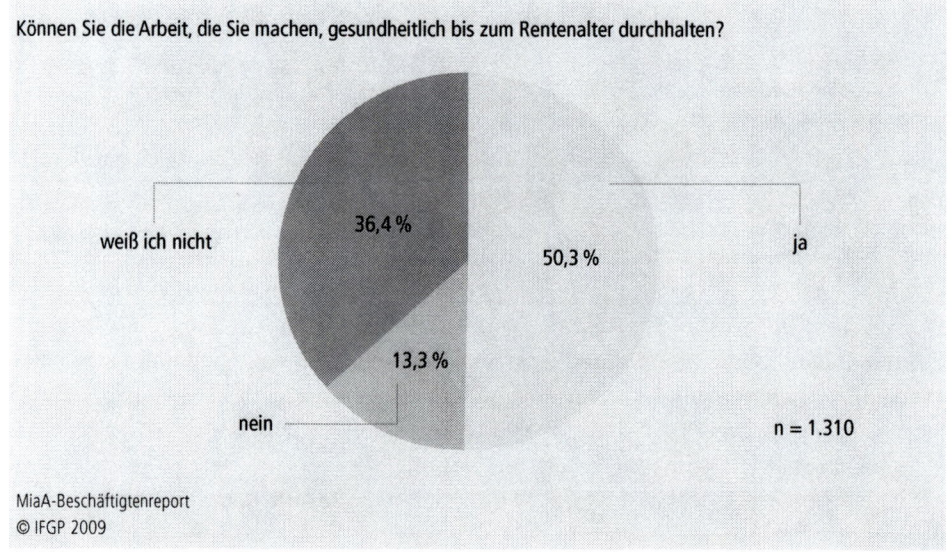

Die Projektergebnisse zeigten außerdem, dass je zufriedener die Beschäftigten mit der Anerkennung und dem Führungsstil ihrer direkten Führungskraft sind, desto
- höher ist ihre Zufriedenheit mit der allgemeinen beruflichen Situation,
- höher ist die berichtete Arbeitsmotivation,
- mehr macht die Arbeit den Beschäftigten Spaß,
- mehr finden sie ihre Arbeit erfüllend und
- höher ist die psychische, allgemeine und körperliche Arbeitsfähigkeit.

Die Beurteilung des Führungsstils und die Anerkennung durch die direkte Führungskraft stehen auch mit den konkreten Facetten der Arbeitssituation in Zusammenhang. Die Zufriedenheit mit dem Führungsstil der direkten Führungskraft fällt umso besser aus, je

- größer die Zufriedenheit mit der Beteiligung an Entscheidungen, mit der Zusammenarbeit im Team, mit der Rückmeldung der Arbeitsleistung ausfällt,
- zufriedener die Beschäftigten mit den Aufstiegs- und Karrierechancen sind,
- weniger eingeschränkt der Aufgabenbereich empfunden wird,
- zufriedener die Beschäftigten mit der Stellung in der eigenen Abteilung und mit ihrer persönlichen Weiterentwicklung sind,
- klarer die Zuständigkeiten geregelt und je besser die Arbeitsabläufe organisiert sind und je klarer die Arbeitsaufgabe definiert ist.

3.   Unternehmen motivieren

Die Dringlichkeit der Auseinandersetzung mit dem demografischen Wandel wird von Unternehmen unterschiedlich bewertet. Ergebnisse einer Onlinebefragung zum Stand der Auseinandersetzung deutscher Unternehmen mit dem demografischen Wandel (s. MiaA-Unternehmensreport, IFGP 2009) zeigen, dass Altersstrukturanalysen, Aktivitäten im Rahmen des betrieblichen Gesundheitsmanagements und Rekrutierungsprobleme von Fach- und Nachwuchskräften Hauptauslöser für die Auseinandersetzung von Unternehmen mit dem demografischen Wandel zu sein scheinen (s. Abbildung 4). Diskussionen, z. B. im Rahmen von Arbeitstreffen im Laufe des Projektes, ergaben zudem, dass die Einstellung von Vorständen, Führungskräften und Beschäftigten möglicherweise eine der wichtigsten Voraussetzungen ist, um das komplexe Thema „Gestaltung des demografischen Wandels in Unternehmen" zu bearbeiten und mit Aktivitäten zu starten. Denn das gesamtgesellschaftliche Bild und die Kultur in Unternehmen haben vielfach zu einer Einstellung zur Arbeit geführt, in der die letzten Erwerbsjahre nicht als sinnerfüllter Karriereabschnitt gesehen werden.

Die Umsetzung des Themas in den Unternehmen stockt daher vielfach nicht aufgrund fehlenden „Allgemeinwissens" zum Thema Demografie, sondern aufgrund einer fehlenden Bereitschaft zur gezielten innerbetrieblichen Reflexion und Auseinandersetzung im Unternehmen: „Wie sieht es genau bei uns im Unternehmen aus? Wissen wir, wo ‚der Schuh drückt'? Welche Bedürfnisse haben unsere Beschäftigten und wo müssen wir ansetzen, um Erfolge zu verzeichnen?"

Eine allgemeine Sensibilisierung im Unternehmen für das Thema und eine umfassende Herangehensweise und Betrachtung sind jedoch von zentraler Bedeutung. Um das „Arbeiten dürfen, können und wollen" nachhaltig zu fördern, bedarf es daher nicht nur konkreter alter(n)sgerechter Arbeitsbedingungen für die Beschäftigten, sondern auch eines gesamtbetrieblichen Umfelds, das diese Bedingungen möglich macht und langfristig unterstützend begleitet.

Abbildung 4: **Auslöser für die Auseinandersetzung mit dem Thema**

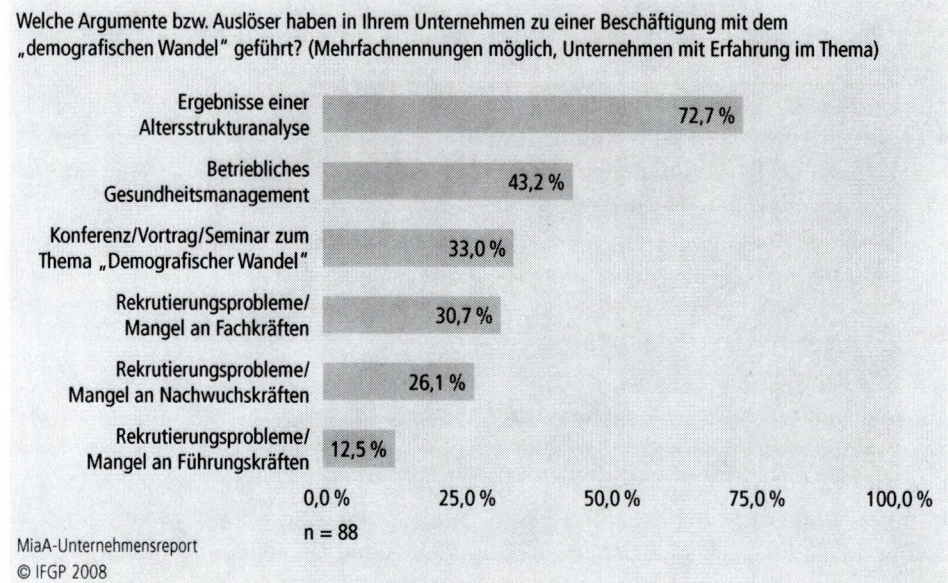

Welche Argumente bzw. Auslöser haben in Ihrem Unternehmen zu einer Beschäftigung mit dem „demografischen Wandel" geführt? (Mehrfachnennungen möglich, Unternehmen mit Erfahrung im Thema)

- Ergebnisse einer Altersstrukturanalyse: **72,7 %**
- Betriebliches Gesundheitsmanagement: **43,2 %**
- Konferenz/Vortrag/Seminar zum Thema „Demografischer Wandel": **33,0 %**
- Rekrutierungsprobleme/ Mangel an Fachkräften: **30,7 %**
- Rekrutierungsprobleme/ Mangel an Nachwuchskräften: **26,1 %**
- Rekrutierungsprobleme/ Mangel an Führungskräften: **12,5 %**

0,0 %   25,0 %   50,0 %   75,0 %   100,0 %

n = 88

MiaA-Unternehmensreport
© IFGP 2008

4.   Ansatzpunkte nutzen

Hinsichtlich Empfehlungen für eine nachhaltige Gestaltung des demografischen Wandels in Unternehmen gibt es kein „Patentrezept" für Unternehmen. Empfehlungen und allgemeine Ansatzpunkte müssen hingegen auf die jeweilige Situation des Unternehmens angepasst werden. Eine Reflexion anhand des **„MiaA-Kurzchecks Demografie"** (s. MiaA-Handlungsleitfaden unter www.miaa.de oder info@ifgp.de) unterstützt jedoch Unternehmen zu Beginn, um zu erfahren und zu erfragen, ob das Thema „Arbeit & Alter" im Unternehmen bzw. im „Denken" der Akteure angekommen ist und bereits Eingang in die Gestaltung von Verhältnissen und Verhalten von Beschäftigten, Führungskräften und Verantwortlichen gefunden hat. Dazu hat das IFGP aus den Projekterkenntnissen eine Reflexions- und Selbstbewertungsmatrix erstellt (s. Tabelle 1), die im Wesentlichen die Ebenen des Projektes MiaA abbilden:

- **„Arbeiten dürfen":** Sind Möglichkeiten vorhanden und Unternehmen gewillt, ältere Arbeitnehmerinnen und Arbeitnehmer zu beschäftigen?
- **„Arbeiten können":** Sind Voraussetzungen vorhanden, dass Beschäftigte bis zum gesetzlichen Rentenalter arbeiten können (z. B. Gesundheitsförderung, Lernkultur)?
- **„Arbeiten wollen":** Sind Beschäftigte motiviert, bis zum gesetzlichen Rentenalter zu arbeiten?

Anhand von reflektorischen Leitfragen, die im Handlungsleitfaden zum Projekt auf der MiaA-Homepage nachgelesen werden können (www.miaa.de), kann die Situation im eigenen Unternehmen beurteilt werden (Ampelsystem), z. B.: „Wo stehen wir? Sind die Voraussetzungen da, um mit dem Thema ‚altersgerechte Unternehmenskultur' zu starten? Sind wir überhaupt motiviert, ältere Beschäftigte in Prozesse einzubeziehen und ist die Einbindung von Älteren überhaupt gewollt? Wie ist die Einstellung der Führungskräfte dazu? Was wären mögliche erste Ansatzpunkte, um ein sinnvolles Vorgehen zu planen?" Somit kann sich das Unternehmen bei der späteren Bearbeitung der Handlungsfelder auf die wesentlichen Schwachstellen konzentrieren.

Tabelle 1: **MiaA-Kurzcheck Demografie**

Akteursebenen / Zielebenen	Unternehmensleitung	Führungskräfte	Beschäftigte
„Arbeiten dürfen" (Beschäftigte dürfen bis zum gesetzlichen Renteneintrittsalter arbeiten)	Ist das Unternehmen gewillt und in der Lage, ältere Beschäftigte zu fördern und arbeitsfähig zu halten? ● ◉ ◉	Wissen Führungskräfte um das Thema „Arbeit & Alter"? Sind sie sensibilisiert und motiviert, sich durch eine alternsgerechte Mitarbeiterführung für eine alternsgerechte Arbeitskultur zu engagieren? ● ◉ ◉	Wissen und erleben Beschäftigte, dass ein langes, gesundes und motiviertes Erwerbsleben vonseiten des Unternehmens erwünscht ist? ● ◉ ◉
„Arbeiten können" (Beschäftigte können bis zum gesetzlichen Renteneintrittsalter arbeiten)	Schafft das Unternehmen positive Rahmenbedingungen, die ein langes Erwerbsleben ermöglichen? ● ◉ ◉	Gestalten Führungskräfte aktiv das Arbeitsumfeld der Beschäftigten, um eine lange Erwerbstätigkeit möglich zu machen? ● ◉ ◉	Sind Beschäftigte körperlich und mental in der Lage, ihre Arbeit aktuell und langfristig zu verrichten? Sind die Voraussetzungen für den Erhalt der Arbeitsfähigkeit vorhanden? ● ◉ ◉
„Arbeiten wollen" (Beschäftigte möchten bis zum gesetzlichen Rentenalter arbeiten)	Schafft das Unternehmen positive Rahmenbedingungen, die ein langes Erwerbsleben wünschenswert machen? ● ◉ ◉	Sind Führungskräfte befähigt, die Arbeitsmotivation der (älteren) Beschäftigten zu gestalten und zu fördern? ● ◉ ◉	Sind Beschäftigte motiviert, bis zum Rentenalter zu arbeiten und lange arbeitsfähig zu bleiben? ● ◉ ◉

● Ich stimme zu → kein Handlungsbedarf
◉ Ich stimme nur eingeschränkt zu → Handlungsbedarf//Optimierungsbedarf
◉ Ich stimme nicht zu → Handlungsbedarf

Auf Basis dieser Reflexion schließt ein sinnvolles „Handeln" mit einer Analyse der vorliegenden Situation an: Die Analyse dient dabei sowohl der Objektivierung der

Situation (z. B. Altersstrukturanalyse) und Informationsgewinnung zu den Handlungsfeldern (z. B. Beschäftigtenbefragung, Interviews, Workshops etc.) wie auch der Zieldefinition (was wollen wir bis wann angehen?). Darauf basierend geeignete Maßnahmen zu entwickeln und umzusetzen ist Ausdruck einer alternsgerechten Arbeitskultur. Dabei sollten die Maßnahmen aus den Projekterfahrungen heraus sehr spezifisch sein: Unternehmen und ihre Rahmenbedingungen sind – ebenso wie die darin tätigen Menschen – unterschiedlich. Individuelle Ansätze sind gefragt, da die Gesundheit der Beschäftigten, ihre persönlichen Eigenschaften, Fähigkeiten und ihre Bedürfnisse sehr unterschiedlich sind und diese „Unterschiedlichkeit" mit zunehmendem Alter zunimmt. Geeignete Maßnahmen zu finden ist oftmals nicht das Problem, sondern Verantwortliche, Beschäftigte und insbesondere Führungskräfte davon zu überzeugen, diese Maßnahmen zu definieren, umzusetzen und zu nutzen.

Zur individuellen Erfassung der Bedürfnisse und Möglichkeiten kann die Führungskraft viel beitragen. Sie sollte ausreichend sensibilisiert und geschult sein, die Bedürfnisse von Beschäftigten zu erkennen, zu erfassen und darauf zu reagieren. Die gesamtgesellschaftliche Sicht auf das Thema „Arbeit und Alter" ist – wie bereits erläutert – aktuell jedoch eher als problematisch zu bewerten. Durch die in der Vergangenheit massenhaft angewandte Frühverrentungspraxis wurden natürlich auch Führungskräfte geformt. Also sollte hier angesetzt werden, um neue Bilder zu prägen. Das vom IFGP entwickelte Online-Training „Führen im demografischen Wandel" verbunden mit dem Transferworkshop hat sich als Maßnahme bewährt, Führungskräfte für das Thema zu sensibilisieren und zu aktivieren (s. www.ifgp. de/miaa/html/index.html). Das beinhaltet die Aufhebung von Mythen, z. B. was Ältere angeblich nicht können oder was sie besonders gut können, genauso wie Empfehlungen und komprimierte Gestaltungshinweise, um dazu zu motivieren, dieses Thema tatsächlich auch anzunehmen, zu gestalten und umzusetzen.

Begleitend sollten von Unternehmen Rahmen geschaffen werden, die es Führungskräften ermöglicht, diese Gestaltungsansätze umzusetzen. Dazu gilt es, Aktivitäten auf dem Weg zu einer alternsgerechten Arbeitskultur einem Controlling und einem kontinuierlichen Verbesserungsprozess zu unterziehen. Denn Kultur bedeutet auch immer Wandel. Um ein „Arbeiten dürfen, können und wollen" von allen Seiten in Unternehmen möglich zu machen, ist eine regelmäßige Reflexion, eine Anpassung an neue Entwicklungen sowie an sich verändernde Rahmenbedingungen und Bedürfnisse von Menschen und damit eine kontinuierliche Arbeit am Thema unumgänglich. Erkenntnisse, Erfahrungen und Empfehlungen sind hierzu im webbasierten Tool „BGM_navigator®" aufbereitet und eingearbeitet worden.

Literatur

AXA: AXA Ruhestand-Barometer 2007–2008. Ergebnisse für Deutschland im internationalen Vergleich. Verfügbar unter: http://www.axa.com/lib/axa/uploads/etudes/barometreretraite/2008/AXA_Retirement_Scope_Germany_2008_de.pdf (01.04.2010)

LENZE, M.; MÜHLENBROCK, I.; RIECHEL, S.: MiaA-Unternehmensreport 2009. Demographischer Wandel – Stand der Auseinandersetzung in deutschen Unternehmen. IFGP 2009

Anita Graf

Lebenszyklusorientierte Personalentwicklung als Ausgangspunkt für den Erhalt der Arbeitsmarktfähigkeit

Die lebenszyklusorientierte Personalentwicklung (PE) unterstützt den Erhalt der Arbeitsmarktfähigkeit, indem sie einerseits den Fokus auf die gezielte und systematische Entwicklung sämtlicher Mitarbeitenden eines Unternehmens legt und andererseits berücksichtigt, in welcher Phase des individuellen Lebenszyklus sich Mitarbeitende befinden und welche PE-Maßnahmen in jeder Phase besonders effektiv sind. In diesem Beitrag wird das Konzept der lebenszyklusorientierten PE kurz erläutert. Die verschiedenen Lebenszyklen des Menschen werden im Überblick vorgestellt, wobei der laufbahn- und stellenbezogene Zyklus eingehender beschrieben sind. Abschließend ist eine Vielzahl möglicher PE-Maßnahmen für die verschiedenen Phasen des laufbahn- und stellenbezogenen Lebenszyklus aufgeführt, und es werden Aufgabenbereiche und Herausforderungen für die Entwicklung und Umsetzung des Ansatzes der lebenszyklusorientierten PE aufgezeigt.

Mitarbeitende sind heute mehr denn je gefordert, ihre Leistungsfähigkeit und -bereitschaft selbstverantwortlich zu steuern und zu erhalten. Es gilt, den eigenen Arbeits- und Lebensrhythmus immer wieder neu zu definieren und den eigenen Qualifikationsstand fortwährend mit den Anforderungen zu vergleichen und entsprechend anzupassen (RUMP und EILERS 2006). Dabei sollten sowohl die heute vorhandenen Anforderungen als auch die aufgrund der vielfältigen wirtschaftlichen, technologischen und gesellschaftlichen Entwicklungen zu erwartenden künftigen Anforderungen berücksichtigt werden. Nur so können notwendige Entwicklungs- und Bildungsmaßnahmen frühzeitig erkannt und entsprechend eingeleitet werden. Die zunehmende Instabilität von Arbeitsplätzen und Tätigkeitsbereichen führt dazu, dass der Erhalt und die Förderung von Kompetenzen wichtiger sind als das Streben nach Arbeitsplatzsicherheit. Das Postulat des lebenslangen oder des lebensbegleitenden Lernens und als Grundlage hierfür die Fähigkeit und die Bereitschaft zur Selbstentwicklung sind wesentliche Voraussetzungen, um die eigene Arbeitsmarktfähigkeit als immateriellen Vermögenswert bis zum Austritt aus dem Erwerbsleben und darüber hinaus möglichst umfassend aufrechtzuerhalten.

1. Beitrag der lebenszyklusorientierten Personalentwicklung

Die lebenszyklusorientierte PE unterstützt den Erhalt der Arbeitsmarktfähigkeit, indem sie einerseits den Fokus auf die gezielte und systematische Entwicklung sämtlicher Mitarbeitenden eines Unternehmens legt, unabhängig von Alter, Dauer der Betriebszugehörigkeit, Führungspotenzial, Hierarchiestufe etc. Andererseits berücksichtigt sie, in welcher Phase des Lebenszyklus sich Mitarbeitende befinden und welche PE-Maßnahmen in jeder Phase besonders effektiv sind. Es geht darum, jüngere Mitarbeitende konsequent zu fördern und an das Unternehmen zu binden (= Retention), Mitarbeitende im mittleren Alterssegment leistungsfähig und motiviert zu halten und ältere Mitarbeitende gezielt zu entwickeln, sodass sie bis zur Pensionierung (und darüber hinaus) die notwendigen Fähigkeiten zur Ausübung ihrer Funktion besitzen, gesund bleiben und Freude an der Arbeit haben. Im Fokus der lebenszyklusorientierten PE steht nicht primär das Alter, sondern die Zugehörigkeit zu einer Phase des stellenbezogenen und des laufbahnbezogenen Lebenszyklus, neben der Betrachtung des Verlaufs des biosozialen, familiären und beruflichen Lebenszyklus (GRAF 2009 und GRAF 2002). Die Zugehörigkeit zu einer Phase des stellen- und laufbahnbezogenen Lebenszyklus hat beispielsweise eine größere Aussagekraft hinsichtlich Arbeitszufriedenheit als das effektive Alter (RADING 2008). Gleichwohl sollte infolge der demografischen Entwicklung der Population der älteren Beschäftigten ein besonderes Augenmerk zukommen: Ihr Potenzial stellt eine wesentliche Quelle für die notwendige Deckung des aktuellen und zukünftigen Personalbedarfs dar und ist somit eine wesentliche Voraussetzung für den langfristigen Unternehmenserfolg (vgl. z. B. VOELPEL, LEIBOLD und FRÜCHTENICHT 2007; RIMSER 2006).

2.   Konzept der lebenszyklusorientierten Personalentwicklung

Das Konzept der Lebenszyklen hat seinen Ursprung in der Biologie. Der Lebenszyklus beschreibt die typischerweise durchlaufenen und somit recht genau prognostizierbaren quantitativen und qualitativen Veränderungen im Zeitablauf. Es können jeweils mehrere Lebensphasen unterschieden werden, die durch bestimmte Merkmale oder Merkmalskombinationen (phasentypische Gesetzmäßigkeiten) charakterisiert sind. Wesentlich ist, dass die jeweils definierten Phasen nicht als starre Konstrukte mit einem klar festgelegten zeitlichen Rahmen angesehen werden. Die Anwendung von Phasenmodellen bedarf einer gewissen Flexibilität und dient primär dazu, Anregungen und Anhaltspunkte zu geben (für die nachfolgenden Ausführungen zur lebenszyklusorientierten PE vgl. GRAF 2009, 2008 und 2002).

Die lebenszyklusorientierte PE unterscheidet *fünf verschiedene Teilzyklen*, die jeweils unterschiedliche Lebensbereiche betreffen. Zu den wichtigsten Lebensfeldern gehören die individuelle Entwicklung im Bereich der Identität (biosozialer Lebenszyklus), der Familie (familiärer Lebenszyklus) und der beruflichen Laufbahn (beruflicher, laufbahnbezogener und stellenbezogener Lebenszyklus). Je nachdem, in welchen Phasen der verschiedenen Lebenszyklen sich Beschäftigte befinden, sind unterschiedliche Themen und Fragestellungen relevant. Bedürfnisse, Zielvorstellungen, Leistungsvoraussetzungen und Karrierepotenziale verändern sich im Verlaufe des Lebens und Älterwerdens und müssen bei der Ausgestaltung der PE im Unternehmen entsprechend berücksichtigt werden. Besonders kritische Situationen zeigen sich jeweils beim Übergang von einer Phase in die nächste resp. infolge von Überschneidungen/Interdependenzen zwischen den verschiedenen Lebenszyklen. Als Folge kann es zu einer Häufung anspruchsvoller Situationen kommen. Dies ist beispielsweise der Fall, wenn der Berufseintritt mit einer Veränderung beim familiären Lebenszyklus (z. B. infolge Heirat, Nachwuchs) zusammenfällt. Solche Situationen können mehr Zeit und Energie benötigen als einem Individuum im Moment zur Verfügung stehen. Mögliche Verhaltensweisen sind, dass entweder das Engagement in einem der beiden betroffenen Lebenszyklen reduziert oder aber eine radikal herbeigeführte Veränderung angestrebt wird. Nachfolgend werden die fünf Lebenszyklen vorgestellt. Zu beachten ist, dass der individuelle Verlauf der Lebenszyklen durch vielfältige Einflussfaktoren geprägt wird und sehr unterschiedlich verlaufen kann.

Biosozialer Lebenszyklus
Der biosoziale Lebenszyklus beschreibt den stufenweisen Verlauf der Persönlichkeitsentwicklung und ist von zahlreichen biologischen und sozialen Einflussfaktoren abhängig. Die menschliche Entwicklung wird durch biologische Regelmäßigkeiten – wie beispielsweise die mit zunehmendem Lebensalter eintretenden Abnutzungserscheinungen – beeinflusst. Auch soziale Einflussfaktoren bestimmen die menschliche Entfaltung mit (z. B. erfahrene Erziehung, gesellschaftliche bzw. kulturell tradierte Wertvorstellungen oder auch soziale Normen und Riten, welche die verschiedenen Lebensabschnitte regeln). Besonders auffällig sind die biosozialen Veränderungen an den „Lebensrändern" Kindheit und Alter, wie beispielsweise die rasche körperliche und geistige Entwicklung von Kleinkindern oder die gesellschaftliche Ausgrenzung von alten Menschen. Biosoziale Veränderungsprozesse finden jedoch auch im langen dazwischen liegenden Zeitraum statt (z. B. Zuerkennung der mit der Volljährigkeit verbundenen Rechte und Pflichten, Menopause, Krise der Lebensmitte). Ansatzpunkte für die lebenszyklusorientierte PE ergeben sich aus den verschiedenen Lebensaltern des Menschen, die unterschiedliche Qualitäten haben und jeweils andere Lebensaufgaben und Potenziale mit sich bringen. Wichtige Themen sind die Übernahme lebensphasengerechter Aufgaben, die Veränderung der körperlichen und geistigen Leistungsfähigkeit im Lebensverlauf, der langfristige Erhalt der Gesundheit, eine alternsgerechte Personalpolitik sowie die Sensibilisierung der Vorgesetzten hinsichtlich Wertschätzung und der Bedeutung eines umfassenden Ressourcenmanagements.

Familiärer Lebenszyklus

Der familiäre Lebenszyklus bezieht sich primär auf die von einem Individuum gegründete Familie und umfasst die Bereiche Partnerschaft, Ehe, Kinder und Großkinder. Ansatzpunkte für die lebenszyklusorientierte PE ergeben sich aus dem Spannungsfeld Beruf und Familie. Themen sind Work-Life-Balance, Dual Career Couples, Einelternfamilien. Es geht insbesondere darum, Rahmenbedingungen zu schaffen, die eine balancierte Lebensgestaltung ermöglichen, z. B. flexible Arbeitszeitmodelle und Arbeitsbedingungen, Teilzeitarbeit für Frauen und Männer, familienfreundliche Bedingungen im Unternehmen.

Beruflicher Lebenszyklus

Der berufliche Lebenszyklus umfasst die Entwicklung des Menschen von der Berufswahl bis zum Ausscheiden aus dem Erwerbsleben. Er setzt sich in der Regel aus einer Ausbildungsphase sowie verschiedenen beruflichen Funktionen zusammen. Der berufliche Lebenszyklus kann durch erwerbsfreie Phasen unterbrochen sein, z. B. infolge Weiterbildung, Elternzeit oder einer längeren Reise. Beim Verlauf des beruflichen Lebenszyklus lassen sich vielfältige Trends erkennen: die Tendenz zu längerer Ausbildungszeit (Zunahme des Grads formaler Bildung, Trend zu höherer Qualifikation, längere Verweildauer im Bildungssystem), die abnehmende Bedeutung der Erstausbildung und damit verbunden die zunehmende Bedeutung von Weiterbildungen und Umschulungen, die Veränderung von Berufsbildern, die Veränderung der Bedeutung von Arbeit und Freizeit, der zunehmende Wunsch nach Teilzeitarbeit, immer noch Tendenz zu Frühpensionierungen, der Trend zu Portfolio-Arbeit (Ausüben mehrerer Berufe gleichzeitig). Ansatzpunkte für die lebenszyklusorientierte PE sind die Notwendigkeit des lebenslangen Lernens, die berufliche Weiterentwicklung und Förderung bis zur Pensionierung, der zunehmende Wunsch nach einer flexiblen Gestaltung des Berufslebens und die zunehmende Verwischung zwischen Arbeit und Freizeit.

Laufbahnbezogener Lebenszyklus

Der laufbahnbezogene Lebenszyklus beginnt mit dem Eintritt von Mitarbeitenden ins Unternehmen und endet mit dem Austritt infolge Kündigung oder Pensionierung. Abbildung 1 zeigt den Verlauf des laufbahnbezogenen Lebenszyklus auf. Es können die vier Phasen Einführung, Wachstum, Reife und Sättigung unterschieden werden:

- In der *Phase der Einführung* durchlaufen Beschäftigte den betrieblichen Sozialisationsprozess, welcher die Integration ins Unternehmen zum Ziel hat.
- Der weitere Verlauf führt über die individuelle Laufbahn *(Phase des Wachstums),* wobei Bewegungen innerhalb der Organisation in drei Richtungen möglich sind: vertikal, horizontal oder radial (in Richtung zu mehr Einbezogensein/Zentralität, z. B. durch die Übernahme einer Funktion in einem wichtigen Gremium). Immer

häufiger wird Karriere jedoch nicht mehr als Abfolge von Positionen innerhalb betrieblicher Strukturen verstanden, sondern als das fortwährende Lernen und Gewinnen von Erfahrungen.

- Mitarbeitende können in die *Phase der Reife* gelangen und unter Umständen ein Karriereplateau erreichen. Hier ist eine weitere Beförderung unwahrscheinlich, da sie bereits zu lange in ihrer Position sind und/oder die Tätigkeit keine Herausforderung und Lernchance mehr darstellt. In der Reifephase geht es darum, mit geeigneten PE-Maßnahmen zu verhindern, dass die Leistung von Mitarbeitenden sinkt und sie in die Phase der Sättigung gelangen, z. B. infolge Demotivation, Stress, gesundheitlicher Probleme, Veränderung der Arbeitsanforderungen und damit verbunden Unter- oder Überforderung.

- In der *Phase der Sättigung* sollte in einem ersten Schritt geklärt werden, aus welchen Gründen Beschäftigte die geforderte Leistung nicht mehr erbringen: Liegt es an der Leistungsfähigkeit (= Können), der Leistungsbereitschaft (= Wollen) oder an den Rahmenbedingungen (= Dürfen)? Je nachdem sind andere PE-Maßnahmen sinnvoll und notwendig. Ist innerhalb angemessener Zeit keine Rückkehr in die Reifephase möglich, muss ein Stellenwechsel initiiert werden.

Abbildung 1: **Verlauf des laufbahnbezogenen Lebenszyklus**

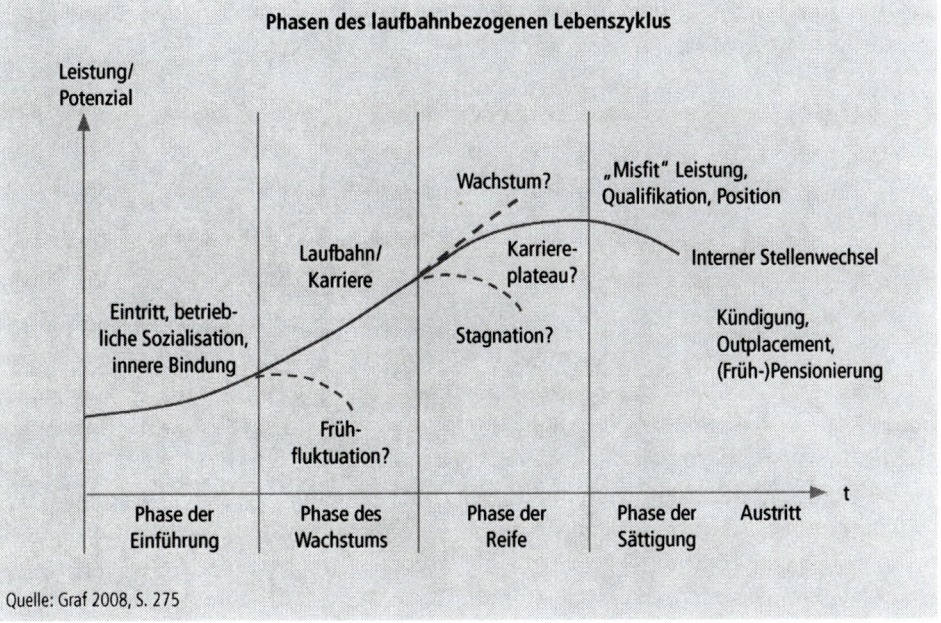

Quelle: Graf 2008, S. 275

Trends im Zusammenhang mit dem laufbahnbezogenen Lebenszyklus sind die Tendenz zu häufigeren Reorganisationen und Veränderung von Organisationsstrukturen und damit verbunden Veränderung von Positionen, Hierarchiestufen und Karrieremöglichkeiten, die Veränderung der Karriereorientierung der Mitarbeitenden infolge des Wertewandels und der Trend zu mehr Selbstverantwortung bei der Steuerung der laufbahnbezogenen Entwicklung. Trends mit Bezug zur demografischen Entwicklung wie der Rückgang des Erwerbspersonenpotenzials, der Mangel an qualifizierten und jüngeren Arbeitskräften sind:

- zunehmende Bedeutung einer attraktiven Laufbahngestaltung bei jüngeren Erwerbstätigen, um diese als Mitarbeitende zu gewinnen und langfristig ans Unternehmen zu binden;
- Berücksichtigen neuer Strategien bei der Rekrutierung, z. B. Schaffen eines Rekrutierungspools qualifizierter Frauen, Förderung des Wiedereinstiegs von Frauen mit familiären Verpflichtungen;
- Angebot an attraktiven Laufbahnmodellen zur Vereinbarkeit von Beruf und Familie, z. B. für die Erhöhung der Attraktivität als Arbeitgeberin/Arbeitgeber bei der Rekrutierung qualifizierter Arbeitskräfte und für die Bindung von Talenten und Know-how-Träger/-innen;
- Entwicklung neuer Laufbahnmöglichkeiten, z. B. Berücksichtung horizontaler Karriereschritte in Laufbahnmodellen, Schaffen neuer Einsatzmöglichkeiten für ältere Beschäftigte (Angebot an beratenden und Interimsfunktionen, Möglichkeit der Fortführung der Tätigkeit nach der Pensionierung etc.).

Ansatzpunkte für die lebenszyklusorientierte PE ergeben sich somit in Bezug auf die Förderung und Entwicklung der Mitarbeitenden während der gesamten Dauer ihrer Unternehmenszugehörigkeit – in Abhängigkeit der jeweiligen Phase ihres laufbahnbezogenen Lebenszyklus (vgl. Tabelle 1).

Stellenbezogener Lebenszyklus
Der stellenbezogene Lebenszyklus beginnt mit dem Antritt einer Stelle und endet, wenn die Stelle wieder verlassen wird oder sich die Aufgaben einer Stelle inhaltlich so stark verändern, dass das Aufgabenportfolio einer neuen Stelle entspricht. Beim stellenbezogenen Lebenszyklus können ebenfalls die vier Phasen Einführung, Wachstum, Reife und Sättigung unterschieden werden (vgl. Abbildung 2):

- In der *Phase der Einführung* geht es darum, neue Mitarbeitende möglichst umfassend und rasch in die neue Tätigkeit und Arbeitsumgebung einzuführen und so die Phase der Einführung möglichst kurz zu halten.
- Im weiteren Verlauf kommen Beschäftigte in die *Phase des Wachstums*. Sie kennen ihre Aufgaben und bekommen eine gewisse Routine; sie können jedoch

immer noch dazulernen, sich weiter professionalisieren und entfalten (z. B. zusätzliches Know-how erwerben, Abläufe rationalisieren, Zugang zu relevanten Informationsquellen und Schaltstellen der Macht ausbauen, Beziehungsnetze schaffen, Fähigkeiten vertiefen oder erweitern). Mit Tätigkeiten, die Spielraum schaffen sowie Sinn und Spaß vermitteln, sollen Mitarbeitende möglichst lange in der Wachstumsphase gehalten werden.

- In der *Phase der Reife* haben Mitarbeitende das Potenzial der Stelle voll ausgeschöpft. Sie kennen ihre Aufgaben und erfüllen die damit verbundenen Anforderungen vollumfänglich. Die Stelle bietet keine oder nur noch geringe Lernchancen und Herausforderungen.
- Wenn die Leistung abnimmt, gelangen Mitarbeitende in die *Phase der Sättigung*. Verschiedene Gründe können hierbei eine Rolle spielen, z. B. Leistungsabfall aufgrund von Unter-/Überforderung, Burn-out oder innerer Kündigung. Es geht wie in der laufbahnbezogenen Sättigungsphase darum, die Gründe für den Leistungsabfall zu ermitteln und mit geeigneten PE-Maßnahmen eine Rückkehr in die Phase der Reife oder des Wachstums zu ermöglichen.

Abbildung 2: **Verlauf des stellenbezogenen Lebenszyklus**

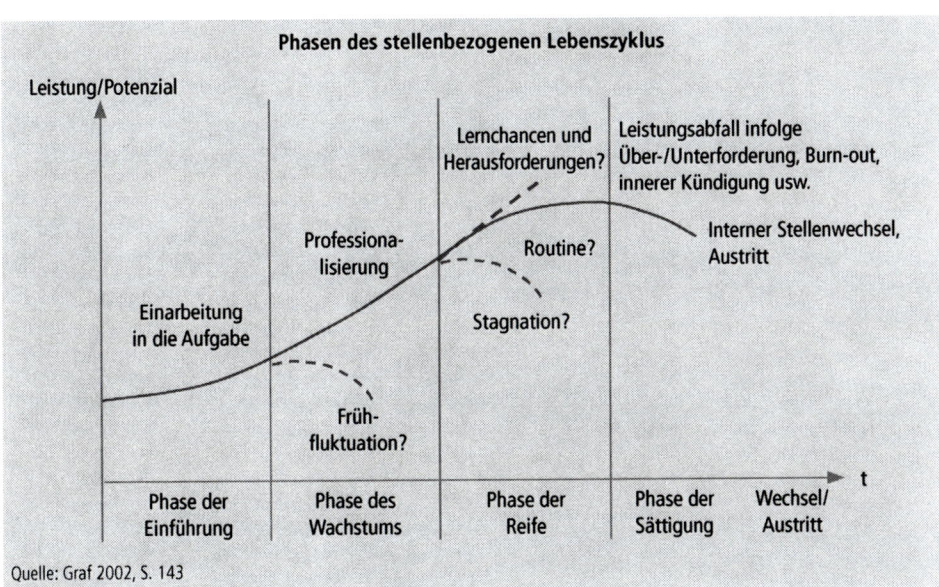

Der stellenbezogene Lebenszyklus endet mit dem Wechsel in eine andere Position (interner Stellenwechsel) oder der Kündigung (seitens des Unternehmens oder der Mitarbeiterin bzw. des Mitarbeiters).

Trends beim stellenbezogenen Lebenszyklus sind die Veränderung der Arbeitsanforderungen (z. B. infolge kürzerer und schnellerer Produktlebenszyklen, neuer
Technologien) und/oder die Veränderung der benötigten Qualifikationen (z. B. inter-
kulturelle Kompetenz und internationale Erfahrung, Informationsmanagement, Fle-
xibilität/Mobilität, Lernbereitschaft/-fähigkeit, Umgang mit Veränderungen, Selbst-
management). Trends mit Bezug zur demografischen Entwicklung sind:

- zunehmende Bedeutung eines systematischen Retentions-Managements, um jüngere Mitarbeitende zu binden und zu fördern und die Fluktuation qualifizierter
  Arbeitskräfte infolge der erhöhten Konkurrenz auf dem Arbeitsmarkt zu verhindern, z. B. durch professionelle Einführungsprogramme, attraktive Aufgabengestaltung, Angebot an interessanten und herausfordernden Entwicklungsmöglichkeiten;
- Erhalt der Arbeitsmarktfähigkeit und Leistungsfähigkeit insbesondere bei älteren
  Mitarbeitenden, z. B. durch die Förderung von Lernmöglichkeiten durch regelmäßige Stellenwechsel, Jobrotation oder Anpassung resp. Erweiterung des Auf-
  gabenportfolios.

Ansatzpunkte für die lebenszyklusorientierte PE ergeben sich demzufolge insbesondere im Zusammenhang mit dem kurz- und langfristigen Erhalt der Leistungsfähigkeit und -bereitschaft der Mitarbeitenden – unter Berücksichtigung, in welcher
Phase des stellenbezogenen Lebenszyklus sie sich befinden (vgl. Tabelle 1).

3.   Lebenszyklusorientierte Personalentwicklungsmaßnahmen

Auf der Basis der Zuordnung der Mitarbeitenden zu einer Phase des laufbahn- und
stellenbezogenen Lebenszyklus können effektive PE-Maßnahmen für den langfristigen Erhalt der Arbeitsmarktfähigkeit und die Entwicklung der Mitarbeitenden im
Unternehmen bestimmt werden (vgl. Tabelle 1). Die Auflistung ist nicht als abschließend zu verstehen, sondern dient als Anregung, welche unternehmensspezifisch
ergänzt werden kann. In der praktischen PE-Arbeit erweist sich zudem oft nur eine
Kombination verschiedener Maßnahmen als sinnvoll.

Tabelle 1: **PE-Maßnahmen für den laufbahn- und stellenbezogenen Lebenszyklus**

Laufbahnbezogener Lebenszyklus	Stellenbezogener Lebenszyklus
Phase der Einführung	
• Gezielte Einführungsprogramme für den Erwerb der benötigten Kompetenzen • Gezielte Maßnahmen zur Integration der Mitarbeitenden in die Unternehmenskultur, Förderung des Networkings	• Einführungsprogramme • Trainee-Programme
Phase des Wachstums	
• Regelmäßige Karriere-/Laufbahnplanung • Mitgliedschaft in High-Potential-Pools und damit Förderung im Rahmen spezifischer Aktivitäten, z. B. Action Learning, Think Tank, Diskussion mit GL-Mitgliedern, Networking-Programme • Gezieltes Vorbereitungsprogramm als Nachfolgekandidat/-in für die Übernahme einer Schüsselposition, z. B. mittels Jobrotation, Stellvertretung, Auslandseinsatz • Führungsausbildungsprogramme auf allen Ebenen • Fachausbildungen mit Fokus auf die weitere Karriereentwicklung, z. B. Nachdiplomstudium, MBA, Fachausweis • Mentoring-Programme • Projektarbeit (Leitung oder Mitarbeit, im selben Bereich oder bereichsübergreifend) • Jobrotation (einmalig oder als Abfolge) • Auslandseinsatz (mehrere Monate oder Jahre)	• Fach- und persönlichkeitsbezogene Aus- und Weiterbildungen off the Job, z. B.: – Besuch von Kongressen – Berufsbezogene Weiterbildungen – Erwerb eines Fachausweises – Erweiterung der interkulturellen Kompetenzen durch Sprachkurse • Fach- und persönlichkeitsbezogene Aus- und Weiterbildungen on the Job, z. B.: – Modelllernen/Lernen von Vorbildern – Coaching durch Seniors, Teammitglieder oder Vorgesetzte – Suche von „Übungsfeldern", z. B. Halten von Präsentationen – Gezielte Erweiterung des Wissens über die Organisation – Verbesserung der persönlichen Effizienz mittels Analyse der eigenen Arbeitsorganisation – Aufbau eines Netzwerks für die Verbesserung der Einflussnahme
Phase der Reife	
• Standortbestimmung (mind. alle 3–5 Jahre) • Laufbahnberatung • Förderung horizontaler Karriereschritte • Perspektivenwechsel/Jobrotation/Stage-Programme: mehrwöchige, mehrmonatige oder mehrjährige Einsätze in anderen Bereichen innerhalb und/oder außerhalb des Unternehmens • Förderung durch Erweiterung des aktuellen Tätigkeitsbereichs (Schaffen von Lernchancen): Jobenrichment, Jobenlargement, Mitarbeit in Projekten, Gremien und Qualitätszirkeln, Einsatz als Supervisor/-in, Lehrer/-in, Berater/-in oder Mentor/-in, Vertretung des Unternehmens nach außen etc. • Unterstützung bei Umschulungsmaßnahmen • Flexible/Gleitende Pensionierung • Vorbereitungsprogramme auf die Pensionierung	• Jobenlargement, Jobenrichment • Stellvertretungen • Mitarbeit in Projekten, Gremien und Qualitätszirkeln • Einsatz als Supervisor/-in, Lehrer/-in, Berater/-in, Mentor/-in • Übernahme von Spezialaufgaben, z. B.: – Organisation spezieller Anlässe – Betreuung besonders wichtiger Kunden und Kundinnen – Repräsentationsaufgaben – Übernahme von Verantwortung für den Know-how-Transfer innerhalb des Teams oder abteilungsübergreifend – Einbringen besonderer Kenntnisse, die für das Team nützlich sind etc.
Phase der Sättigung	
• Gezielte Maßnahmen zur Steigerung der Leistung • Unterstützung bei der Suche eines neuen Tätigkeitsbereichs extern (Outplacement) oder intern (auch Berücksichtigung der Möglichkeit eines Downward Movement)	• Entwicklung mit Ziel „in der aktuellen Funktion bleiben können": – Veränderung des Aufgaben- und/oder Kundenportfolios – Erwerb der fehlenden Kompetenzen durch gezielte Weiterbildung – Reduktion der Arbeitszeit: Teilzeitarbeit oder gleitende Pensionierung – Gesundheitsfördernde Maßnahmen – Coaching durch externe oder interne Fachkräfte • Entwicklung mit Ziel „neue Funktion übernehmen": – Interner Stellenwechsel – auf gleichbleibender oder tiefer liegender hierarchischer Ebene – Outplacement: Unterstützung bei der Stellensuche extern

Quelle: Graf 2009, S. 215 f.

Darüber hinaus gibt es zahlreiche PE-Maßnahmen, die phasenunabhängig angeboten und durchgeführt werden sollten und zu einer strategisch ausgerichteten PE
gehören. Dies sind eine umfassende Leistungs- und Kompetenzbeurteilung, Führen
regelmäßiger, strukturierter Mitarbeitendengespräche, Vereinbarung individueller
Entwicklungsziele, Angebot an Coaching, Sensibilisierung der Mitarbeitenden für die
Notwendigkeit des lebenslangen Lernens (z. B. Motivation zur Weiterbildung, Überprüfen der Arbeitsmarktfähigkeit), gezielte Förderung älterer Mitarbeitender (z. B.
durch horizontale Karriereentwicklung, Jobenrichment, Nutzung ihres Wissens und
ihrer Erfahrung, Förderung generationsübergreifender Zusammenarbeit), Förderung
der Selbstmanagementkompetenz, Maßnahmen des betrieblichen Gesundheitsmanagements (z. B. gesundheitsförderliche Aufgabengestaltung, Absenzenmanagement
und Case Management) sowie die Förderung einer wertschätzenden Führungskultur.

Ein wichtiges Instrument für den Erhalt der Arbeitsmarktfähigkeit sind
Standortbestimmungen. Auf individueller Ebene schaffen Standortbestimmungen
eine gute Grundlage für die realistische Einschätzung der eigenen Möglichkeiten
und Rahmenbedingungen in Abstimmung mit den vorhandenen Bedürfnissen und
Zielvorstellungen. Es geht darum, neue Lernfelder zu schaffen und neue berufliche
Möglichkeiten zu entdecken im Sinne von: „Was kann ich noch?" „Was möchte ich
erreichen?" Weiter soll frühzeitig erkannt werden, welche beruflichen Veränderungen notwendig sind, z. B.: „Wie lange kann ich meinen Beruf, meine Tätigkeit noch
in dieser Form ausüben?" Standortbestimmungen zeigen auf, welche Vor- und Nachteile mit bestimmten Wechseln im Berufsleben verbunden sind, und unterstützen
notwendige und sinnvolle berufliche Neuorientierungen, z. B. durch die Übernahme
von neuen Aufgabenbereichen, die besser mit den eigenen Stärken im Einklang stehen, die mehr Herausforderung und Freude resp. mehr Entlastung bieten und die
den langfristigen Erhalt der Gesundheit fördern oder ermöglichen. Standortbestimmung kann somit als proaktive Maßnahme für die Gesunderhaltung von Mitarbeitenden angesehen werden, z. B. zur frühzeitigen Verhinderung von Erschöpfungs-
depressionen und Burn-out oder durch eine frühzeitige Weiterentwicklung in neue
Berufe und Tätigkeitsbereiche, die den vorhandenen Leistungspotenzialen besser
entsprechen. Immer wichtiger werden Standortbestimmungen auch für die Phase
nach der Pensionierung. Infolge des demografischen Wandels wird in Zukunft das
Humanvermögen pensionierter Menschen immer bedeutsamer.

4.   Aufgabenbereiche und Herausforderungen bei der Umsetzung

Die Bedeutung einer systematischen und konsequenten Ausrichtung der PE auf den
individuellen Lebenszyklus wird von Unternehmen zunehmend erkannt – gerade
im Kontext der Wichtigkeit einer gezielten Förderung älterer Mitarbeitender oder

durch die Konfrontation mit den veränderten Anforderungen jüngerer Menschen an Arbeitsbedingungen, Laufbahnmöglichkeiten und Work-Life-Balance (vgl. hierzu z. B. BRUCH, KUNZE und BÖHM 2010). Die Umsetzung ist jedoch mit zahlreichen Herausforderungen verbunden; einige davon werden nachfolgend kurz aufgegriffen. Wichtig ist, zu erkennen und zu berücksichtigen, dass die Umsetzung der lebenszyklusorientierten PE eine geteilte Verantwortung ist:

Mitarbeitende sind verantwortlich, ihre eigene Entwicklung und den Erhalt der Arbeitsmarktfähigkeit selbstverantwortlich und proaktiv zu planen und zu steuern. Wesentliche Herausforderungen sind:

- Erkennen der Veränderung der eigenen Bedürfnisse, Kompetenzen und Potenziale im Lebensverlauf;
- lebensphasen- und bedürfnisgerechte Gestaltung des Arbeits- und Privatlebens;
- konsequente Verfolgung des Erhalts der Arbeitsmarktfähigkeit: Aufrechterhalten der Lernbereitschaft, proaktive Steuerung der beruflichen Laufbahn, Besuch von Weiterbildungen, Mut zu Stellenwechseln etc.

Vorgesetzte haben die Aufgabe, im Gespräch mit den Mitarbeitenden notwendige und sinnvolle PE-Maßnahmen, unter Berücksichtigung der entsprechenden Lebensphase, zu bestimmen. Es braucht ihr Bewusstsein, dass die Selbstentwicklung der Mitarbeitenden durch entsprechende Rahmenbedingungen gefördert werden sollte, z. B. durch Schaffen lern- und entwicklungsförderlicher Arbeitsstrukturen und kultureller Rahmenbedingungen, die Sensibilisierung der Mitarbeitenden hinsichtlich der Bedeutung des lebenslangen Lernens, durch das gezielte Erkennen und Fördern von Lernpotenzialen (bezogen auf die aktuelle Funktion und künftige Funktionen) und mittels Erstellen individueller Entwicklungspläne mit Fokus auf den Erhalt der Arbeitsmarktfähigkeit. Herausforderungen sind u. a.:

- Entwicklungsbereitschaft und -fähigkeit der Vorgesetzten, z. B. Führen im Sinne von Fordern und Fördern, gezielte und bewusste Entwicklung aller Mitarbeitendengruppen unabhängig von Alter, Geschlecht, Bildung und Hierarchiestufe (vor allem on the Job, aber auch off the Job), Vornehmen einer stimmigen Zuordnung der Mitarbeitenden zu einer Phase des laufbahn- und stellenbezogenen Lebenszyklus;
- Bewusstsein über eigene altersstereotype Einstellungen, Abbau von Vorurteilen;
- Schaffen einer lern- und entwicklungsförderlichen Organisationskultur trotz hoher Arbeitsbelastung und knapper Ressourcen.

Die *Personal- und PE-Abteilung* ist zuständig für die Entwicklung und Implementation lebenszyklusorientierter Instrumente und die Förderung lern- und entwicklungsförderlicher Rahmenbedingungen und Prozesse, z. B. Initiierung von Organisationsentwicklungsprozessen zur Schaffung einer lern- und entwicklungsförderlichen

Unternehmens- und Führungskultur, Integration des Lebenszyklusansatzes in die Führungsausbildung. Zu bewältigende Herausforderungen sind:

- Erstellen einer übersichtlichen Landkarte über vorhandene und fehlende lebenszyklusorientierte PE-Instrumente, konsequente Vernetzung der Instrumente, Fokussierung auf das Wesentliche;
- Entwickeln einfacher, effektiver PE-Instrumente für jede Phase des laufbahn- und stellenbezogenen Lebenszyklus;
- Schaffen systematischer und nachvollziehbarer PE-Prozesse in Abstimmung mit den Bedürfnissen der Linie und der Geschäftsleitung;
- oftmals knappe finanzielle und personelle Ressourcen, Aufzeigen der Wirkung der Maßnahmen (PE-Controlling).

Die Umsetzung der lebenszyklusorientierten PE ist ein systematischer Prozess, bei dem vorhandene Handlungsfelder in Abstimmung mit der Unternehmens- und der HR-/PE-Strategie bestimmt und vorhandene Instrumente hinsichtlich ihrer Relevanz und ihres Nutzens für die lebenszyklusorientierte Förderung der Mitarbeitenden überprüft werden. Auf dieser Basis können bestehende Instrumente bei Bedarf adaptiert und neue Instrumente zielgerichtet entwickelt und überprüft werden. Wesentlich ist zum einen die Konzentration auf einige wirkungsvolle PE-Maßnahmen und zum anderen, diese konsequent umzusetzen und regelmäßig hinsichtlich ihrer Wirkung zu überprüfen.

Literatur

BRUCH, H.; KUNZE, F.; BÖHM, S.: Generationen erfolgreich führen. Konzepte und Praxiserfahrungen zum Management des demographischen Wandels. Wiesbaden 2010

GRAF, A.: Lebenszyklusorientierte Personalentwicklung. Ein Ansatz für die Erhaltung und Förderung von Leistungsfähigkeit und -bereitschaft während des gesamten betrieblichen Lebenszyklus. Bern, Stuttgart, Wien 2002

GRAF, A.: Lebenszyklusorientierte Personalentwicklung. In: THOM, N.; ZAUGG, R. J. (Hrsg.): Moderne PE. Mitarbeiterpotenziale erkennen, entwickeln und fördern. Wiesbaden 2008, S. 265–281

GRAF, A.: Standortbestimmung – Kernelement einer lebenszyklusorientierten Personalentwicklung. In: ZÖLCH, M. u. a. (Hrsg.): Fit für den demografischen Wandel? Ergebnisse, Instrumente, Ansätze guter Praxis. Bern, Stuttgart, Wien 2009, S. 197–218

RADING, J.: Lebenszyklusorientierte Personalentwicklung in Zeiten des demographischen Wandels. Eine empirische Untersuchung mit dem Ziel, das Konzept zu validieren und Zusammenhänge mit personalstrategisch relevanten Variablen aufzuzeigen. Diplomarbeit: Freie Universität Berlin, Fachbereich Erziehungswissenschaften und Psychologie. Berlin 2008

RIMSER, M.: Generation Resource Management. Nachhaltige HR Konzepte im demografischen Wandel. Leonberg 2006

RUMP, J.; EILERS, S.: Managing Employability. In: RUMP, J.; SATTELBERGER, T.; FISCHER, H.
(Hrsg.): Employability Management. Grundlagen. Konzepte. Perspektiven. Wiesbaden 2006, S. 13–73

VOELPEL, S.; LEIBOLD, M.; FRÜCHTENICHT, J.-D.: Herausforderung 50 plus. Konzepte zum
Management der Aging Workforce: Die Antwort auf das demografische Dilemma.
Erlangen 2007

Clemens Volkwein

Potenziale jeden Alters nutzen – Personalmanagement im demografischen Wandel

Es gibt derzeit noch drei grundlegende Defizite bei der Beschäftigung mit dem demografischen Wandel: Weil es sich um ein Querschnittsthema handelt, das in verschiedene Lebensbereiche mit unterschiedlichen Wirkungen ausgreift, entziehen wir uns der Auseinandersetzung: Ein komplexes Thema wird als kompliziert, d. h. als unhandbar dargestellt. Ähnlich reagieren wir, wenn wir den demografischen Wandel in katastrophalen Zügen zeichnen – wir versperren uns so den Zugang zu konstruktiven Überlegungen. Zuletzt beschränken wir die uns bevorstehenden Veränderungen oft auf Ältere, anstatt anzuerkennen, dass sich das Gesicht unserer (Erwerbs-)Bevölkerung grundlegend und dauerhaft ändern wird. Der demografische Wandel verlangt uns deshalb eine neue Einstellung zum Alter und Altern ab und gute Ideen, darauf angemessen zu reagieren. Die Sozialpartner der chemischen Industrie setzen dazu ihren mächtigsten Hebel ein: den Tarifvertrag. Unternehmerische Kreativität und Planungsanstrengung wird dadurch aber nicht ersetzt.

1.   Einleitung

Haben wir uns in Deutschland einmal entschlossen, uns eines Themas anzunehmen, geschieht dies meist gründlich. Dies findet sich auch beim Umgang mit dem demografischen Wandel bestätigt, der mittlerweile von einer Vielzahl an Netzwerken und Initiativen (rebequa, Das Demographie Netzwerk ddn oder die Initiative Neue Qualität der Arbeit INQA), einem wachsenden Heer an Demografielotsen und -beratern, natürlich den Medien, aber auch von der Gesetzgebung aufgegriffen wird.[1] Je tiefer wir uns mit den dort diskutierten Themen beschäftigen, desto drängender stellen wir die Frage: Warum erst heute? Und: Welche Wege können wir gehen, um nicht bei Problemanalysen stehen zu bleiben, sondern Lösungen zu finden? Dieser Beitrag stellt dazu drei Instrumente vor: die Vorstellung einer Personalarbeit, die sich an Lebenszyklen orientiert, die Aufwertung der Personalfunktion im Unternehmen zu einem Gesprächspartner für die Geschäftsstrategie und einen gestalterischen Tarifvertrag.

---

1   Damit sind vor allem die umfangreichen Berichte der einschlägigen Enquete-Kommissionen auf Bundes- und Landesebene gemeint, aber besonders die beispielhaften Richtlinien zum Demografiecheck, wie sie bei der Erarbeitung und Förderung der integrierten ländlichen Entwicklung in Brandenburg seit 2006 zum Einsatz kommen. Ziel dieser Prüfung ist die langfristige Tragfähigkeit und Zweckbindung öffentlicher Investitionen, die Kalkulation der Folgekosten und der Beleg des praktischen Nutzens und der Wirtschaftlichkeit. (Auch die Einbeziehung demografischer Prüffragen in einen Normprüfbogen zur Abschätzung bürokratischer Folgen ist unter diese Bemühungen zu rechnen.)

2.   Wir sind der demografische Wandel – und müssen daraus Konsequenzen ziehen

Warum wird der demografische Wandel erst heute zum Thema gemacht, wenn seine Ausläufer in die Siebzigerjahre des letzten Jahrhunderts zurückreichen? Ein Teil der Antwort ist, dass uns diese Transformation erst bewusst wird, wenn sie die Leistungsträger einer Gesellschaft erfasst, diejenigen, die heute oder in Kürze eine Volkswirtschaft mit ihren Ideen und ihrer Arbeitskraft tragen sollen. Demografie lässt sich dann nicht mehr einfach den Kindern oder Alten zuweisen. Wahr ist aber auch, dass wir den demografischen Wandel nicht bemerkt haben – weil wir selbst Teil davon sind! Wer schon einmal einen Anzug zur Alterssimulation getragen hat, erfährt, wie es ist, in wenigen Minuten zu „vergreisen" und mit neuen Augen auf sich und seine Umgebung zu blicken: Dazu trägt auch eine Brille bei, die altersbedingte Einschränkungen beim Sehen simuliert. Dünne Handschuhe sollen ein Gefühl dafür geben, wie es ist, wenn die Fingerspitzen nicht mehr so empfindlich sind wie in jungen Jahren. Durch eine Gewichtsweste kommen neun Kilogramm extra hinzu. Wir sehen, was es bedeutet, im Alter etwas schwerer zu sein beziehungsweise auch weniger Kraft zu haben.

Ein solcher Alterssimulationsanzug soll uns keine Angst machen, er soll Bewusstsein für die Bedürfnisse und Veränderungen des Alters und Alterns schaffen. Oft schwingt im Reden von der Überalterung, der Vergreisung, nämlich ein abfälliger Ton mit, hinter dem jedoch steht, was jeder von uns persönlich ganz vorteilhaft findet: das Glück, länger leben zu dürfen – eine unserer großen kulturellen Errungenschaften. Bedenklich wird es, wenn wir die gewonnenen Jahre reflexartig mit Vorruhestand gleichsetzen. Bei Bismarck war das Renteneintrittsalter 70 Jahre. In den 90ern, bei höherer Lebenserwartung: 58. In Zukunft wird es (vorerst) bei 67 Jahren liegen. Bei der Bundesagentur für Arbeit gilt man jenseits der 45 schon als schwer vermittelbar. Es ist überdeutlich: Es gibt keine unveränderliche Altersgrenze. Alter ist ein Konstrukt. Hinderlich wird dieses Konstrukt, wenn wir mit älteren Arbeitnehmerinnen und Arbeitnehmern Vorstellungen wie nachlassende Kompetenz und Leistungsbereitschaft, geringe Lernfähigkeit, erhöhte Anfälligkeit für Erkrankungen oder geringere Motivation verbinden. Dies sind eindeutig Stereotype, die wenig mit der Realität zu tun haben. Um es genauer zu sagen: Dies sind Vorstellungen, die zutreffen können, aber nur in einem Umfeld, das die Chancen noch nicht realisiert, die sich daraus ergeben, die Potenziale jedes Lebensalters konsequent zu nutzen. Wenn es zuhauf Belege (z. B. das Projekt der Robert Bosch Stiftung zur „Erhaltung der beruflichen Leistungsfähigkeit und Motivation älterer Arbeitnehmer" [ELMA]) gibt für die Wandlung unserer Leistungsfähigkeit – nicht eines gesetzmäßigen Verfalls mit zunehmendem Alter –, der kognitiven Fähigkeiten und Motive für unsere Motivation, warum fühlen wir uns noch nicht am Ziel, Age Management als selbstverständlichen Teil der Unternehmensführung zu betrachten? Volkswirtschaftlich war die Heraufsetzung des Renteneintrittsalters zweifellos notwendig, damit dem Generationenvertrag bei der Verschiebung der Bevölkerungstektonik nicht vollends der Boden unter den Füßen weggezogen wird. Nur bleiben diese Maßnahmen so lange ohne Durchschlagskraft für die sozialen Sicherungssysteme bei Rente, Gesundheit und Pflege, bis wir auch volks- und betriebswirtschaftlich einsehen, was uns auf die nächste Entwicklungsstufe zur Wissensökonomie hievt: Unterschiedlichkeit. Unterschiedlichkeit im Alter und in den Generationen, im Geschlecht, in der Kultur und in den (Fach-)Kompetenzen.

3. Brauchen wir eigentlich ältere Arbeitnehmerinnen und Arbeitnehmer?

Ja, und um es auf den Punkt zu bringen: weil sie es können, weil sie es wollen und weil es keine schnell realisierbaren Alternativen zu deren verbesserter Integration gibt. Kurz zu allen Punkten:

Es gibt unzählige Untersuchungen, die zeigen, dass von einer grundsätzlichen Leistungseinschränkung bei Älteren nicht zu sprechen ist (BUCK, KISTLER und MENDIUS 2002, S. 66 ff.). Dieses Handicap kommt nur dann zum Tragen, wenn wir unflexibel im Nachdenken über die Gestaltung der Arbeit sind und bleiben. Der von der Wissenschaft dafür bereitgestellte Instrumentenkasten ist sehr umfangreich und reicht von altersgemischter Gruppenarbeit bis zu Workshops zur persönlichen Standortbestimmung, für den 50-Jährigen immerhin eine Zeit von 17 Jahren! Unser Ehrgeiz muss darin bestehen, diese Erkenntnisse anwendbar zu machen. Den Analysen ist nämlich nicht mehr viel hinzuzufügen, außer dass sie nur so lange für ein Unternehmen von Nutzen sein werden, wie sich aus deren Anwendung ein Wettbewerbsvorteil bzw. die Abwendung von Wettbewerbsnachteilen ableiten lässt. Das Zeitfenster dafür schließt sich bald, da wir heute am Beginn einer sich verschärfenden Dynamik beim Anteil der über 50-Jährigen in der chemischen Industrie in Hessen stehen, der 2004 21,4 Prozent betrug, 2008 auf 24,7 Prozent angestiegen ist, ein Plus von 3,3 Prozent, und in 2016 etwa bei 45,1 Prozent liegen wird, eine Steigerung gegenüber 2004 um +20,4 Prozent.[2] (Für die deutsche Erwerbsbevölkerung ist der Trend derselbe.) Da Personalarbeit nicht in „Echtzeit" funktioniert, sondern – gleich einem Tanker – zeitverzögert auf Kurskorrekturen reagiert, ist alles daranzusetzen, die

---

2 Bei diesen Zahlen handelt es sich lediglich um eine Fortschreibung der Altersstruktur gegenüber dem Jahr 2008, ohne Veränderungen des Personalbestandes. Auch wenn eine gewisse Dynamik im Personalkörper unterstellt werden kann, wird damit klar, in welchen Dimensionen sich die Generationenverhältnisse innerhalb der Erwerbstätigen verschieben.

Weichen heute mit dem richtigen Bewusstsein und Wissen zu stellen. Dazu zählen auch besonders jene Konzepte des Personalmanagements, die sich am Lebenszyklus orientieren (GRAF, 2001; DEKABANK 2007; RUMP, EILERS und GROH 2008).

Abbildung 1: **Dynamischer Verlauf des beruflichen Lebenszyklus**

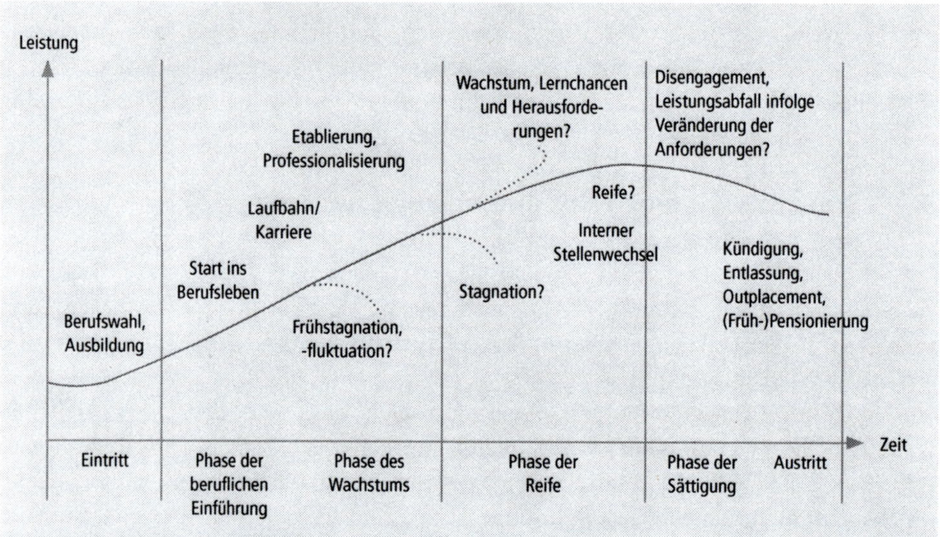

Quelle: Graf – Lebenszyklusorientierte Personalentwicklung, 2001

Diese Konzepte sind deshalb besonders wichtig, weil wir uns damit von reinen Altersdiskussionen lösen, die sich schnell im Kreis drehen können. Hier geht es darum, dass in bestimmten Lebensphasen, vom Berufseintritt bis zum Rentenübergang, spezifische Themenstellungen aktiviert und entsprechende „Krisen" ausgelöst werden. Wohldosierte, auf die zur Überwindung solcher Krisen ausgerichtete Angebote sind der Kern einer lebenszyklusorientierten Personalpolitik, die es ermöglicht, Mitarbeiterinnen und Mitarbeiter zu gewinnen, zu behalten und zu motivieren. Bis dahin ist es noch ein Stück, denn die heute verbreiteten Personalentwicklungskonzepte sind in der Regel darauf ausgerichtet, den Großteil der Belegschaft zum – meist kontinuierlich ansteigenden – Karrierehöhepunkt zu begleiten. An Zwischentönen mangelt es hingegen, wofür die echte Teilzeit am Ende des Erwerbsverlaufs ein simples Beispiel ist. Konzepte für die Weiterentwicklung nach Erreichen des Karrierezenits oder bei zeitlich begrenzter Stagnation (beispielsweise in der Zeit vor einem weiteren Karriereschritt) fehlen ebenfalls weitgehend. Nur wenn die betriebsspezifische Maßnahmenkonzeption an das Verständnis gebunden wird, diese Krisen zu meistern, können die vielfältigen Konzepte von Fachkarrieren, Mentorenmodellen, ergonomischer Arbeitsplatzgestaltung, berufsbegleitenden Lerneinheiten etc. ihre Wirkung, das heißt ihren Erfolg, voll entfalten.[3] Dazu muss den Personalverantwortlichen die Altersstruktur und Dynamik des Personalkörpers über den Zeitverlauf und in unterschiedlicher „Flughöhe" bzw. Detaillierung bekannt sein. Wichtig ist, dass aus der Überwindung dieser Krisen Vertrauen entsteht, welches Handlungsspielräume für weitere Lösungen eröffnet und so ein betriebliches „Umsetzungsregime" für demografiefeste Personalarbeit stärkt.

Zunächst soll betrachtet werden, wie es sich mit dem Wollen älterer Beschäftigter verhält, zuerst jener, die bereits aus dem Erwerbsleben ausgeschieden, aber noch voll arbeitsfähig sind. Ein Forschungsprojekt der Leuphana Universität Lüneburg und der Geneva Association, dem „Think Tank" der weltweit führenden Versicherungsgesellschaften, zeichnet erstmals ein empirisch fundiertes Bild der gegenwärtigen Situation von bezahlt oder ehrenamtlich tätigen Rentnerinnen und Rentnern in Deutschland, sogenannten „Silver Workers". Die Forschungsergebnisse beruhen auf einer umfassenden Befragung von rund 150 aktiven Ruheständlerinnen und Ruheständlern im Alter zwischen 60 und 85 Jahren.[4] Das Spektrum der Befragten reichte dabei vom ehemaligen Vorstandsmitglied bis zum Zimmermädchen. Was, so die Zielsetzung der Studie, sind oder müssten die wesentlichen Voraussetzungen für eine stärkere Mobilisierung dieser noch kleinen, künftig aber stark wachsenden Bevölkerungsgruppe sein? Und können aus der Beantwortung dieser Frage Anstöße für die Schaffung einer vierten Säule der Altersvorsorge entstehen, die auf einer Kombination aus Teilzeitarbeit und Rentenbezug in einer Übergangsphase nach dem Ruhestand beruhen könnte? Neben der staatlichen, betrieblichen und privaten Vorsorge würde diese vierte Säule der Altersversorgung in Zukunft zumindest das Potenzial darstellen, einen erheblichen Beitrag zur Stabilisierung der Alterssysteme und damit des Staatshaushaltes und volkswirtschaftlichen Humankapitals zu leisten. Was es dafür braucht, lässt sich in drei Handlungsfeldern bündeln. Mit Blick auf die Unternehmen tut eine Erweiterung des strategischen Personalmanagements um ein Konzept zur systematischen Mobilisierung und Eingliederung von „Silver Workers" not. Die Förderung einer Kultur der Wertschätzung für Ältere in den Unternehmen ist dafür die zwingende Ergänzung. Das Handeln der aktiven Ruheständler/-innen ist gegenwärtig nämlich primär durch nicht finanzielle Motive getrieben, z.B. das Bedürfnis nach Wertschätzung und flexiblen Arbeitszeiten, Selbstbestimmung und

---

3   Eine Übersicht von Handlungsansätzen und Instrumenten bietet neben anderen der Anhang der Veröffentlichung „Demographiebewusstes Personalmanagement", herausgegeben von der Bertelsmann Stiftung und der Bundesvereinigung der Deutschen Arbeitgeberverbände, 2008.

4   Projekt „Silver Workers". Vgl. dazu die Pressemitteilung vom 31.08.2007 „Leuphana Universität Lüneburg legt Untersuchung zu aktiven Ruheständlern in Deutschland vor". URL: http://idw-online.de/de/news223673. Forschungsbericht 2007 unter www.silverworkers.ch (in englischer Sprache).

Entscheidungsfreiheit sowie einer angepassten Beanspruchung. Sollte Altersarbeit angesichts der absehbaren Defizite der bestehenden Vorsorgesysteme für eine zunehmende Zahl von älteren Beschäftigten zur Notwendigkeit werden, lohnen sich vorausschauende Gedanken um deren betriebliche Integration. Die Politik wiederum ist aufgefordert, attraktive gesetzliche Rahmenbedingungen für „Silver Workers" zu schaffen und die Altersarbeit auf eine verbindliche gesetzliche Grundlage zu stellen. Die volkswirtschaftliche Bedeutung dieses Ansatzes streicht Patrick M. Liedtke, Generalsekretär und Managing Director der Geneva Association, hervor: „Die verbesserte Integration von ‚Silver Workers' in das Arbeitsleben ist weit mehr als nur eine Frage der Altersvorsorge. Es geht um grundlegende Aspekte der künftigen Wettbewerbsfähigkeit unserer Unternehmen, der Stabilität der Staatshaushalte sowie des gesellschaftlichen Umgangs mit einer sich dramatisch ändernden Altersstruktur der Bevölkerung. Letztlich adressiert die vorliegende Studie die langfristigen Grundlagen von Wachstum und Wohlstand in Deutschland."[5] Ebenso wichtig wird auch sein, die durch goldene Handschläge und staatlich geförderte Vorruhestandsprogramme herangezüchtete Mentalität unter weiten Teilen der heute Erwerbstätigen zu durchbrechen, deren einziges Ziel im möglichst frühen Ausstieg aus dem Erwerbsleben bestand. Sehen wir einmal von den psychologischen Motiven für Arbeit (Sinnstiftung, Wettbewerb als positiver Stress etc.) ab, da dies ohnehin oft als etwas skurriler Diskussionseinwurf gesehen wird: Eine – zumindest ungefähre – Bindung der Lebensarbeitszeit an die Lebenserwartung, versehen mit intelligenten Differenzierungen, ist nicht nur geboten, sondern absolut notwendig. Ansonsten schlägt nämlich die Verrentungswelle der Baby-Boomer-Generation mit unverminderter Härte auf die Sozialsysteme und die unternehmerische Wettbewerbsfähigkeit durch, eine Entwicklung, der sich jeder Einzelne und jedes Unternehmen entgegenstemmen muss. Nur dürfen wir für diesen Perspektivwechsel nicht auf den anderen zeigen, sondern müssen selbst vorangehen, damit ein positiver, sich selbst verstärkender Kreislauf entstehen kann: Die größte Anerkennung erntet dann der, der am längsten arbeiten kann und (immer wieder) gebraucht wird. Ausgleiten, Fachkarrieren, Seniorberater …, alles Begriffe, die uns auf dem Weg zu dieser Flexibilität unterstützen, jedoch nicht die Verantwortung abnehmen können.

Älteren Arbeitnehmerinnen und Arbeitnehmern fehlt es unter bestimmten Umständen nicht am Können, und das Gleiche gilt für das Wollen. Noch offen ist bislang, ob es Alternativen gibt, z. B. durch die Rekrutierung von Fach- und Führungskräften aus dem Ausland. Vielleicht kann man sich Aufwand und Kraft – und sicher auch viel Empörung – ersparen, die die Einführung z. B. von Altersarbeit nach sich ziehen

---

5   Vgl. dazu die Pressemitteilung vom 31.08.2007 „Leuphana Universität Lüneburg legt Untersuchung zu aktiven Ruheständlern in Deutschland vor". URL: http://idw-online.de/de/news223673 (Stand: 30.07.2010).

würde. Betrachten wir die Fakten: Migrantinnen/Migranten, so sagt es der erste Kurzbericht des Instituts für Arbeitsmarkt- und Berufsforschung (IAB) aus dem Jahr 2008, sind in den USA, Kanada und Australien sehr viel höher qualifiziert als in Deutschland und Frankreich (BRÜCKER und RINGER 2008). Zudem sind sie in den klassischen Einwanderungsländern im Durchschnitt auch deutlich besser ausgebildet als die Bevölkerung ihrer Herkunftsländer. Die Zuwanderer in Deutschland verfügen dagegen sogar über niedrigere Bildungsabschlüsse als ihre Landsleute daheim. Personalstrategien, die auf die Hoffnung setzen, dass Zuwanderung den abnehmenden Pool an jungen Erwerbspersonen kompensieren könnte, vergessen zwei Dinge: Nicht nur die Branchen innerhalb Deutschlands werden im Wettbewerb um Nachwuchskräfte stehen, selbst in Ballungsgebieten wie Rhein-Main, das nach den absoluten Bevölkerungsprognosen zu den demografischen Gewinnern zählen wird.[6] Auch die entwickelten Industriestaaten durchlaufen den kommenden demografischen Übergang in ähnlicher Weise, wobei Alterung und Schrumpfung in Deutschland vergleichsweise früh und gravierend ablaufen, was dem Standort eine Vorreiterrolle verschaffen könnte. Die „Flucht nach vorne", Alternativen anstatt immer gleicher Rekrutierungsstrategien, Flexibilität im Erwerbsverlauf anstatt „Blockdenken" (Ausbildung, Beruf, Rente) – dies ist die Richtung für die Produktion von morgen in Hessen und Deutschland.[7] Doch auch wenn es gelänge, die Zuwanderung wie in Kanada, Australien und den USA nach einem Punktesystem zu steuern, das neben den Bildungsabschlüssen auch Berufserfahrung und das Lebensalter berücksichtigt, würde auch bei einer stark veränderten Einwanderungspolitik die Qualifikation der Migrantinnen/Migranten in Deutschland erst mittel- und langfristig spürbar steigen. Die Qualifikationsstruktur der Bevölkerung mit Migrationshintergrund rasch zu beeinflussen würde es erforderlich machen, den Umfang der Zuwanderung deutlich zu erhöhen. Angesichts der in regelmäßigem Abstand aufflammenden Integrationsdebatten scheint dies unrealistisch.

4.   Personal für das Geschäft von morgen

In Zukunft wird der größere Teil der Beschäftigten über 50 Jahre alt sein. Schon heute wird Unternehmen wie Betrieben nur zu deutlich bewusst, dass sie auf die älteren Mitarbeiterinnen und Mitarbeiter keinesfalls verzichten können. Sicher löst diese Einsicht

---

6   Zu der Bevölkerungsentwicklung siehe www.wissensportal-frankfurtrheinmain.de/index.dfm?siteid=73; siehe auch www.destatis.de, Bevölkerungsentwicklung.
7   Die Vielzahl anschaulicher Überlegungen zu den Seniorenmärkten, einem Wachstumstreiber des demografischen Wandels, wird in diesem Beitrag bewusst ausgespart. Neue, lukrative Märkte zu erschließen sollte die Triebfeder jeder Unternehmung sein, weshalb in diesem Beitrag darauf ein geringeres Augenmerk liegt als auf möglichen Personalrisiken.

Konflikte aus, stellt Ansprüche an das Führungsverhalten und Personalmanagement, an das Arbeitsumfeld und die Urteile in unseren Köpfen. Doch was ist die Alternative? Die Schülerzahlen in Deutschland verringern sich von 2005 bis 2015 um 14 Prozent, was weit über dem Rückgang im OECD-Durchschnitt liegt. Gleichzeitig ist Deutschland ein Entwicklungsland bei den 25- bis 64-Jährigen, die an Aus- und Weiterbildungsmaßnahmen teilnehmen: Die Arbeitsproduktivität im gesamten Alterungsprozess konstant hochzuhalten und sich von einem eindimensionalen Innovationsbegriff abzukehren, gleichgesetzt mit neuartigen Produkten, ist darum oberste Maxime. Demografie- oder Altersstrukturanalysen sind dafür ein guter Ausgangspunkt, denn sie zeigen – egal welche Altersstruktur für das Unternehmen oder bestimmte Unternehmensbereiche, Jobfamilien, Standorte oder Qualifikationsprofile konkret ermittelt wurde –, wo über die Zeit hinweg Kapazitätsengpässe erkennbar sind.

Abbildung 2: **Demografieanalyse – Kompass für strategische Personalentscheidungen**

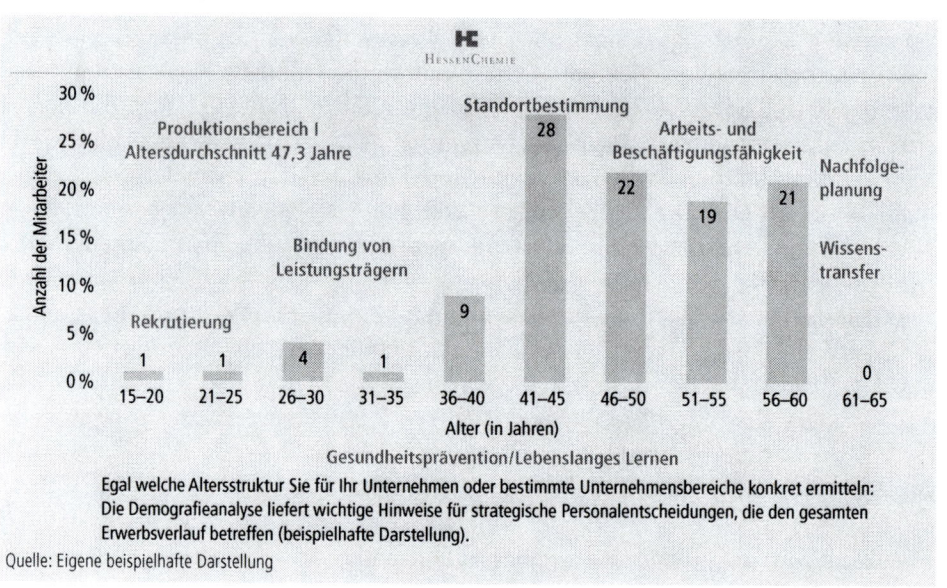

Quelle: Eigene beispielhafte Darstellung

Solche einfachen Bilder können der Ausgangspunkt sein, über passende Anpassungsstrategien der Personalpolitik zu diskutieren, wobei an diesem Punkt der anspruchsvolle Teil beginnt. Risiken des Personalkörpers vom heutigen Standpunkt aus betrachtet sind nämlich rasch ermittelt, Leitfragen für die Diskussion der personalpolitischen Ausgangslage schnell identifiziert:

- Steht eine ausreichende Zahl von Nachwuchskräften zur Verfügung (eigene Auszubildende, Hochschulabsolventen, extern eingestellte Fachkräfte)?

- Wie hoch ist die Fluktuation bei jungen Mitarbeiterinnen und Mitarbeitern, Schlüsselpersonen, Führungskräften usw.? Kennen wir die Gründe hierfür?
- Wie sieht die Qualifizierungsbeteiligung im Unternehmen nach Alters- und Funktionsgruppen heute aus?
- Wie ist der Wissenstransfer zwischen Jung und Alt organisiert?
- Welche Besonderheiten ergeben sich aus der Analyse von Fehlzeiten (AU)?
- Gibt es Bereiche mit besonders hohen AU-Daten? Wie sieht die Teilnahme an Maßnahmen zur Gesundheitsförderung aus? usw.

An diesen Punkt zu gelangen ist gar nicht so schwer; aussagekräftige Personaldaten, sachgerechter Umgang mit Excel und etwas Vorstellungsvermögen reichen dazu aus. Der Knackpunkt folgt bei Simulationen: Sobald an Planungsmodellen dieser Art geschraubt wird, kommt jedem Human-Ressource-Business-Partner bald die Einsicht, dass Einblick in und Dialog mit der Geschäftsstrategie der Dreh- und Angelpunkt sind, damit eine demografieorientierte Personalarbeit in der internen Wahrnehmung des Unternehmens nicht als Anhängsel von Strategieentscheidungen des Geschäfts gesehen wird. Personal wird nur dann zu einem Kriterium, ob ein bestimmtes Geschäft überhaupt betrieben werden kann, wenn es gelingt, eine Schnittstelle zur Geschäftsstrategie einzurichten (Abbildung 3).

Abbildung 3: Schnittstellen zur Unternehmens-/Geschäftsfeldstrategie

In einen solchen Planungsprozess sind ausdrücklich auch die Bereichs- und Funktionalstrategien eingebunden, da hier das feinste Sensorium und größte Wissen, beispielsweise zum künftigen Bedarf an bestimmten Qualifikationen, vorhanden ist.

Ohne diesen Schritt leidet auch die Produktentwicklung, worauf das Human-Ressource-Management insistieren muss. Der Wettlauf um die Märkte wird nicht nur mit guten Ideen gewonnen. Sie müssen auch in marktgängige Produkte umgesetzt werden, und zwar in der vom Markt geforderten Geschwindigkeit. Vieles vom vorhandenen Wissen veraltet schnell. Immer bedeutsamer wird die Fähigkeit, ständig neues und weit verstreutes Wissen so aufzunehmen und zu verarbeiten, dass es rasch in der alltäglichen Arbeit genutzt werden kann. Trotzdem darf wichtiges „Erfahrungswissen" nicht verloren gehen. Da hierbei immer mehr Einzelheiten, Vorwissen, Randbedingungen usw. zu berücksichtigen sind, muss das an vielen Stellen verstreut vorhandene Wissen gut organisiert und zusammengeführt werden. Ein Personalmanagement, das es in den künftigen Jahren nicht versteht, etwa das Wissen der ausscheidenden Baby-Boomer-Generation in diesem Sinne zu händeln, wird schlicht die Produktwünsche des Marktes gar nicht oder nicht in der entsprechenden Qualität bereitstellen können. Die sukzessive Anpassung der Qualifikationen an die rapide Ausbreitung neuer Technologien, besonders im Informations- und Kommunikationsbereich, ist ebenfalls ein Dauerbrenner, um zu verdeutlichen, wie wichtig es ist, zukünftige Anforderungsprofile von Produktionsarbeit in allen Ebenen aufzuzeigen und entsprechende Qualifizierungsmaßnahmen auf die zu erwartenden Leistungs- und Qualifikationspotenziale abzustimmen. Die von der SICK AG in Waldkirch vorbildhaft betriebenen altersgemischten Teams oder das „Generations"-Programm von ABB machen deshalb in erster Linie ökonomisch Sinn: als Bausteine eines betrieblichen Generationen-Managements für den demografischen Wandel.

5.   Die Chemie-Formel: Der Tarifvertrag „Lebensarbeitszeit und Demografie"

Die in diesem Beitrag skizzierten Gedanken liegen auch dem Tarifvertrag „Lebensarbeitszeit und Demografie" zugrunde, mit dem der Bundesarbeitgeberverband Chemie (BAVC) und die Industriegewerkschaft Bergbau, Chemie, Energie (IG BCE) im Jahr 2008 ein umfassendes und differenziertes Bündel von Instrumenten und Regelungen vereinbart haben, dem demografischen Wandel in Unternehmen zu begegnen. Diesem Abschluss eilt der Ruf innerhalb und außerhalb der Branche voraus, als „tarifpolitischer Meilenstein" und „wegweisend" zu gelten, da dessen qualitative und komplexe Gestaltungselemente die Balance zwischen obligatorischen und freiwilligen Bestandteilen halten:

- Durchführung einer Demografieanalyse (Alters-/Qualifikationsstrukturen);
- Maßnahmen zur alters- und gesundheitsgerechten Gestaltung des Arbeitsprozesses mit dem Ziel der Verbesserung der Beschäftigungs- und Leistungsfähigkeit;
- Maßnahmen zur Qualifizierung während des gesamten Arbeitslebens;

- Maßnahmen der (Eigen-)Vorsorge und Nutzung verschiedener Instrumente für gleitende Übergänge zwischen Bildungs-, Arbeits- und Ruhestandsphase.

Damit ist die Möglichkeit gegeben, die Unternehmens- und Arbeitskultur alters- und alternsgerecht zu gestalten. Die Chemiepartner haben die ersten Schritte erfolgreich absolviert. Die Demografieanalyse in den Betrieben wurde nach Angaben von BAVC und IG BCE Ende 2009 vereinbarungsgemäß abgeschlossen. Die Altersstruktur der Belegschaften in den Unternehmen der chemischen Industrie ist jetzt klar. Die Unternehmen wissen, wann und in welchem Umfang Mitarbeiterinnen und Mitarbeiter in den Ruhestand gehen werden, wann neue Arbeitnehmerinnen und Arbeitnehmer eingestellt werden müssen und was in der Zwischenzeit geschehen muss. Nun stehen die weiteren Umsetzungsschritte an, an deren Praxistauglichkeit sich die Sozialpartner messen lassen müssen. HessenChemie ist als Wissensdienstleister seiner Mitgliedsunternehmen bereit, den Lackmustest anzutreten, der unweigerlich ansteht, möchte man beweisen, dass es wirtschaftlich sinnvolle und praktikable Strategien für die betriebliche Bewältigung des demografischen Wandels gibt.[8]

Literatur

BERTELSMANN STIFTUNG; BUNDESVEREINIGUNG DER DEUTSCHEN ARBEITGEBERVERBÄNDE (Hrsg.): Demographiebewusstes Personalmanagement für die betriebliche Praxis. Gütersloh 2008

BRÜCKER, H.; RINGER, S.: „Vergleichsweise schlecht qualifiziert". Institut für Arbeitsmarkt- und Berufsforschung. IAB Kurzbericht 1/2008

BUCK, H.; KISTLER, E.; MENDIUS, H. G.: Demographischer Wandel in der Arbeitswelt – Chancen für eine innovative Arbeitsgestaltung. Stuttgart 2002

DEKABANK: Lebenszyklusorientierte Personalarbeit: Die personalpolitische Antwort der DekaBank auf den demografischen Wandel. – URL: http://www.iwkoeln.de/Portals/0/pdf/pressemappe/2008/pma_180608_54studiengespraech_lambeck.pdf (Stand: 30.07.2010)

GRAF, A.: Lebenszyklusorientierte Personalentwicklung – Ein Ansatz für die Erhaltung und Förderung von Leistungsfähigkeit und -bereitschaft während des gesamten betrieblichen Lebenszyklus. In: io Management Zeitschrift 3/2001, S. 24–31

RUMP, J.; EILERS, S.; GROH, S.: Strategie für die Zukunft – Ein Leitfaden für Unternehmen zur Bindung und Gewinnung von Mitarbeiterinnen und Mitarbeitern. Mainz 2008

---

8   Hintergrundinformationen sowie zahlreiche Praxisbeispiele zur Umsetzung des „TV Demo" finden sich in der Veröffentlichung „Der Demografie-Tarifvertrag in der hessischen Praxis", herausgegeben von Dr. Axel Schack und Clemens Volkwein. Mitglieder der HessenChemie können den 160-seitigen Band kostenlos über www.hessenchemie.de anfordern. Nichtmitglieder erhalten das Buch für 20 Euro beim F.A.Z.-Verlag: faz@kno-va.de, www.fazbuch.de.

Rudolf Kast

Personalmanagement im Vorfeld des demografischen Wandels

Der demografische Wandel zeichnet sich in Deutschland bereits in vielen Berei-
chen deutlich ab und verändert die Gesellschaft. Die Geburtenraten sinken oder
stagnieren, und die Lebenserwartung steigt kontinuierlich: Die Bevölkerungszahl
sinkt seit dem Jahr 2003. Damit Deutschland auch in Zukunft im internationalen
Wettbewerb bestehen kann, darf das Potenzial Älterer nicht ungenutzt bleiben. Äl-
tere weisen in der Regel langjährige Berufserfahrungen, wertvolles Know-how sowie
eine ausgeprägte Teamkompetenz auf. Die Erwerbsbeteiligung Älterer muss daher
erhöht werden, um den wirtschaftlichen Wohlstand in einer alternden Gesellschaft
zu sichern. Das Beispiel der SICK AG zeigt anhand ausgewählter Beispiele, wie dies
erreicht werden kann.

1.   Zur SICK AG

Die SICK AG ist einer der weltweit führenden Hersteller von Sensoren und Sen-
sorlösungen für industrielle Anwendungen. Das 1946 von Dr.-Ing. e. h. Erwin Sick
gegründete Unternehmen mit Stammsitz in Waldkirch im Breisgau zählt zu den
Technologie- und Marktführern und beschäftigt mehr als 5.000 Mitarbeiter/Mitar-
beiterinnen. Mit 50 Tochtergesellschaften und Beteiligungen in 30 Ländern sowie
vielen spezialisierten Fachvertretungen ist die SICK AG rund um den Globus präsent. Im Geschäftsjahr 2009 erzielte der SICK-Konzern einen Umsatz in Höhe von
596 Mio. Euro.

Seit 2003 nimmt die SICK AG erfolgreich am Wettbewerb „Deutschlands Beste
Arbeitgeber" teil. Im Rahmen dieses Wettbewerbes wurden der SICK AG in den Jah-
ren 2005, 2006, 2007, 2008 und 2009 die Sonderpreise „Lebenslanges Lernen",
Förderung älterer Mitarbeiter" (bereits zum zweiten Mal), „Chancengleichheit der
Geschlechter" und „Gesundheit" verliehen. Im Nachfolgenden werden einige beispiel-
hafte Instrumentarien des Demografiemanagements bei der SICK AG behandelt.

2.   Zeitwertkonten für die Lebensplanung

Das starke Wachstum der SICK AG erfordert eine Ausweitung der Kapazitäten in
allen Unternehmensbereichen. Um den daraus resultierenden Anforderungen gerecht zu werden, wurde im Jahr 2004 eine erweiterte Arbeitszeitflexibilisierung ein-
geführt, die auch die Implementierung von Zeitwertkonten zur Folge hatte.

Im Gleitzeitmodell für die Produktion können die dort Beschäftigten bei entsprechendem Kapazitätsbedarf in Absprache mit ihren Vorgesetzten maximal 80 Stunden pro Jahr auf dem Gleitzeitkonto speichern.

Abbildung 1: **Gleitzeit Produktion**

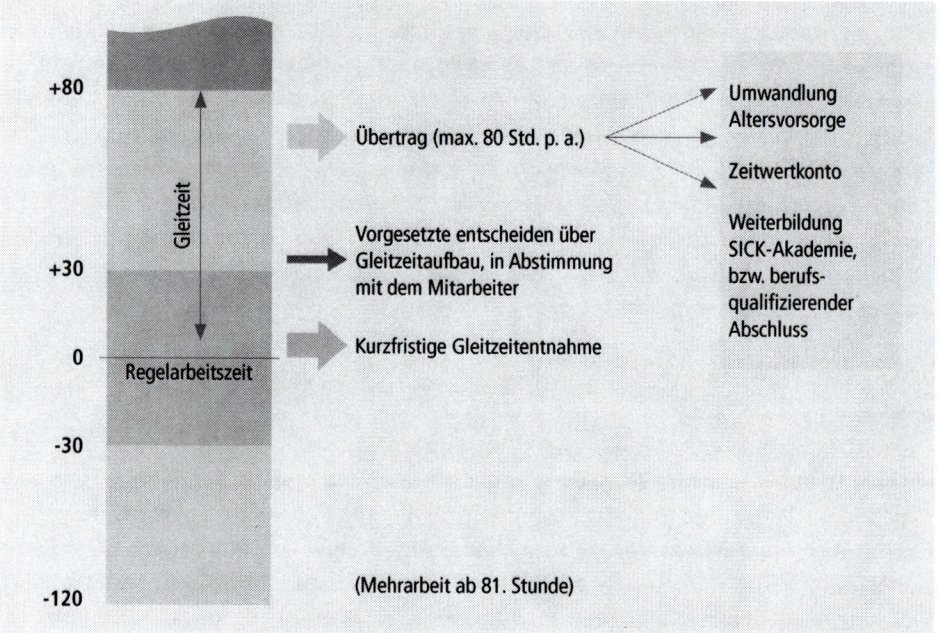

Für die Verwendung des Gleitzeitguthabens haben die Beschäftigten verschiedene Optionen. Zunächst kann die Gleitzeit zum kurzfristigen Abbau verwendet werden, um Freizeitinteressen zu verwirklichen. Entscheidet sich der/die Beschäftigte für eine Umwandlung, so kann er/sie die Zeit in Geld umwandeln und klassisch zur Altersvorsorge durch Einzahlung in die von der SICK AG angebotene Metall-Pensionskasse verwenden. Hierdurch wird ihre/seine gesetzliche Rente durch eine eigenfinanzierte betriebliche Rente erhöht. Sie/Er kann aber auch die auf dem eigenen Gleitzeitkonto angesammelte Zeit eins zu eins in eine freiwillige und nicht berufsbedingte notwendige Seminarmaßnahme investieren.

Abbildung 2: **Das Prinzip des Zeitwertkontos**

Die SICK-Beschäftigten verwenden ihr Guthaben überwiegend, um eine ruhestands-
nahe Freistellung vor der Rente zu finanzieren. Je nach Anlagetypus stehen dafür
drei Modelle zur Verfügung, die auf Vorschlag des externen Beraters bzw. der Bera-
terin vom Arbeitgeber und Betriebsrat ausgesucht wurden: Die „Lebenszyklusmodelle" (Ausgewogenheit und Wachstum) unterscheiden sich in der Höhe und Verteilung
von Aktien-, Renten- und Geldmarktanteilen und berücksichtigen so unterschiedliche
Anlagestrategien der Beschäftigten, die durch intensive Informations- und Beratungs-
veranstaltungen seit der Einführung des Zeitwertkontos dieses Instrument schätzen
gelernt haben. Insgesamt nutzen heute ca. 50 Prozent der Berechtigten diese Möglichkeit überwiegend durch Einzahlung in die Lebenszyklusmodelle zur Finanzierung der
ruhestandsnahen Freistellung. Diese positive Entwicklung wird sich angesichts des
Auslaufens der Altersteilzeit im Jahr 2009 und der Erhöhung des Renteneintrittsalters
auf 67 Jahre verstärken, denn das Zeitwertkonto ist derzeit die einzige gestalterische
Alternative und bietet eine Reihe von Gründen, in die Zukunft zu investieren:

- Unterstützung der individuellen Berufs- und Lebensplanung;
- hohe Flexibilität der Einbringung und Auszahlung;
- in der Einzahlung sind die Beiträge steuer- und sozialversicherungsfrei, sodass
  ein hoher Bruttobetrag verzinst wird, von dem der Mitarbeiter/die Mitarbeiterin
  bei Auszahlung trotz Steuern und Sozialversicherungsbeiträge profitiert;
- ein innovatives, altersbezogenes Anlagekonzept (Lebenszyklusmodell);

- Sicherheit durch Insolvenzschutz durch ein Treuhandmodell. Der/Die Mitarbeiter/-in hat im Sicherungsfall einen eigenständigen Anspruch auf das auf seinen/ihren Namen laufende Depotkonto bei einem externen Treuhänder, in unserem Firmenbeispiel eine Bank.

3.   Qualifizierung/Wissensmanagement

Generell wird von der SICK AG der Grundsatz des lebenslangen Lernens vertreten, der seit 1995 in den Unternehmensleitlinien verankert ist. Jede/r Beschäftigte, auch der/die ältere, so das Credo, muss die Chance haben, sich weiterzuentwickeln und zu qualifizieren. Somit nehmen alle Mitarbeiter/-innen aller Generationen und Altersgruppen am Weiterbildungsgeschehen teil. Das bedeutet, dass die SICK AG auch dann in einen Mitarbeiter/eine Mitarbeiterin investiert, wenn er/sie nur noch vergleichsweise kurz im Unternehmen bleiben wird. Ein zentrales Element dieses kontinuierlichen Entwicklungsprozesses bildet der performanceDIALOG, in dem im Rahmen von Zielvereinbarungen die eigenen Entwicklungsziele abgesteckt und Wege zur Umsetzung vereinbart werden. Die Weiterbildungsformen bei der SICK AG umfassen im Grunde die ganze Palette:

- bedarfsgerechte interne und externe Weiterbildung von Betriebsangehörigen aller Qualifikationsgruppen (u. a. fachliche Qualifizierung, EDV-Qualifizierung, Gruppen- und Kommunikationsentwicklung);
- altersgemischte Team- und Gruppenarbeit mit weitreichender Verantwortung;
- intergenerationelles Lernen durch bewussten Einsatz erfahrener Mitarbeiter/Mitarbeiterinnen in Projektteams;
- Abwechslungsreichtum in der Arbeit, u. a. durch Rotation und Tätigkeitswechsel;
- lernförderliche Gestaltung der Arbeit.

Die Besonderheit der flexiblen Arbeitszeiten bei den Weiterbildungsprojekten ist, dass Beschäftigtengruppen die angesammelten Zeitsalden auch in freiwillige Weiterbildungsprogramme investieren können. Sofern sich Gruppen von sechs bis acht Mitarbeiterinnen und/oder Mitarbeitern zusammenschließen, die z. B. Italienisch lernen wollen, obwohl sie dies berufsbedingt nicht benötigen, organisiert die Personalentwicklung im Rahmen der SICK-Akademie einen Kurs für diese Gruppe. Die notwendige Weiterbildungszeit können die Mitarbeiter/-innen aus dem Gleitzeitsaldo heraus in diese Weiterbildung investieren.

Das Forschungsprojekt „Lebenslang gesund arbeiten" (LEGESA)
LEGESA als Demografieprojekt ist Bestandteil eines Forschungsverbundes und Teilprojekt der Fokusgruppe „Gesundheitsförderung im demografischen Wandel"

unter dem Metaprojekt „Strategischer Transfer im Arbeits- und Gesundheitsschutz" (StArG). Ziel von LEGESA (www.lebenslang-gesund-arbeiten.de) ist eine demografie-sensible Erneuerung der betrieblichen Gesundheitspolitik und die Entwicklung eines betriebsübergreifenden Curriculums zur demografieorientierten Prävention. Dabei geht es vor allem um die Behebung und Milderung psychischer Fehlbelastungen, die eine Herausforderung der modernen Arbeitswelt darstellen. Ein zukünftiger Präventionsgedanke reicht weit über den klassischen Arbeits- und Gesundheitsschutz und übliche Verhaltensprävention hinaus und verlangt, neue Wege zu gehen.

Im Rahmen dieser Zielsetzung werden bei der SICK AG im Forschungsprojekt LEGESA verschiedene Themenfelder bearbeitet, die unter der Projektüberschrift LEGESA in Richtung Demografiefestigkeit weiterentwickelt und hier anhand zweier Beispiele erläutert werden:

1. Ansatzpunkt Fachlaufbahn: Altersgerechte Entwicklungswege,
2. Ansatzpunkt Arbeitszeitgestaltung: Alternsgerechte Schichtarbeit.

Das **Themenfeld Altersgerechte Entwicklungswege** zielt auf eine Erweiterung der beruflichen Entwicklungsmöglichkeiten im Sinne eines vertikalen Karrierepfades ab. Entwicklungsingenieure und -ingenieurinnen geraten nach einer gewissen Betriebszugehörigkeit an die Peripherie des Innovationsprozesses, weil es an motivierenden Entwicklungswegen fehlt. Mit Ausnahme von wenigen Führungspositionen gibt es jedoch keine Angebote, die eine entsprechende Wertschätzung vermitteln. Eine Erweiterung beruflicher Entwicklungsmöglichkeiten in vertikale Bereiche bedeutet neben dem Aspekt der Wertschätzung gleichzeitig eine Flexibilisierung der Arbeitskarriere und bietet einen wichtigen Beitrag zum gesunden Altern durch abwechslungsreiche Berufsverläufe.

Es hat sich gezeigt, dass Bedarf an der Fachlaufbahn besteht. Trends haben sich bestätigt bzw. wurden bestärkt: Projektleiter/Projektleiterinnen oder Teamleiter/Teamleiterinnen sind keine wirkliche Alternative zur Führungskarriere, da der Wunsch dieser befragten Mitarbeiter/Mitarbeiterinnen sehr stark in die Richtung geht, sich langfristig etwas aus der unmittelbaren Projektarbeit zurückzuziehen, dafür jedoch im Rahmen von fachübergreifenden Tätigkeiten und neuen Technologiefeldern ihre fachlichen Erfahrungen nutzen zu können.

Beim **Themenfeld Alternsgerechte Schichtarbeit** handelt es sich um eine Aktivitätenmatrix, die die Ausgangsfrage stellt: Was müssen wir heute bei der Schichtarbeit beachten, um langfristige Beschäftigungsfähigkeit zu gewährleisten? Ziel dieses Themenfelds Alternsgerechte Schichtarbeit ist es, die Möglichkeiten der „Humanisierung" der Schichtarbeit für Ältere herauszuarbeiten und ein gesundheitsgerechtes Schichtarbeitsmodell zu entwickeln, das für alle Altersgruppen gangbar ist. Dabei ist die Ermöglichung des Ausstiegs eine Facette. Im Mittelpunkt jedoch steht die Diskussion der „Lebensphasenorientierung" und nicht die des Ausstiegs. Ein zukünftiges Modell zur Schichtarbeit soll darüber hinaus der Erhaltung der Arbeits- und Beschäftigungsfähigkeit der Mitarbeiter und Mitarbeiterinnen dienen und eine bessere Planbarkeit für die Beschäftigten zum Beispiel im Fall einer Notwendigkeit der Pflege von Angehörigen (Work-Life-Balance) ermöglichen. Schließlich soll ein neues Modell auch den zunehmenden Erfordernissen der Flexibilisierung und damit dem Erhalt der Wirtschaftlichkeit Rechnung tragen.

Abbildung 3: **Entwicklungsperspektive Fachlaufbahn bei SICK AG**

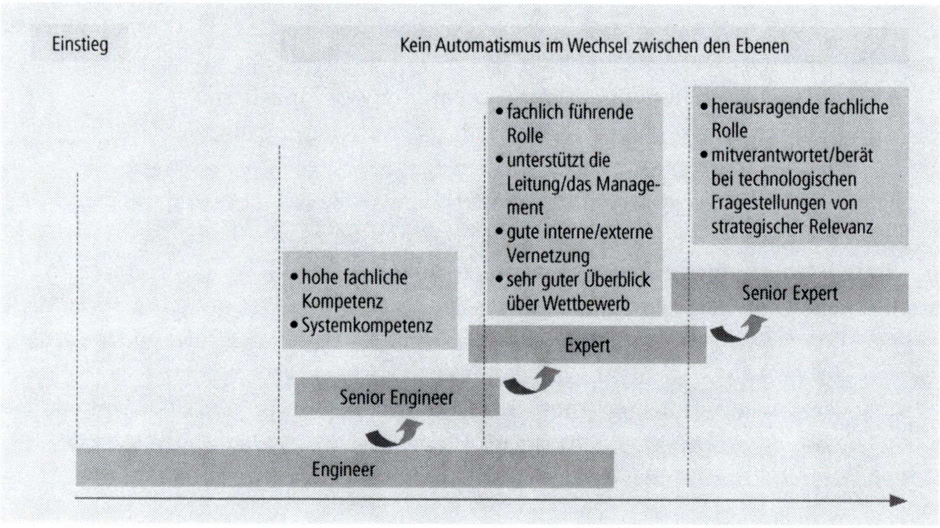

Neben einer Bestandsaufnahme existierender Schichtsysteme im Unternehmen wie auch andernorts praktizierter innovativ anmutender Schichtmodelle wird deutlich, dass der Schlüssel bei der Entwicklung eines neuen Schichtmodells in der Lebensphasenorientierung liegt. Als weiterer zentraler Punkt vorhandener Schichtmodelle im Unternehmen zeigt sich der Konflikt zwischen Maschinenlaufzeiten und monetären Anreizen der Nachtschicht auf der einen Seite und der Gesundheit der Beschäftigten auf der anderen Seite. Viele Mitarbeiter/-innen berechnen die Nachtschichtzuschläge in ihre Lebensplanung mit ein. Bestandsaufnahme und Gruppeninterviews mit dem Personal aus allen Schichtbereichen haben schließlich zum Modell der „freiwilligen und begrenzten Dauernachtschicht" geführt. Auf den ersten Blick mag es paradox anmuten, dieses Modell an der einen oder anderen Stelle entgegen arbeitswissenschaftlicher Erkenntnisse wie beispielsweise die von BEERMANN (2005) als Ergebnis gesundheitsverträglicher Schichtsysteme zu nennen. Bei näherer Betrachtung wird deutlich, dass das Modell große Vorteile mit sich bringt. Müssen sich nach dem „alten" Modell relativ viele Mitarbeiterinnen und Mitarbeiter immer wieder auf eine Phase der Nachtarbeit einstellen und den biologisch, sozial und psychisch komplizierten Wechsel im 3-Schicht-Betrieb über die gesamte Berufsbiografie hinweg bewältigen, so können sich mit dem neuen Modell einzelne Beschäftigte für eine festgelegte Zeitperiode zur Nachtschicht entscheiden.

Abbildung 4: **Modell der freiwilligen und begrenzten Dauernachtschicht bei der SICK AG**

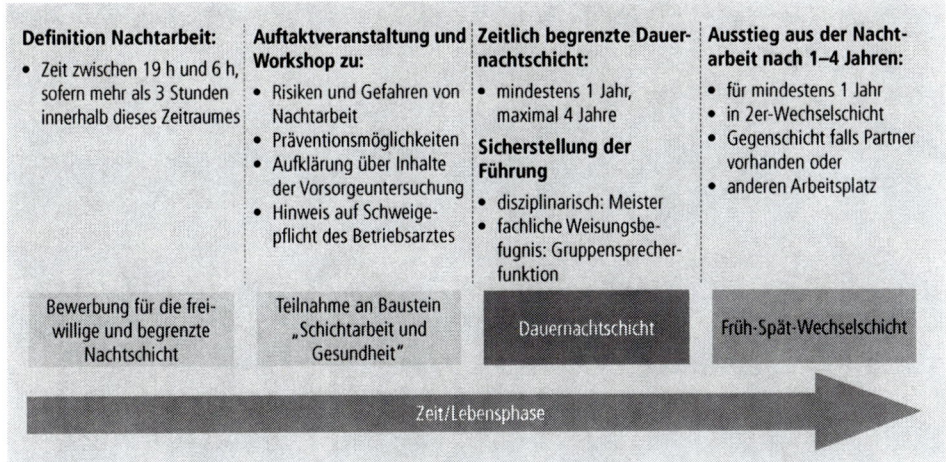

Vor allem für ältere Mitarbeiterinnen und Mitarbeiter, die die Nachtschicht als Belastung empfinden, stellt sich dieses Modell als eine Entlastung dar. Es impliziert darüber hinaus, dass sie die Nachtschichtzuschläge nur noch für begrenzte Zeit in ihre Planung integrieren können. Damit bewegt man sich weg vom gefährlichen Grundsatz „Geld gegen Gesundheit". Zudem ist das neue Modell an einen Baustein zur Sensibilisierung der eigenen Gesundheit gekoppelt. Ein interaktiver Baustein zu Risiken und Gefahren der Nachtarbeit und Präventionsmöglichkeiten ergänzt die klassischen Vorsorgeuntersuchungen. Insgesamt erhöht sich durch das neue Modell der freiwilligen und begrenzten Dauernachtschicht die Planbarkeit sowohl für die Beschäftigten wie auch für das Unternehmen und bietet gleichzeitig die Möglichkeit des Ausstiegs aus der Nachtarbeit.

Literatur

BEERMANN, B.: Leitfaden zur Einführung und Gestaltung von Nacht- und Schichtarbeit (9. Auflage). Bundesanstalt für Arbeitsschutz und Arbeitsmedizin (Hrsg.). Dortmund 2005

Andrea Elisabeth Reinhardt

Mixit macht Spaß – Arbeiten von 16 bis 67

Unternehmen aller Betriebsgrößen stehen vor der Herausforderung, ihre Beschäftigten zum „Arbeiten bis 67" zu motivieren, gleichzeitig auch junge Menschen unterschiedlichster Basisqualifikationen für Leistung und lebenslanges Lernen zu begeistern. Der in vielen Unternehmen gelebte Mix in altersgemischten Teams bringt sehr unterschiedliche Menschen in gemeinsame Verantwortung. Der Beitrag zeigt an Beispielen auf, wie diese Situation konstruktiv bewältigt werden kann.

Deutschland lebt von exportfähigen Innovationen und qualitätsorientierten Dienstleistungen.

Beide Felder sind in ihrer internationalen Wettbewerbsfähigkeit vollständig abhängig vom Ausbildungs- und Motivationsniveau der Menschen, die sie erbringen. Innovations- und Wettbewerbsfähigkeit werden aufgrund des demografischen Wandels in Zukunft von immer mehr älteren Beschäftigten erbracht werden. Bereits 2005 hatte die OECD Deutschland ermahnt, die Beschäftigung Älterer auszubauen, und auch die europäische Forschungsförderung berücksichtigt verstärkt Aspekte von Diversity in ihren geförderten Projekten (siehe z. B. LIGHT-ROLLS und EURACTIV). 2010 ist das eingetreten, was viele Studien vorausgesagt hatten: In ganz Europa gehen mehr Arbeitnehmer und Arbeitnehmerinnen in den Ruhestand, als Berufsanfänger und -anfängerinnen neu einsteigen (WELT-ONLINE). Im Juni 2010 sind in Deutschland nach Angaben des DIHK 30.000 Ausbildungsplätze unbesetzt. Hinzu kommt, dass trotz ständig verlängerter Schulzeiten die Basisqualifikation vieler Absolventen und Absolventinnen nicht den Anforderungen in Ausbildung und Studium entspricht, sowohl in Fähigkeiten wie Sprachen, Mathematik und Naturwissenschaften, aber auch bei den „Soft-Skill"-Bereichen wie Umgangsformen und bei der Fähigkeit, sich selbstständig Lerninhalte zu erarbeiten.

1. Herausforderungen für Unternehmen und Beschäftigte

Unternehmen aller Betriebsgrößen stehen vor der Herausforderung, ihre Beschäftigten zum „Arbeiten bis 67" zu motivieren, gleichzeitig junge Menschen für Leistung und lebenslanges Lernen zu begeistern. Die Anzahl der Arbeitnehmerinnen und Arbeitnehmer, deren direkte Vorgesetzte jünger als sie selbst sind, wird weiter steigen. Schwierig finden das nur 5 Prozent aller dazu Befragten ab 55 Jahren (MAI 2010). Der in vielen Unternehmen gelebte Generationenmix in altersgemischten

Teams (Ec-Projekt Best Agers) bringt Menschen in gemeinsame Verantwortung, die allerdings so unterschiedlich sind, wie das in früheren Jahrzehnten nie der Fall war.

2.   „Generation jung" und „Generation alt"

Auf der einen Seite steht eine junge Generation, die hohen Wert auf persönliche Individualität, berufliche und private Abwechslung legt, eine freie Einteilung ihrer Zeit und ihrer Aufgabenfelder wünscht und flache Hierarchien schätzt. Lebenslang im gleichen Beruf zu bleiben und einer 40-Stunden-Woche mit festgelegten Arbeitszeiten können sie wenig abgewinnen. Sie sind Multitaskingexpertinnen und -experten und kommunikativ, gerade wenn es um multimediale Kommunikation geht und Spaß macht. Viele haben auch ihre mediale Teamfähigkeit hoch entwickelt und täglich trainiert: bei Online-Gruppenspielen oder LAN-Partys; Videochat ist etwas, was sie ihrer Oma beigebracht haben – nicht etwas, was sie erst als Folge des aktuellen Reisekosten-Sparprogramms ihres Arbeitgebers kennenlernen.

Auf der anderen Seite stehen Generationen, die persönliche Kommunikation (EEtimes) bevorzugen, Orientierung in klaren Hierarchien und Aufgabenbeschreibungen suchen, in den meisten Fällen wenig Erfahrung mit multimedialer Kommunikation haben sowie mit der Vorstellung in den Beruf gestartet sind, dass der institutionell vermittelte Ausbildungsberuf der ist, der sie lebenslang ernährt, dass längere Verweildauer bei einem Arbeitgeber erstrebenswert und nach konzentrierten Karrierejahren früher Renteneintritt durchaus ein Element der Lebensqualität ist. Im Gegensatz zu Japan sehen in Deutschland noch wenige Beschäftigte für sich selbst das „Arbeiten bis 67" als persönliches Lebensziel (Koehler und auch Hiebel). Im Gegensatz zu japanischen haben deutsche Erwerbstätige in ihrem Berufsleben meist ausschließlich Vergütungssysteme kennengelernt, die im Senioritätsprinzip aus der Anzahl der Berufsjahre einen Anspruch auf höhere Vergütung und Beförderung herleiten.

Im Erfahrungsbereich der Generationen gibt es weitere Unterschiede, z. B. auch im Bereich der Familienmodelle: Während in der jüngeren Generation Mütter mehr und mehr ganz selbstverständlich weiter arbeiten gehen, Väter Zeit für ihre Kinder haben wollen und flexible Arbeitszeiten nachfragen, war dies für die Generation 50+ noch ganz anders. Dies prägt auch die Zusammenarbeit der Geschlechter im Unternehmen. Die ältere Generation ist mit einem steigenden Anteil weiblicher Teammitglieder und Führungskräfte konfrontiert, eine Situation, bei der sie nicht auf Erfahrungswissen aus dem Berufseinstieg zugreifen können. Hinzu kommt die kontinuierliche Internationalisierung. Auch kleine Unternehmen verkaufen heute ihre Produkte und Dienstleistungen weltweit und stellen Mitarbeiterinnen und Mitarbeiter unterschiedlichster Nationalitäten ein. Potenzielle Konfliktfelder sind nicht nur älterer Arbeitnehmer bzw. ältere Arbeitnehmerin und jüngerer Chef, sondern nun auch älterer Arbeitnehmer bzw. ältere Arbeitnehmerin und jüngere Chefin mit Migrationshintergrund.

3. Innovationspotenzial durch Unterschiedlichkeit und Führungskultur

Soweit es gelingt, diese vielfältigen Lebens- und Berufserfahrungen produktiv zusammenzuführen, steckt aber gerade in der Unterschiedlichkeit ein hohes Innovationspotenzial. Die Herausforderung bleibt, den Arbeitsalltag so zu gestalten, dass er für alle langjährig motivierend ist sowie der vom globalen Wettbewerb der Unternehmen geforderten hohen Geschwindigkeit im täglichen Erwerben neuer Kenntnisse und der über mediale Kommunikation beschleunigten Zusammenarbeit gerecht wird. Dabei haben wir die Erfahrung gemacht, dass Lernfähigkeit und Lerngeschwindigkeit nicht vom Lebensalter allein abhängig sind, sondern ganz wesentlich von der persönlichen Motivation für tägliches Lernen geprägt werden. Diese ist höher, wenn sich der Mitarbeiter bzw. die Mitarbeiterin bereits früher in ihrem Leben beruflich oder privat auf neue Zusammenhänge einstellen musste.

Aktiver Teil eines Teams zu sein, das Wissen mit den Kollegen und Kolleginnen zu teilen und weiterzuentwickeln, das motiviert gerade ältere Beschäftigte. Ein gefragtes und kompetentes Teammitglied zu sein ist etwas, was für die meisten 50+ gut mit dem Selbstbild harmoniert. Die eigenen Kompetenzen werden aber nur dann aktiv weiterentwickelt, wenn die Unternehmenskultur das kritische Hinterfragen erlaubt. Betriebskulturen, die über den Status Positionsinhaber bzw. Positionsinhaberinnen per se als kompetent definieren, sind innovationsfeindlich und verhindern das selbstmotivierte Lernen auf allen Ebenen. Auch Vergütungssysteme, die aus Berufsjahren automatisch Mehrvergütung, Beförderung und Kündigungsschutz ableiten, wirken sich sowohl negativ auf die Bereitschaft zu flexibler Berufsausübung wie auch auf die Motivation zum lebenslangen Lernen aus.

Grundlegend für effiziente gemischte Teams ist eine team- und innovationsorientierte Unternehmenskultur, die auch von der Führungsebene vorgelebt wird. Aus vielen Studien ist bekannt, gemischte Teams sind nachhaltig innovativ (RICHTER 2009), wenn auch einige Studien (BÖRSCH-SUPAN, DÜZGÜN und WEISS 2008) beschreiben, dass große Altersunterschiede im Betrieb auch negative Auswirkungen auf die Produktivität haben können. In der Zusammenarbeit von Alt und Jung, Männern und Frauen, In- und Ausländern wird im täglichen Arbeitsalltag aber genau das trainiert, was auch im globalen Wettbewerb zählt: dem Gegenüber, nämlich den Kunden und den Kolleginnen und Kollegen, zuzuhören und gemeinsam Lösungen umzusetzen.

Eine diskriminierungsfreie Zusammenarbeit, die allen eine Chance gibt, eigene Talente einzubringen, ist nur dann glaubhaft, wenn auch die Führungskräfte für alle erkennbar am Kunden orientiert täglich lernen. Das kann ganz pragmatisch eine weitere Sprache oder 3D-CAD Zeichnen sein, solange das „Ich arbeite an mir" sichtbar ist und die Freude am Lernen transportiert wird. Wichtig bleibt hier, dass das „Jeder kann in jedem Alter lernen und lehren" wirklich gelebt wird, keine Klischees verfolgt werden („Generation Internet") und das Dazulernen mit persönlich erfahrbaren Vorteilen (Arbeitserleichterung oder interessantere und vielfältigere Aufgaben) verbunden werden kann. Wer als jüngere Führungskraft offen zeigt, dass sie/er sich vom neu eingestellten 50+-Teammitglied erklären lässt, wie das neue Multimedia-Mobiltelefon effektiver zu nutzen ist, wird ganz direkt vermitteln, dass voneinander lernen ohne Alters- und Hierarchiegrenzen in kleinen Einzelschritten erfolgt.

Die klare Orientierung auf gute Produkte und hohe Kundenzufriedenheit hilft, dass im Gegensatz zum „Wettbewerb der Egos" ein gemeinsames Ziel im Mittelpunkt steht, denn wie im Unternehmen Wissen geteilt und gemeinsam weiterentwickelt wird, ist ein zentraler Punkt. Die Führungskräfte müssen darauf achten, dass auch hier Teamarbeit selbstverständlich bleibt. Das Unternehmen profitiert von verkürzten Einarbeitungszeiten, die Beschäftigten profitieren direkt, weil z. B. Urlaubszeiten nur dann flexibel genutzt werden können, wenn vielfältige Vertretungsmöglichkeiten bestehen.

Soweit alle Ebenen vorleben, dass jede und jeder leisten kann, aber eben auch von allen Leistung erwartet wird, entsteht ein Klima, in dem auch bei veränderten persönlichen Möglichkeiten Beschäftigte motiviert bleiben. Hierzu gehört, Aufstiegschancen ohne Altersgrenzen zu eröffnen, und das gerade auch für die, die neu zum Unternehmen gekommen sind. Ebenso bietet die Wiedereingliederung von Mitarbeiterinnen und Mitarbeitern, z. B. nach schwerer Krankheit, eine Erfahrung, bei der alle direkt begreifen können: Auch wenn sich meine Leistungsfähigkeit verändert, wird es für mich Arbeitsmöglichkeiten geben, aber dazu muss ich heute den Kollegen oder die Kollegin in der Wiedereingliederung aktiv unterstützten und mich auf flexible Einsatzfelder vorbereiten.

Klassische „Nine to five"-Arbeitszeiten spielen eine geringere Rolle, wenn es gelingt, dem amerikanischen Kunden direkt zwischen 19 und 21 Uhr unserer Zeit antworten zu können. Die flexible Einteilung der Arbeitszeit durch Arbeitnehmer/-innen erfordert vom Arbeitgeber und den Kollegen und Kolleginnen Geduld, wenn die Arbeitsaufnahme mal um 10 Uhr, mal um 7 Uhr früh und mal um 16 Uhr ist. Aber das Unternehmen wird belohnt durch Einsatz und Leistung in einer Kultur, in der das konkrete Ergebnis zählt: z. B. die Anzahl der neu gewonnenen Aufträge. Die Herausforderung liegt hier in einem anderen Bereich: Die „konservativen" Kolleginnen und Kollegen müssen den „progressiveren" Kolleginnen und Kollegen offen begegnen können; die Geschäftsführung kann mit Vorbild vorangehen, aber

Toleranz lässt sich nicht in jeden Kopf zwingen. Das klare Signal jedoch „Leistung zählt, aber die muss auch gebracht werden" wird sich positiv auf die Leistung des gesamten Teams auswirken, keine/r kann sich mehr hinter einer formal korrekten Fassade verstecken.

Das „Dranbleiben" und ein Projekt mit Ausdauer vorantreiben ist eine Eigenschaft, die gerade auch Älteren zugesprochen wird (MARQUARD, SCHABACKER-BOCK und STADELHOFER 2008). Beharrungsvermögen ist in seiner positiven Variante zum Beispiel gerade bei Neuentwicklungen sehr wichtig, aber in seiner negativen Ausprägung bedeutet es, in alten Arbeitsmustern zu verharren um mit dem Vermeiden des Neuen auch Fehler zu vermeiden. Hier kann das Unternehmen gegensteuern, wenn „Verbesserungen anstreben" etwas ist, was nicht abstrakt allein auf die Arbeitsprozesse hin kontinuierlich angewendet wird, sondern auch für jede Einzelne bzw. jeden Einzelnen „täglich Neues lernen und anwenden" auch mit „Fehler machen" verbunden sein darf.

4.   Können und Wollen

Gibt es denn gar nichts, was Ältere nicht können? Abgesehen vom Bereich der körperlichen Extrembelastungen sehen manche Studien (z. B. BRUCH, KUNZE und BÖHM 2010) auch darüber hinaus „naturgegebene" Potenziale und Einschränkungen, schreiben bestimmten Generationen bestimmte Fähigkeiten zu, sehen z. B. bei Älteren generell ein geringeres Innovationspotenzial. Betrachtet man aber z. B., in welchem Alter Nobelpreisträger die preiswürdigen Forschungen durchgeführt hatten, zeigt sich, dass eben nicht ausschließlich junge Köpfe innovative Erkenntnisse erarbeiten.

Vielleicht gibt es aber Elemente, die Ältere gar nicht können wollen? Unter extremem Zeit- und Leistungsdruck sich permanent messen und vergleichen lassen ist etwas, was manche zur persönlichen Bestätigung suchen, über alle Generationen hinweg aber nicht alle. Ältere können häufiger auf Stationen ihres Berufslebens zurückblicken, in denen sie sich bereits im Wettbewerb als die/der Bessere durchgesetzt hatten, mit steigendem Alter steigt dann eher das Interesse an partnerschaftlicher Kooperation. Aufgaben, die mit Zeitdruck bei kognitiven Tätigkeiten und hohen Multitasking-Anforderungen verbunden sind, werden nach unseren Erfahrungen von Älteren eher nicht gesucht, ebenso wenig wie Aufgaben, die mit extremem emotionalem Stress verbunden sind. Fachkarrieren zu bieten, die keine Führungsverantwortung beinhalten, ist ein Weg, gerade auch im Hightech-Bereich, wirksam das „Arbeiten bis 65+" zu unterstützen.

Der Mangel an Ingenieuren wird in Deutschland beklagt. Gesucht werden in der Regel Männer zwischen 25 und 30 Jahren. Übersehen wird jedoch, dass man nicht für alle Ingenieuraufgaben Junge und Jüngere einsetzen muss, man kann auch in gemischten Teams aus Facharbeitern/Facharbeiterinnen und Technikern/Technikerinnen und Ingenieuren/Ingenieurinnen aller Generationen sehr viel bewegen. Selbst in Forschung und Entwicklung müssen es keinesfalls immer nur junge Postdocs sein. Und das ist keine neue Erkenntnis: Ferdinand Porsche war das dritte Kind eines Spenglers, ging bei seinem Vater in die Lehre, ganz ohne klassisches Studium erreichte er seine Ziele mit den innovativsten Fahrzeugen seiner Zeit (inkl. Hybridauto 1899), bevor er dann 1930 seine Porsche GmbH gründete, deren Produkte auch 2010 noch im internationalen Wettbewerb in Qualität und Rendite bestehen. Und genau dieses Ausbildungssystem des Lehrlings Porsche gibt es in seiner sehr modernen Variante auch heute noch. Aber wissen wir seine Stärken, zu denen auch die selbstverständliche Zusammenarbeit von Alt und Jung gehört, wirklich zu schätzen?

Gerade weil es zukünftig einen harten Wettbewerb der Unternehmen um Berufsanfängerinnen und Berufsanfänger geben wird, können nur die Unternehmen führend sein, die neben einer guten Position im internationalen Wettbewerb auch ein Klima bieten, in dem diese ihr Leistungspotenzial effektiv entwickeln, weil sie im Team mit Älteren schneller lernen: einerseits bezogen auf Fachwissen, aber eben auch im Hinblick auf „Social Skills", welche nirgendwo sonst so effektiv trainiert werden können wie in alters-, geschlechter- und kulturell gemischten Teams.

5.   Nachtrag: Gibt es heute überhaupt noch generationenspezifische Verhaltensweisen?

Menschen unterscheiden sich je nach Herkunft, Erfahrungen mit institutioneller Bildung und selbstständigem Wissenserwerb, Berufsbiografie, Mobilität, persönlichen Lebenserfahrungen usw. Das Geburtsjahr allein ist nicht maßgebend. Viele Studien weisen allerdings darauf hin, dass für unterschiedliche Generationen unterschiedliche Herausforderungen zentral sind (so z. B. für die heutige Generation 40+ die „Sandwichrolle": beruflich in Höchstform zu leisten und gleichzeitig Familienpflichten gerecht zu werden). In einigen Studien wird beschrieben, dass z. B. Innovationsleistungen altersabhängig sind und ein großer Altersabstand innerhalb des Unternehmens als produktivitätsmindernd eingeschätzt wird (BÖRSCH-SUPAN, DÜZGÜN und WEISS 2008). Noch weiter gehen BRUCH, KUNZE und BÖHM (2010), die in ihrem Werk „Generationen erfolgreich führen" für jede der von ihnen genannten fünf Generationen typische Verhaltensweisen und Leistungsmöglichkeiten beschreiben und zu einem an Generationen orientierten jeweils spezifischen Führungsverhalten raten. So sehen sie z. B. für die „Generation Internet" (Jahrgang ab 1981) hohe Belastbarkeit und den stärksten direkten Führungsbedarf. Aus unserer Praxis können wir das nicht bestätigen. Am aktivsten nach Führung fragen Beschäftigte, die aus Unternehmen mit hierarchischer Unternehmenskultur zu uns kommen. Auch nicht bestätigen können wir, dass die Jüngeren am stärksten belastbar wären. Gerade bei Belastbarkeit haben wir festgestellt, dass es ein sehr individueller Faktor ist und auch von Work-Life-Balance und Training abhängt (bei körperlicher und bei geistiger Belastung). Dass man aktiv an seiner Belastbarkeit arbeiten kann, ist etwas, was nach unserer Erfahrung die jüngere Generation im Team gerade auch im Umgang mit gesundheitsaktiver „Generation 50+" für sich ganz persönlich erfährt. Das empfohlene Vorgehen, jede Generation anders zu führen, setzt Führungskräfte voraus, die gerne in vielen unterschiedlichen Rollen auftreten. Nach unserer Erfahrung ist aber Authentizität ein wesentliches Element für erfolgreiche Teamführung.

Literatur

BÖRSCH-SUPAN, A.; DÜZGÜN, I.; WEISS, M.: Altern und Produktivität – Zum Stand der Forschung. Mannheim 2008. – URL: http://www.mea.uni-mannheim.de/publications/meadp_073-05.pdf

BRUCH, H.; KUNZE, F.; BÖHM, S.: Generationen erfolgreich führen. Wiesbaden 2010

EC-PROJEKT „BEST AGERS" – URL: http://www.best-agers-project.eu/BestAgers/tabid/922/Default.aspx

EC-PROJEKT „LIGHT-ROLLS" mit Aspekten zu Diversity bei research – URL: www.light-rolls.eu

EETIMES-Umfrage zur Twitter-Nutzung durch Ingenieure – URL: http://www.eetimes.com/electronics-blogs/pop-blog/4199325/Engineers-dont-like-Twitter http://www.euractiv.de/unternehmen-und-arbeit-000315/artikel/eu-kommission-will-rentenalter-erhhen-003166

Hiebel; J.: Strategien japanischer Unternehmen im Hinblick auf die Beschäftigung älterer Mitarbeiter. – URL: http://www.japan-infos.de/fileadmin/downloads/hausarbeiten/%20Beschaeftigungsstrategien%20japanischer%20Unternehmen.pdf

KOEHLER, A.: Japan – Ältere arbeiten immer länger. – URL: http://www.wiwo.de/politik-weltwirtschaft/japan-aeltere-arbeiten-immer-laenger-235766/2/

MAI, J.: Generationenmix. – URL: http://karrierebibel.de/generationenmix-4-von-10-arbeitnehmern-uber-35-haben-einen-jungeren-chef/

MARQUARDT, M.; SCHABACKER-BOCK, M.; STADELHOFER, C.: Alt und Jung im Lernaustausch. Weinheim und München 2008

OECD-STUDIEN – URL: http://www.oecd.org/department/0,3355,en_2649_33927_1_1_1_1_1,00.html

RICHER, G. (Hrsg.): Generationen gemeinsam im Betrieb. Bielefeld 2009

WELT-ONLINE: Firmen müssen jetzt um alte Arbeitnehmer kämpfen. – URL: http://www.welt.de/wirtschaft/article6757070/Firmen-muessen-jetzt-um-alte-Arbeitnehmer-kaempfen.html

Jochen Prümper, Gottfried Richenhagen

Von der Arbeitsunfähigkeit zum Haus der Arbeitsfähigkeit: Der Work Ability Index und seine Anwendung

In Deutschland wird mehr über Arbeitsunfähigkeit als über Arbeitsfähigkeit gesprochen. Im Kontrast dazu stellt der Beitrag das in Finnland entwickelte Haus der Arbeitsfähigkeit vor und berichtet zudem über den Work Ability Index, mit dessen Hilfe Arbeitsfähigkeit gemessen werden kann. Am Beispiel zweier Studien wird verdeutlicht, welch' große Bedeutung der Arbeitsorganisation und der Führung für den Erhalt und die Förderung der Arbeitsfähigkeit zukommt.

1. Einführung

In der Öffentlichkeit, in Politik, Verwaltungen und Unternehmen wird mehr über Arbeitsunfähigkeit als über Arbeitsfähigkeit gesprochen. So sind z. B. die jährlichen Fehlzeitenstatistiken Gegenstand umfangreicher Meldungen in Presse, Funk und Fernsehen. Meist geht es darum, ein aktuelles Absinken oder Ansteigen der Krankenstandsentwicklung zu kommentieren; die Hauptzielrichtung der Diskussion ist dabei oft die Vermeidung von Fehltagen. Seltener ist dagegen davon zu lesen oder zu hören, dass in einem Unternehmen, in einer Verwaltung oder in einer Volkswirtschaft die Arbeitsfähigkeit und ihre Entwicklung im Zeitablauf betrachtet wurden.

Zuweilen wird zwar statt der Krankenstandsquote eine sogenannte Gesundheitsquote errechnet (100 Prozent minus Krankenstand in Prozent); ob dieser rein arithmetischen Operation aber ein wirklicher Perspektivwechsel zugrunde liegt, kann dahingestellt bleiben. Ein solcher läge vor, wenn nicht mehr vornehmlich die Frage im Vordergrund stünde, wie Arbeitsunfähigkeit vermieden, sondern auch und insbesondere, wie Arbeitsfähigkeit gefördert und gesteigert werden kann. Diese Perspektive nimmt das in Finnland entwickelte „Haus der Arbeitsfähigkeit" und der dort beherbergte „Work Ability Index" ein. Über beides berichtet dieser Artikel, auch anhand von zwei eigenen empirischen Studien, die sich mit dem Zusammenhang von Arbeitsfähigkeit einerseits sowie Arbeitsorganisation und Führung andererseits beschäftigen.

2. Begriffsdefinitionen

Arbeitsunfähigkeit
Betriebspraktisch liegt eine Arbeitsunfähigkeit vor, wenn ein Beschäftigter sich mit einer Arbeitsunfähigkeitsbescheinigung „krankmeldet". Rechtlich betrachtet ist die Arbeitsunfähigkeit komplizierter. Der Begriff wird zwar in verschiedenen gesetz-

lichen Bestimmungen verwendet, eine explizite Definition findet sich jedoch in keinem Gesetz. Die einfachste Definition liefert das Bundessozialgericht. Arbeitsunfähig zu sein bedeutet dem Wortsinn nach – so das Gericht –, „durch eine Erkrankung gehindert zu sein, seine Arbeit weiterhin zu verrichten" (B 1 KR 11/02 R vom 19.09.2002, S. 3). Etwas allgemeiner kann man *Arbeitsunfähigkeit* als den Zustand beschreiben, in dem ein Beschäftigter bzw. eine Beschäftigte gesundheitlich nicht in der Lage ist, die ihr/ihm am Arbeitsplatz übertragenen Aufgaben zu erledigen. Das Arbeitsunfähigkeitsgeschehen wird sowohl von betrieblichen Faktoren bestimmt als auch von solchen, die außerhalb der betrieblichen Sphäre anzusiedeln sind.

Arbeitsfähigkeit

Der Begriff der Arbeitsfähigkeit wurde beginnend in den 1980er-Jahren in Finnland im Zusammenhang mit dem sogenannten *Arbeitsbewältigungsindex* (engl.: Work Ability Index, kurz: WAI) vor allem von ILMARINEN und TUOMI (2004) geprägt. *Arbeitsfähigkeit* bezeichnet die Summe der Faktoren, die einen Menschen in einer bestimmten Arbeitssituation in die Lage versetzen, die ihm gestellten Arbeitsaufgaben erfolgreich zu bewältigen (vgl. ILMARINEN und TEMPEL 2002, S. 166). Arbeitsfähigkeit ist also immer ein Paar, das durch eine Person und eine Situation gekennzeichnet ist.

Mit anderen Worten beschreibt der Begriff der Arbeitsfähigkeit also die Leistungsfähigkeit im Hinblick auf konkret zu benennende Arbeitsanforderungen, insbesondere im Hinblick auf die vor Ort zu erledigenden Arbeitsaufgaben. Sie wird damit nicht abstrakt und allgemein als Fähigkeit zur Arbeit verstanden, sondern als Fähigkeit zu bestimmten Aufgaben in bestimmten Situationen. Der Begriff wird vor allem durch die Notwendigkeiten befeuert, die im Zusammenhang mit dem demografischen Wandel und alternden Belegschaften entstehen. Denn wenn es nicht mehr darum gehen kann, ältere Mitarbeiterinnen und Mitarbeiter mehrheitlich in den vorzeitigen Ruhestand „zu begleiten", so rückt die Frage ihrer spezifischen Leistungsfähigkeit sowie die alters- und altersgerechte Arbeitsgestaltung immer mehr in den Mittelpunkt.

Der Begriff der Arbeitsfähigkeit steht in einem engen Zusammenhang zum Begriff der *Beschäftigungsfähigkeit*. Kurz gesagt ist Beschäftigungsfähigkeit andauernde Arbeitsfähigkeit, die sich in turbulenten Arbeitsmärkten, in also immer wieder verschiedenen Person-Situation-Konstellationen, beweist (vgl. im Einzelnen RICHENHAGEN 2009). Im internationalen Vergleich besteht in Deutschland im Hinblick auf die Förderung und den Erhalt der Arbeits- und Beschäftigungsfähigkeit Nachholbedarf (vgl. RICHENHAGEN 2011).

3. Der WAI und das Haus der Arbeitsfähigkeit

Messung der Arbeitsfähigkeit

Im Gegensatz zur Arbeitsunfähigkeit, die u. U. für wenige Tage (z. B. wegen einer Grippe) vorhanden ist, hat das Konzept der Arbeitsfähigkeit langfristige Auswirkungen im Blick. Arbeitsfähigkeit kann stärker oder weniger stark ausgeprägt sein. Zu ihrer Messung wurde der *Work Ability Index* (WAI) entwickelt, in Deutschland auch Arbeitsfähigkeitsindex oder Arbeitsbewältigungsindex (ABI) genannt (vgl. im Einzelnen: www.arbeitsfaehigkeit.net). Der Index basiert auf einem Fragebogen, der in einer Kurz- und in einer Langversion vorliegt und der frei, d. h. ohne Lizenzgebühren, angewandt werden kann (www.arbeitsfaehigkeit.net/21.htm). Durch ihn lässt sich – kurz gesagt – feststellen, in welchem Maße die/der Beschäftigte mit ihrer/seiner Arbeit „klarkommt". Er wird entweder direkt von dem Beschäftigten bzw. der Beschäftigten selbst ausgefüllt (Zeitbedarf 10 bis 15 Min.) oder aber z. B. im Gespräch mit dem Betriebsarzt oder der Betriebsärztin beantwortet. Der Fragebogen ist leicht zu handhaben und liefert im Ergebnis einen WAI-Wert, der zwischen 7 („keine Arbeitsfähigkeit") und 49 („maximale Arbeitsfähigkeit") liegt.

Tabelle 1: **Zuordnung der WAI-Werte zu den Kategorien der Arbeitsfähigkeit und zum Ziel von Maßnahmen, die bei den entsprechenden Werten eingeleitet werden sollten**

WAI-Punkte	Arbeitsfähigkeit	Ziel von Maßnahmen
44–49	sehr gut	Arbeitsfähigkeit erhalten
37–43	gut	Arbeitsfähigkeit unterstützen
28–36	mäßig	Arbeitsfähigkeit verbessern
7–27	schlecht	Arbeitsfähigkeit wiederherstellen
Quelle: Vgl. z. B. BAuA, 2007, S. 9		

Die durchschnittlichen WAI-Werte von Beschäftigten nehmen im Allgemeinen mit dem kalendarischen Alter ab. Auch entwickelt sich die Arbeitsfähigkeit innerhalb verschiedener Berufsgruppen mit dem Alter unterschiedlich. So sind z. B. bei Ärzten und Führungskräften in allen Altersgruppen deutlich höhere WAI-Werte zu erwarten als beispielsweise bei Lehrern (vgl. HASSELHORN und FREUDE 2007, S. 17 f.). Insgesamt haben die wissenschaftlichen Erkenntnisse, die im Zusammenhang mit der WAI-Anwendung erzielt wurden, auch ergeben, dass die Variabilität der Arbeitsfähigkeit ab 45 Jahren stark zunimmt. Ältere unterscheiden sich demnach stärker in ihrer Arbeitsfähigkeit als Jüngere.

Wichtig ist: Ein niedriger WAI-Wert beschreibt ein Missverhältnis, einen „Mismatch", eine „Nichtpassung" zwischen Person und Situation, nämlich zwischen den vorherrschenden Arbeitsanforderungen des Unternehmens und der Leistungsfähigkeit des Beschäftigten. Maßnahmen zur Verbesserung des WAI-Werts liegen daher niemals allein im Verantwortungsbereich des Mitarbeiters oder der Mitarbeiterin; beide – Unternehmen und Beschäftigte – tragen eine gemeinsame Verantwortung für den Erhalt und die Verbesserung der Arbeitsfähigkeit.

Das Haus der Arbeitsfähigkeit

Die Haupteinflussfaktoren oder „Stellschrauben", die auf die Arbeitsfähigkeit wirken, werden im sogenannten *Haus der Arbeitsfähigkeit* zusammengefasst (vgl. Abbildung 1). Es bringt zum Ausdruck, dass Arbeitsfähigkeit durch Humanressourcen einerseits und Arbeitsanforderungen andererseits sowie durch deren Zusammenwirken weiterentwickelt und gefördert, aber auch reduziert und vermindert wird. Aufseiten der Beschäftigten sind *Gesundheit* (im Sinne von körperlichem und psychischem Leistungsvermögen), *Kompetenz* (im Sinne von Fertigkeiten und Wissen) und *Werte* (im Sinne von Einstellungen und Motivation) die entscheidenden Faktoren, aufseiten der *Arbeitsanforderungen* geht es um Aspekte wie Arbeitsinhalte, Arbeitsmittel, Arbeitsumgebung, soziales Arbeitsumfeld, Arbeitsorganisation und Führung.

Abbildung 1: **Haus der Arbeitsfähigkeit nach** Ilmarinen

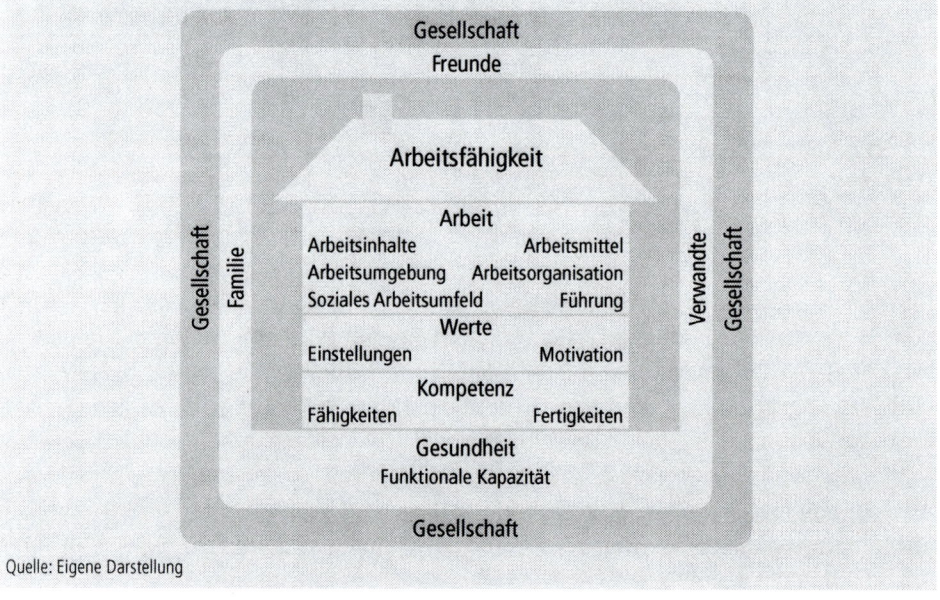

Quelle: Eigene Darstellung

Im Hinblick auf den Verlauf der Arbeitsfähigkeit während des Erwerbslebens ist der in Abbildung 2 dargestellte prinzipielle Zusammenhang von entscheidender Bedeutung. Mit zunehmendem Alter nimmt die Arbeitsfähigkeit im Durchschnitt aller Beschäftigten ab, wenn keine gezielten Maßnahmen zur Förderung und zum Erhalt der Arbeitsfähigkeit durchgeführt werden (untere gestrichelte Kurve). Die durchschnittliche Abnahme beträgt – grob gesagt – im Mittel 0,4 WAI-Punkte pro Jahr (vgl. z. B. BAuA 2007, S. 109). Arbeit allein erhält also im Normalfall die Arbeitsfähigkeit nicht.

Abbildung 2: Idealtypische Darstellung der Entwicklung der Arbeitsfähigkeit

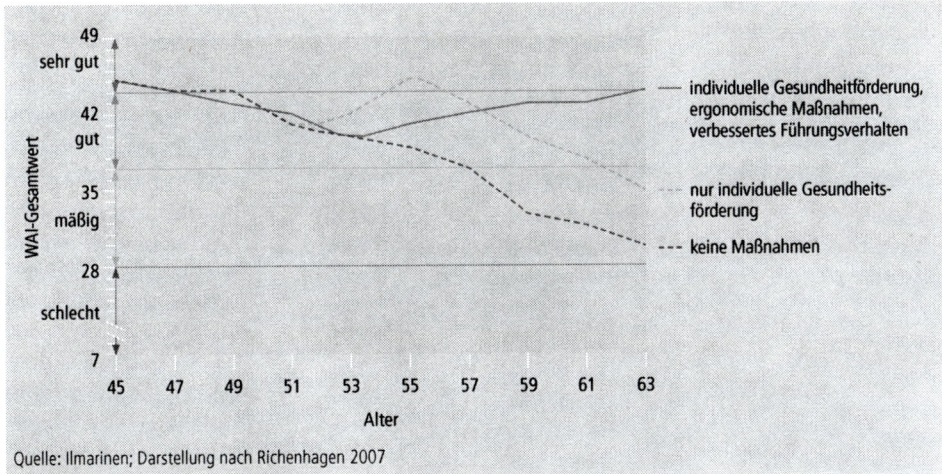

Quelle: Ilmarinen; Darstellung nach Richenhagen 2007

Bei Einzelmaßnahmen aus dem Haus der Arbeitsfähigkeit, z. B. bei ausschließlich individueller Gesundheitsförderung, treten zwar positive Effekte im Hinblick auf die Arbeitsfähigkeit auf, diese sind jedoch nicht nachhaltig (mittlere gestrichelte Kurve). Nachhaltige Zuwächse entstehen erst dann, wenn Defizite im Bereich aller Einflussfaktoren des Hauses der Arbeitsfähigkeit situationsbezogen ermittelt und entsprechende Maßnahmen zur Verbesserung umgesetzt werden (obere durchgezogene Kurve). Wichtig ist dabei gerade die ganzheitliche Sicht, also die Einbeziehung aller Faktoren aus dem Haus der Arbeitsfähigkeit.

4.   Verhältnisprävention und Arbeitsfähigkeit

Prävention umfasst als „vorausschauende Problemvermeidung" alle Maßnahmen, Mittel und Methoden, die eine vorbeugende Gestaltung der Arbeitsbedingungen beinhalten. Vorausblickend gilt es, arbeitsbedingte gesundheitliche Beeinträchtigungen und Schäden zu verhüten – eingeschlossen die Förderung des körperlichen, geistigen und seelischen Wohlbefindens. Ziel ist die Entwicklung persönlicher Gesundheitskompetenzen (*Verhalten*) und die Schaffung gesundheitsfördernder Arbeitsbedingungen (*Verhältnisse*). Dieser ganzheitliche Grundsatz ist einerseits auf eine gezielte Kombination von verhaltens- und verhältnispräventiven Maßnahmen sowie andererseits auf dauerhaftes, umfassendes Wohlbefinden ausgerichtet. Der Verhältnisprävention muss im Einklang mit dem Arbeitsschutzgesetz (insbes. § 4 ArbSchG) eine hohe Bedeutung beigemessen werden.

Im „Haus der Arbeitsfähigkeit" nimmt die oberste Etage mit der Bezeichnung „Arbeit" den größten Raum ein. Hier sind viele der Gegenstände verortet, die im Rahmen der Verhältnisprävention behandelt werden. Für diese Etage soll im Folgenden anhand zweier Studien zu den Themen Arbeitsorganisation und Führung veranschaulicht werden, wie sich eine Veränderung auf die Arbeitsfähigkeit von Beschäftigten auswirken kann.

Studie I: Führung und Arbeitsfähigkeit

In der ersten Studie (BECKER, EHLBECK und PRÜMPER 2009) wurde der Frage nachgegangen, welche Bedeutung ein freundlicher und respektvoller Umgang von Vorgesetzten für die Arbeitsfähigkeit von Beschäftigten hat.

Hintergrund: Nach von ROSENSTIEL (2001) kann „Führung in Organisationen" definiert werden als „unmittelbare, absichtliche und zielbezogene Einflussnahme von bestimmten Personen – in der Regel Vorgesetzte – auf andere Personen – in der Regel Untergebene" (von ROSENSTIEL 2001, S. 319). Führungsverhalten ergibt sich damit aus der Art und Weise, wie sich eine Führungskraft gegenüber ihren/seinen Mitarbeiterinnen und Mitarbeitern in verschiedensten Situationen und Aufgabenbereichen verhält. Längsschnittstudien der Arbeitsgruppe um ILMARINEN (vgl. z. B. ILMARINEN 2005; HASSELHORN und FREUDE 2007, S. 23) weisen darauf hin, dass Führungsverhalten die Arbeitsfähigkeit von Beschäftigten sehr stark beeinflusst. Im Rahmen der Diskussion um „gutes" und „schlechtes" Führungsverhalten kommt freundlichem und respektvollem Verhalten von Führungskräften eine besondere Bedeutung zu. So zeigen z. B. KAPLAN, THALER und KOVAL (2008) anhand zahlreicher Beispiele, *„dass in Firmen, die für einen kooperativen Stil und Fair Play bekannt sind, weniger Fluktuation unter den Mitarbeitern herrscht"*, zudem sei die Produktivität höher (KAPLAN THALER und KOVAL 2008, vorderer Klappentext).

Methode: Zur Beantwortung der Frage, welche Bedeutung ein freundlicher und respektvoller Umgang von Vorgesetzten für die Arbeitsfähigkeit hat, beantworteten 919 Beschäftigte aus verschiedenen Branchen sowohl den Fragebogen zum Work Ability Index (WAI) von ILMARINEN und TUOMI (2004) als auch einen Fragebogen, der

sich mit der „freundlichen Zuwendung und Respektierung" durch Vorgesetzte beschäftigt (Subskala des „Fragebogens zur Vorgesetzten-Verhaltens-Beschreibung",
kurz: FVVB von Fittkau-Garthe und Fittkau 1971). Beispielfragen sind: „Mein Vor-
gesetzter kritisiert seine unterstellten Mitarbeiter auch in Gegenwart anderer" oder
„Er behandelt seine unterstellten Mitarbeiter als gleichberechtigte Partner". Insgesamt geht es um die Frage: Inwieweit verhält sich die/der Vorgesetzte ihren/seinen
Mitarbeiterinnen und Mitarbeitern gegenüber freundlich zugewandt und inwieweit
werden sie von ihr/ihm respektiert?

An der Befragung beteiligten sich etwas mehr Männer (59,7 Prozent) als Frau-
en. Rund ein Drittel der Befragten war unter 30 Jahre alt, das Alter von etwas
mehr als der Hälfte lag zwischen 30 und 50 Jahren, und rund 15 Prozent zählten
zu den über 50-Jährigen. Die mittlere Arbeitsfähigkeit in der untersuchten Stichprobe betrug 40,0 WAI-Punkte. Zur Bestimmung von „niedriger" und von „hoher"
freundlicher Zuwendung bzw. Respektierung wurden im Sinne eines ausgewogenen
Verhältnisses anhand des Skalenmittels zwei Gruppen gebildet. Danach berichten
16 Prozent der Befragten von einer tendenziell eher niedrigen freundlichen Zuwendung bzw. Respektierung und 84 Prozent von einer tendenziell eher hohen freundlichen Zuwendung bzw. Respektierung.

Ergebnis: Die Ergebnisse dieser Studie zeigen, dass zwischen den beiden Beschäftigtengruppen, die von einer eher „niedrigen" bzw. von einer eher „hohen" freundlichen Zuwendung und Respektierung berichten, hochsignifikante Unterschiede hinsichtlich der Arbeitsfähigkeit bestehen (vgl. Abbildung 3).

Abbildung 3: **Führungsverhalten (Freundliche Zuwendung/Respektierung) und Arbeitsfähigkeit**

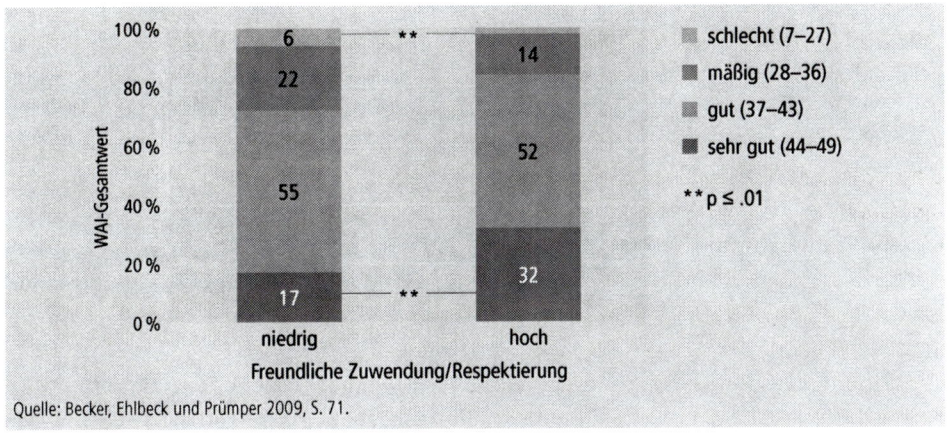

Quelle: Becker, Ehlbeck und Prümper 2009, S. 71.

In der Gruppe mit hoher freundlicher Zuwendung und Respektierung durch den Vorgesetzten ist der Anteil an Beschäftigten mit „sehr guter" Arbeitsfähigkeit fast doppelt so groß wie in der Gruppe mit niedriger freundlicher Zuwendung bzw. Respektierung (32 vs. 17 Prozent). Auf der anderen Seite sind in der Gruppe, die von einer eher niedrigen freundlichen Zuwendung/Respektierung berichten, mit 6 Prozent signifikant mehr Beschäftigte, die eine „schlechte" Arbeitsfähigkeit aufweisen und deren Arbeitsfähigkeit es damit zu verbessern gilt (vgl. Tabelle 1). Zum Vergleich: In der Gruppe, die von einer eher hohen freundlichen Zuwendung/Respektierung berichten, sind dies nur 2 Prozent.

Damit bestätigen die Ergebnisse der genannten Studie die Untersuchungen von ILMARINEN u. a. (vgl. z. B. ILMARINEN und TEMPEL 2002, S. 245 ff.), die sagen: Das Führungsverhalten ist für die Arbeitsfähigkeit der Beschäftigten von einer herausragenden Bedeutung. Gutes Führungsverhalten fördert und erhält die Arbeitsfähigkeit, schlechte Führung reduziert sie!

Für die betriebliche Praxis bedeutet die zitierte Studie, dass freundliches und respektvolles Vorgesetztenverhalten fester Bestandteil unternehmerischer Grundsätze sein sollte (vgl. hierzu z. B. WUNDERER 2007) und dass auch bei der Personalauswahl und der Personalentwicklung von Führungs- und Führungsnachwuchskräften die Wichtigkeit dieser Verhaltensweisen Berücksichtigung finden muss (vgl. hierzu z. B. von ROSENSTIEL, LANG-VON WINS und SIGL 1994).

Studie II: Arbeitsorganisation und Arbeitsfähigkeit

In einer zweiten Studie (PRÜMPER, THEWES und BECKER 2011) stand die Frage im Vordergrund, welchen Einfluss der Handlungsspielraum der Beschäftigten auf ihre Arbeitsfähigkeit hat.

Hintergrund: Nach dem *Job-Demand-Control-Modell* von KARASEK (1979) – eine der bekanntesten und einflussreichsten Stresstheorien im Arbeitskontext – haben hohe Arbeitsbelastungen (Demands) nur dann negative Auswirkungen auf Gesundheit und Wohlbefinden von Beschäftigten, wenn sie mit geringen Kontrollmöglichkeiten (Control) – wie z. B. geringen Handlungsspielräumen – einhergehen. Der Kontrolle über die eigene Arbeit wird damit als gesundheitlicher Ressource eine potenziell „stresspuffernde" Wirkung zuteil. Diese Sichtweise schlägt sich auch in einschlägigen normativen Bestimmungen nieder, so z. B. in der DIN EN ISO 9241-2 (1993), die davon spricht, dass die Arbeitsgestaltung „einen angemessenen Handlungsspielraum hinsichtlich Reihenfolge, Arbeitstempo und Vorgehensweise für den Benutzer vorsehen" (DIN EN ISO 9241-2, 1993, S. 3) sollte.

Handlungsspielraum beschreibt damit die Möglichkeit der Beschäftigten, ihre Arbeit entsprechend den eigenen Vorstellungen zu beeinflussen. Der Vorteil des

Handlungsspielraums besteht insbesondere darin, dass Beschäftigte mit belastenden Situationen besser umgehen oder auch Hindernisse, die bei der Arbeit immer auftreten, „umfahren" können. In diesem Sinne stellt Handlungsspielraum eine wichtige Ressource für die Beschäftigten dar. Sie muss durch eine geeignete Arbeitsgestaltung zur Verfügung gestellt werden.

Methode: Zur Beantwortung der Frage, wie sich ein hoher bzw. niedriger Handlungsspielraum auf die Arbeitsfähigkeit auswirkt, beantworteten 3.345 Beschäftigte aus verschiedenen Branchen zum einen den Fragebogen zum Work Ability Index (WAI) von ILMARINEN und TUOMI (2004). Zum anderen wurden sie im Einklang mit dem Job-Demand-Control-Modell sowohl über ihre quantitative Arbeitsbelastung (Beispielitem: „Ich habe zu viel Arbeit") als auch über ihren Handlungsspielraum (Beispielitem: „Können Sie Ihre Arbeit selbstständig planen und einteilen?") befragt. Verwendet wurden dabei die Subskalen „Quantitative Arbeitsbelastung" und „Handlungsspielraum" des „Kurzfragebogens zur Arbeitsanalyse" (KFZA) von PRÜMPER, HARTMANNSGRUBER und FRESE (1995).

An der Befragung beteiligten sich mehr Männer (59,1 Prozent) als Frauen. Rund ein Viertel der Befragten war unter 30 Jahre alt, das Alter von rund der Hälfte lag zwischen 30 und 50 Jahren, und ca. ein Viertel war älter als 50 Jahre. Die mittlere Arbeitsfähigkeit in der untersuchten Stichprobe betrug 38,7 WAI-Punkte.

Abbildung 4: **Arbeitsorganisation (Quantitative Arbeitsbelastung und Handlungsspielraum) und Arbeitsfähigkeit**

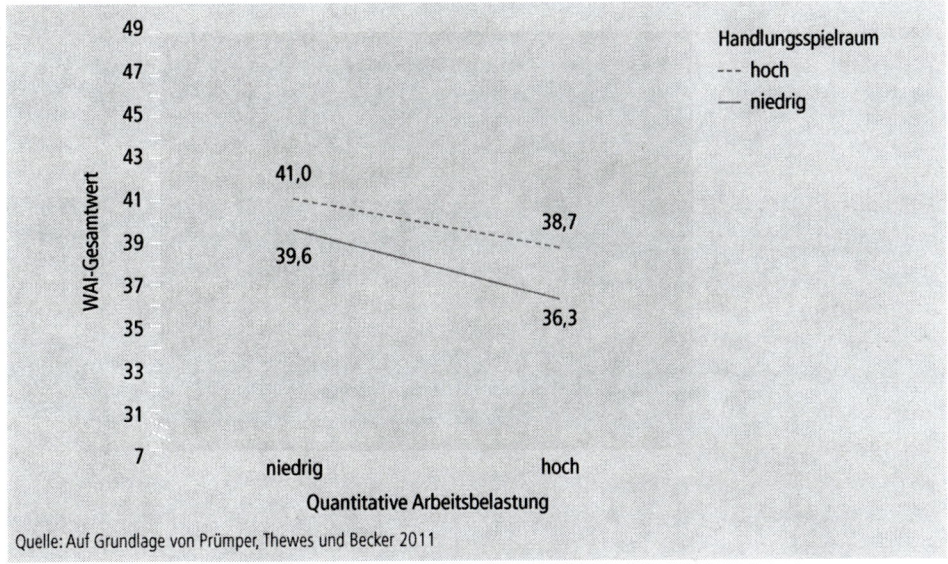

Quelle: Auf Grundlage von Prümper, Thewes und Becker 2011

Ergebnis: Wie Abbildung 4 zu entnehmen ist, weisen Beschäftigte mit hohen quantitativen Arbeitsbelastungen eine signifikant niedrigere Arbeitsfähigkeit auf als Beschäftigte mit niedrigen quantitativen Arbeitsbelastungen. Und erwartungsgemäß haben Beschäftigte mit niedrigen quantitativen Arbeitsbelastungen und hohem Handlungsspielraum mit einem WAI von 41,0 Punkten die höchste Arbeitsfähigkeit von allen hier betrachteten Gruppen.

Entscheidend ist jedoch, dass Beschäftigte mit hohen quantitativen Arbeitsbelastungen und hohem Handlungsspielraum mit einem WAI von 38,7 Punkten eine signifikant höhere Arbeitsfähigkeit aufweisen als Beschäftigte mit hohen quantitativen Arbeitsbelastungen und niedrigem Handlungsspielraum; diese haben im Vergleich lediglich einen WAI von 36,3 Punkten und gehören damit zu dem Personenkreis (vgl. Tabelle 1), bei dem eine Verbesserung der Arbeitsfähigkeit induziert ist.

Zusammenfassend bedeutet dies, dass gerade bei einer Kombination von hohen quantitativen Arbeitsbelastungen und niedrigem Handlungsspielraum mit starken Einbußen der Arbeitsfähigkeit zu rechnen ist. Oder anders gesagt: Selbst bei einer hohen quantitativen Arbeitsbelastung muss es nicht zu einer Reduktion der Arbeitsfähigkeit kommen, wenn genügend Handlungsspielraum vorhanden ist.

Für die betriebliche Praxis bedeutet dies, dass gerade bei steigender Arbeitsbelastung, zunehmender Arbeitsverdichtung und damit einhergehender Arbeitsintensität eine Beförderung der Handlungsspielräume der Beschäftigten von unermesslichem Wert für die langfristige Sicherstellung der Arbeitsfähigkeit ist. Diese Erkenntnis lässt sich z. B. mit dem Konzept der „vollständigen Aufgabe" (vgl. TOMASZEWSKI 1981) in die Praxis umsetzen. Denn: Vollständige Tätigkeiten bieten „Möglichkeiten der Setzung von Zielen und Teilzielen und Entscheidungsmöglichkeiten in allen Phasen der Aufgabenerledigung, gewähren also [...] Handlungsspielraum" (ULICH und WÜLSER 2008, S. 251). Auch in Zeiten alternder Belegschaften erweisen sich vollständige Tätigkeiten als Vorteil. Denn insbesondere für ältere Beschäftigte gilt, „dass eine Erweiterung des Arbeitsinhaltes [...] das Stresserleben entscheidend zu vermindern vermag" (RICHTER und UHLIG 1998, S. 413).

5.   Fazit

Erstens: Besser als Arbeitsunfähigkeit, d. h. Krankenstände, zu messen ist, Arbeitsfähigkeit zu fördern. Dabei kann der WAI helfen. Er hat sich in vielen Studien als Messinstrument bewährt.

Zweitens: Gute Arbeitsfähigkeit heißt: Es besteht ein ausgewogenes Gleichgewicht zwischen dem, was die/der Beschäftigte dauerhaft leisten kann, und dem, was von ihr/ihm verlangt wird. Dieses Gleichgewicht muss während der gesamten Erwerbsbiografie vom Unternehmen und von der/dem Beschäftigten gepflegt werden. Beide tragen hierfür eine gemeinsame Verantwortung.

Drittens: Arbeitsfähigkeit wird von all den Faktoren beeinflusst, die im Haus der Arbeitsfähigkeit zusammengefasst werden. Dabei kommt der 4. Etage, also der Arbeitsgestaltung, eine herausragende Bedeutung zu. Hier „wohnen" viele von denen, die zum Erhalt und zur Förderung der Arbeitsfähigkeit beachtliche Beiträge leisten können. Zwei davon hören auf die Namen „Gute Führung" und „Angemessene Handlungsspielräume".

Literatur

BAuA – Bundesanstalt für Arbeitsschutz und Arbeitsmedizin (Hrsg.): Why WAI? – Der Work Ability Index im Einsatz für Arbeitsfähigkeit und Prävention – Erfahrungsberichte aus der Praxis. Dortmund 2007

BECKER, M.; EHLBECK, I.; PRÜMPER, J.: Freundlichkeit und Respekt als Motor der Gesundheit. Eine empirische Studie. In: GIESERT, M. (Hrsg.): Führung und Gesundheit – Gesundheitsgipfel an der Zugspitze. Hamburg 2009, S. 62–74

DIN EN 9241-2: Ergonomische Anforderungen für Bürotätigkeiten mit Bildschirmgeräten. Teil 2: Anforderungen an die Arbeitsaufgaben. Leitsätze. Berlin 1993

FITTKAU-GARTHE, H.; FITTKAU, B.: FVVB – Fragebogen zur Vorgesetzten-Verhaltens-Beschreibung. Göttingen 1971

HASSELHORN, H. M.; FREUDE, G.: Der Work Ability Index – ein Leitfaden. Dortmund 2007

ILMARINEN, J.: Towards a longer worklife! Ageing and the quality of worklife in the European Union. Finnish Institute of Occupational Health. Helsinki 2005

ILMARINEN, J.; TEMPEL, J.: Arbeitsfähigkeit 2010 – Was können wir tun, damit Sie gesund bleiben? Hamburg 2002

ILMARINEN, J.; TOUMI, K.: Past, present and future of work ability. In: ILMARINEN, J.; LEHTINEN, S. (Hrsg.): People and Work Research Reports 65. Finnish Institute of Occupational Health. Helsinki 2004, S. 1–25

KAPLAN THALER, L.; KOVAL, R.: The Power of Nice: Wie Sie die Welt mit Freundlichkeit erobern können. München 2008

KARASEK, R.: Job Demands, Job Decision Latitude, and Mental Strain: Implications for Job Redesign. In: Administrative Science Quarterly, 24 (1979), S. 285–308

PRÜMPER, J.; HARTMANNSGRUBER, K.; FRESE, M.: KFZA – Kurzfragebogen zur Arbeitsanalyse. In: Zeitschrift für Arbeits- und Organisationspsychologie 39 (1995), S. 125–132

PRÜMPER, J.; THEWES, K.; BECKER, M.: The Effect of Job Control and Quantitative Workload on the different Dimensions of the Work Ability Index. In: NYGÅRD, C.-H.; SAVINAINEN, M.; LUMME-SAND, K.; KIRSI, T. (Hrsg.): Age management during the life course – 4th Symposium on Work Ability. Tampere: Tampere University Press, 2011 (im Druck)

RICHENHAGEN, G.: Beschäftigungsfähigkeit, altersflexibles Führen und gesundheitliche Potentiale. In: Personalführung 8 (2007), S. 44–51

RICHENHAGEN, G.: Leistungsfähigkeit, Arbeitsfähigkeit, Beschäftigungsfähigkeit und ihre Bedeutung für das Age Management. In: FREUDE, G.; FALKENSTEIN, M.; ZÜLCH, J. (Hrsg.): Förderung und Erhalt intellektueller Fähigkeiten für ältere Arbeitnehmer. INQA-Bericht 39. Dortmund 2009, S. 73–86

RICHENHAGEN, G.: Demografischer Wandel in der Arbeitswelt: Ein internationaler Vergleich im Hinblick auf Arbeits- und Beschäftigungsfähigkeit. In: SCHOTT, Th.; HORNBERG, C. (Hrsg.): Die Gesellschaft und ihre Gesundheit. 20 Jahre Public Health in Deutschland: Bilanz und Ausblick einer Wissenschaft. Wiesbaden 2011 (im Druck)

RICHTER, P.; UHLIG, K.: Psychische Belastungen und Ressourcen in der Arbeit und Herz-Kreislauf-Erkrankungen – Ansätze für eine betriebliche Prävention. In: BAMBERG, E.; DUCKI, A.; METZ, A.-M. (Hrsg.): Handbuch Betriebliche Gesundheitsförderung: Arbeits- und organisationspsychologische Methoden und Konzepte. Göttingen 1998, S. 407–422

ROSENSTIEL, L. von: Führung. In: SCHULER, H. (Hrsg.): Lehrbuch der Personalpsychologie. Göttingen 2001, S. 317–347

ROSENSTIEL, L. von; LANG-VON WINS, T.; SIGL, E. (Hrsg.): Führungsnachwuchs finden und fördern. Stuttgart 1994

TOMASZEWSKI, T.: Zur Psychologie der Tätigkeit. Berlin 1981

ULICH, E.; WÜLSER, M.: Gesundheitsmanagement in Unternehmen. Arbeitspsychologische Perspektiven. Wiesbaden 2008

WUNDERER, R.: Führung und Zusammenarbeit: Eine unternehmerische Führungslehre. Köln 2007

Frerich Frerichs, Jan Bögel

AGE CERT – Qualitätssiegel altersgerechte Personalentwicklung

Die vor dem Hintergrund des demografischen Wandels prognostizierten Veränderungen in der Altersstruktur des Erwerbspersonenpotenzials und die eingeschränkten Möglichkeiten für ein vorgezogenes, sozial verträgliches Ausscheiden aus dem Erwerbsleben werden zukünftig eine stärkere Berücksichtigung älterer Arbeitnehmer in der betrieblichen Personalpolitik erforderlich machen. Betriebliche Ansätze des Altersmanagements sind allerdings noch nicht ausreichend entwickelt und nachhaltig genug gestaltet. An diesem Entwicklungsbedarf setzt die Konzipierung und praktische Umsetzung eines Qualitätssiegels zur Bewertung altersgerechter Personalentwicklung an.

Qualitätssiegel AGE CERT

Mit dem Qualitätssiegel AGE CERT[1] sollen zukünftig vorbildliche Ansätze im Umgang mit alternden Belegschaften sichtbar gemacht und fundiert anhand eines Kriterienkataloges bewertet werden. Weitere Unternehmen sollen so zur Umsetzung und Etablierung altersintegrativer Maßnahmen angeregt werden. Da sich bisher weder im wissenschaftlichen Diskurs noch in der betrieblichen Praxis eine einheitliche Konzeption für altersgerechte Personalpolitik durchgesetzt hat, wurden im Rahmen der Entwicklung von AGE CERT die vorliegenden Forschungsbefunde und Gestaltungsvorschläge neu systematisiert, und im Folgenden werden die daraus abgeleiteten strategischen Ziele und die adäquaten Maßnahmen näher dargestellt.

1.   Altersgerechte Personalentwicklung: Konzeptionelle Einordnung

Altersgerechte Personalentwicklung zielt auf eine präventiv orientierte, die gesamte Erwerbsbiografieie und damit alle Altersgruppen einbeziehende Prozessperspektive: Es wird damit berücksichtigt, dass Altern als ein lebenslanger, interindividuell variierender Entwicklungs- und Veränderungsprozess verstanden werden muss und dass für einen Rückgang berufsrelevanter Leistungspotenziale im höheren Lebensalter nicht allein biologische Abbauprozesse verantwortlich sind, sondern in hohem Maße auch die jeweiligen Arbeits- bzw. Lebensbedingungen. Gesundheitsgefährdende Arbeitsbe-

---

1   Das Qualitätssiegel AGE CERT wird von der Marie-Luise und Ernst Becker Stiftung (Köln) initiiert und entwickelt und von dem Zentrum Altern und Gesellschaft der Hochschule Vechta (Prof. Dr. Frerich Frerichs) und dem Institut für Qualitätssicherung in Prävention und Rehabilitation (IQPR, Köln) fachlich begleitet.

dingungen und fehlende Lern- und Persönlichkeitsentwicklungschancen können demnach einem arbeitsinduzierten „Voraltern" Vorschub leisten (vgl. ULICH 2005, S. 494). Im Gegensatz zu den biologischen Alterungsprozessen ist dieses Voraltern durch vorbeugende Maßnahmen beeinflussbar. Eine altersgerechte Arbeits- und Organisationsgestaltung zeichnet sich in besonderer Weise dadurch aus, dass sie in Ergänzung zu bereits bestehenden Ansätzen zusätzlich den altersgruppenspezifischen *Unterschieden* und den intraindividuellen, über die Lebensspanne sich vollziehenden *Veränderungsprozessen* hinsichtlich der Leistungspotenziale und persönlichen Bedürfnisse der Beschäftigten in besonderer Weise Rechnung trägt (KRUSE und PACKEBUSCH 2006).

Diese Definition verweist insgesamt auf eine Ressourcenperspektive: Altersgerechte Personalentwicklung sollte nicht auf die personalbezogene Förderungs-, Schutz- und Kompensationsfunktion reduziert werden, sondern primär auf die stärkere Berücksichtigung und adäquate Nutzung altersspezifischer Fähigkeiten, Fertigkeiten und Kenntnisse zielen. Mit einer solchen Ressourcenorientierung wird einerseits der gerontologischen Erkenntnis Rechnung getragen, der zufolge Alterungsprozesse nicht nur mit negativen Veränderungen der Leistungsfähigkeit einhergehen, sondern zugleich positive Entwicklungsverläufe beinhalten, insbesondere in Form einer Zunahme an Erfahrungswissen, Urteilsvermögen und Qualitätsbewusstsein (LEHR 2007). Andererseits wird deutlich, dass altersgerechte Personalentwicklung auch der Verfolgung betriebswirtschaftlicher Ziele dienen kann und muss: Die Bewältigung wirtschaftlicher, technologischer und organisatorischer Herausforderungen wird betrieblicherseits eine verstärkte Ausschöpfung der zur Verfügung stehenden Potenziale erforderlich machen. Die übergeordnete Zielsetzung einer altersgerechten Personalentwicklung liegt demnach in dem Erhalt, der Förderung und der produktiven Nutzung der Leistungspotenziale von Arbeitskräften, wobei altersspezifische interindividuelle Unterschiede und intraindividuelle Entwicklungsdynamiken in besonderer Weise berücksichtigt werden.

2. Zieldimensionen und Handlungsfelder der alternsgerechten Personalarbeit

Dem Qualitätssiegel AGE CERT werden zum Erhalt und zur Entwicklung der Arbeitsfähigkeit über die gesamte Erwerbslaufbahn drei Zieldimensionen zugrunde gelegt: Gesundheit, Qualifikation und Motivation. Aus der Perspektive des Arbeitsfähigkeitsansatzes besteht die Aufgabe eines alternsgerechten Managements darin, einerseits durch die Etablierung lern-, gesundheits- und motivationsförderlicher Arbeitsbedingungen und andererseits durch Maßnahmen zur Erhaltung und Entwicklung der kollektiven Bewältigungsressourcen der Beschäftigten einen für das Unternehmen und die Beschäftigten aller Altersgruppen optimalen „Match" von Arbeitsanforderungen und Leistungsvermögen zu realisieren (vgl. ILMARINEN und TEMPEL 2002, S. 88). Ein solches Optimum läge dann vor, wenn einerseits die alters- und lebensphasenspezifisch vorhandenen personalen Leistungspotenziale im Sinne der Unternehmensziele mobilisiert werden können und gleichzeitig über den gesamten Erwerbsverlauf der Beschäftigten erhalten bleiben. Da die genannten Zieldimensionen in einem interdependenten Verhältnis zueinander stehen, sich also sowohl positiv als auch negativ wechselseitig beeinflussen können (z. B. GUSSONE u. a. 1999), sollte altersgerechte Personalentwicklung mehrdimensional angelegt sein und – mit Blick auf die Förderung von Verbundeffekten – systematisch aufeinander bezogen werden.

Abbildung 1: Altersgerechte Personalentwicklung – Handlungsfelder und Maßnahmenbereiche

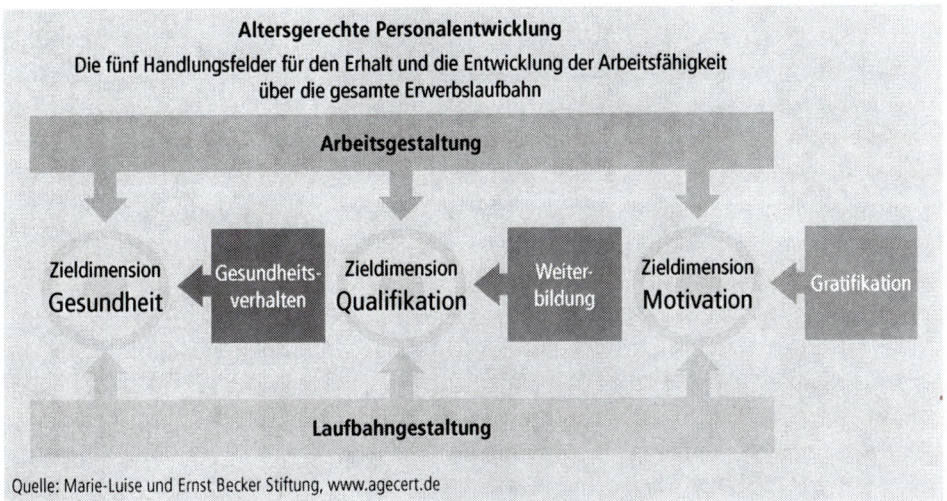

Quelle: Marie-Luise und Ernst Becker Stiftung, www.agecert.de

Unbenommen der Tatsache, dass es keinen „one best way" zur altersgerechten Organisation von Arbeitsprozessen geben kann, lassen sich für die genannten Zieldimensionen bestimmte Handlungsfelder benennen, die nach dem derzeitigen Stand der Forschung ein tragfähiges Grundkonzept zur Schaffung einer für alle Altersgruppen geeigneten Arbeitsumwelt unter gleichzeitiger Berücksichtigung betriebsökonomischer Zielstellungen bilden (vgl. Abbildung 1). Im Einzelnen umfasst dies die Handlungsfelder:

- *Arbeitsgestaltung (Arbeitsplatz, Arbeitsorganisation, Arbeitszeit),*
- *Laufbahngestaltung,*
- *Gestaltung altersgerechter Weiterbildung,*
- *Förderung gesundheitsgerechter Verhaltensweisen und*
- *Gratifikationsgestaltung.*

Für die hier aufgeführten Maßnahmenbereiche gilt, dass sie prinzipiell in Unternehmen aller Branchen und Betriebsgröße anwendbar sind. Allerdings müssen sie an die jeweiligen betrieblichen Bedingungen und Problemlagen angepasst, priorisiert und konkretisiert werden.

2.1   Arbeitsgestaltung

Der Begriff Arbeitsgestaltung umfasst ein weites Spektrum an unterschiedlichen sowohl präventiv als auch kompensatorisch ausgerichteten Interventionen. Zu nennen sind hier Maßnahmen des Arbeitsschutzes und der Arbeitsplatzergonomie, Arbeitsstrukturierungskonzepte (Veränderung des Zuschnitts von Arbeitsaufgaben und der Arbeitsteilung) sowie Ansätze zur Arbeitszeitgestaltung. Übergeordnete Leitlinien für altersgerechte Gestaltung von Arbeitsplätzen lassen sich aus den arbeitswissenschaftlichen Grundsätzen für eine menschengerechte Arbeitsgestaltung ableiten, die im Zuge der Forschungs- und Transferprojekte zur Humanisierung des Arbeitslebens in den 1970er- und 1980er-Jahren ausgearbeitet wurden (vgl. ULICH 2005). Allerdings wird darauf hingewiesen, dass eine altersgerechte Arbeitsgestaltung zusätzlich verstärkt an den Prinzipien einer differenziellen und dynamischen Arbeitsgestaltung orientiert sein muss, d. h., es muss der größer werdenden Variabilität in den individuellen Leistungsvoraussetzungen und Bedürfnissen sowie den Leistungswandlungsprozessen im höheren Lebensalter ausreichend Rechnung getragen werden (KRUSE und PACKEBUSCH 2006).

Eine differenzielle Arbeitsgestaltung versucht dabei der Tatsache Rechnung zu tragen, dass es aufgrund *inter*individueller Unterschiede keine für alle Beschäftigten optimale Arbeitsstruktur geben kann. Ziel ist daher das Angebot unterschiedlicher Arbeitsstrukturen und Arbeitstätigkeiten, zwischen denen die Beschäftigten wählen können, bzw. Möglichkeiten zur Realisierung unterschiedlicher Arbeitsweisen. Das Prinzip der dynamischen Arbeitsgestaltung bezieht sich hingegen auf die *intra*individuellen Veränderungsprozesse im Verlauf der Erwerbsbiografie (z. B. Persönlichkeitsentwicklung, Wissenszuwächse, Rückgange in der körperlichen Leistungsfähigkeit). Diese erfordern „evolvierende" Tätigkeitsstrukturen, die eine flexible Anpassung an den jeweiligen Entwicklungsstand der Arbeitsperson erlauben, wobei die Beschäftigten über Möglichkeiten zur selbstständigen Weiterentwicklung der Arbeitsabläufe und -strukturen verfügen sollten (vgl. ULICH 2005).

Zusätzlich zu arbeitsgestalterischen Lösungen kann in besonders belastenden Arbeitsbereichen eine dem altersspezifischen Leistungswandel Rechnung tragende Aufgabenzuweisung notwendig werden. Dies gilt insbesondere für Unternehmen, in denen schwere körperliche Arbeit relevant ist und in denen die Spielräume für technisch-arbeitsorganisatorische und laufbahngesteuerte Belastungsreduktionen gering sind (u. a. kleine und mittlere Unternehmen, Handwerksbetriebe, vgl. GEORG, BARKHOLDT und FRERICHS 2005). Sinnvoller erscheinen hierbei Mischarbeitsformen, die einen ausgewogenen Belastungsmix hinsichtlich der körperlichen und psychisch-kognitiven Anforderungen sicherstellen.

Betriebliche Arbeitszeitgestaltung ist als weiterer integraler Bestandteil einer altersgerechten Arbeitsgestaltung zu begreifen. Maßnahmen der Arbeitszeitgestaltung begründen sich einerseits dadurch, dass sich über die Länge und Lage der Arbeitszeit die Expositionsdauer und -intensität von Arbeitsbelastungen regulieren lässt. Zum anderen gilt es, Belastungen, die aus der Arbeitszeit selbst resultieren können (etwa: Vereinbarkeitsprobleme zwischen Arbeitszeit und Freizeit, psychophysische Belastungen durch Nachtarbeit), zu mindern. Zukünftig sind dabei insbesondere lebenszyklisch unterschiedliche Zeitbedürfnisse und -präferenzen zu berücksichtigen, z. B. in Form von Erziehungs- und Pflegeurlauben, Sabbaticals und Weiterbildungszeiten bzw. Lernzeitkonten (HILDEBRANDT 2007). In diesem Zusammenhang kann auch der gleitende Übergang in den Ruhestand bzw. die Altersteilzeit eine neue Attraktivität gewinnen.

2.2 Laufbahngestaltung

Die Gestaltung von innerbetrieblichen Mobilitätsprozessen soll mit dem Durchlaufen unterschiedlicher Laufbahnpositionen sowohl Belastungswechsel bzw. Belastungsreduktionen als auch eine Weiterentwicklung der Qualifikationen ermöglichen. Seit einiger Zeit werden hierbei alternative Wege der Laufbahngestaltung in Ergänzung zur klassischen Führungskarriere diskutiert und in der Praxis erprobt. Mit entsprechenden Konzepten wird die Absicht verfolgt, zusätzliche Möglichkeiten für Tätigkeitswechsel zu schaffen, um dem jeweiligen Leistungsvermögen und den persönlichen Interessen von Arbeitnehmern in unterschiedlichen Phasen ihrer Erwerbsbiografie gerecht werden zu können. Im Idealfall gelingt es auf diese Weise, Positionssequenzen zu bilden, die aufgrund einer optimalen Aneinanderreihung unterschiedlicher Belastungsformen und Qualifikationsmöglichkeiten einen langen Verbleib auch in alterskritischen Berufen ermöglichen (vgl. BEHRENS 1999).

Im Mittelpunkt der wissenschaftlichen Diskussion stehen dabei einerseits erweiterte vertikale Aufstiegsmöglichkeiten durch die Einrichtung von Fach- bzw. Spezialistenlaufbahnen, die sukzessive auf Arbeitsplätze mit anspruchsvolleren und vielseitigeren Aufgabeninhalten führen. Der Aufstieg erfolgt im Rahmen einer eigenen Hierarchiestruktur mit entsprechenden Zuwächsen an Gehalt, Status, Kompetenzen etc. (vgl. z. B. BRANDENBURG und DOMSCHKE 2007). Beispiel hierfür sind z. B. die im Rahmen eines österreichischen Modellprojektes eingerichteten Expertenfunktionen im Bereich der Krankenpflege (vgl. MORSCHHÄUSER 2006). Davon zu unterscheiden sind horizontale Laufbahnpfade, mit denen Arbeitsplatzwechsel auf gleichbleibendem Hierarchieniveau bezeichnet werden. Hierbei wird ein Wechsel auf Positionen angestrebt, die einerseits mit Belastungsreduktionen einhergehen, andererseits aber auch auf die besonderen Stärken älterer Arbeitnehmer fokussieren. Beispiele hierfür sind z. B. der Wechsel von Produktionsarbeitsplätzen in Qualitätssicherungs- oder Servicebereiche (vgl. BEHRENS 1999), der Einsatz erfahrener älterer Arbeitnehmer/-innen als Mentoren oder auch das Modell der „geteilten Berufsbiografien" z. B. im Justizvollzug, bei der die Beschäftigten nach einer mehrjährigen Beschäftigung umgeschult werden und eine „zweite Karriere" im Verwaltungsbereich beginnen (vgl. BERTELSMANN STIFTUNG und BDA 2008).

Anzumerken bleibt, dass die Spielräume zur Einrichtung altersgerechter vertikaler Laufbahnpfade in Großunternehmen aufgrund des größeren Tätigkeitsspektrums größer als in kleinen und mittleren Unternehmen sind (obgleich auch hier bereits erfolgreiche Modellvorhaben realisiert werden konnten). Allerdings weisen die Arbeitsaufgaben in kleineren Betrieben aufgrund eines geringeren Grades an Arbeitsteilung häufig eine größere Anforderungsvielfalt auf, sodass die Risiken durch einseitige Belastungen und Dequalifizierungseffekte hier geringer sind. Zudem bestehen möglicherweise Optionen, neue Geschäftsfelder zu erschließen, die besonders geeignet für den Einsatz älterer Beschäftigter geeignet sind (z. B. zusätzliche Service-, Beratungs- oder Wartungsangebote, vgl. NAEGELE und WALKER 2007).

2.3   Altersgerechte Weiterbildung

Die Qualifizierung alternder Belegschaften erfordert betrieblicherseits neben der Etablierung lernförderlicher Arbeitssysteme auch flankierende Weiterbildungsaktivitäten, da ein ausschließlich arbeitsintegriertes und informelles Lernen die Gefahr einer betriebsspezifischen Verengung von Qualifikationsprofilen birgt (vgl. FRERICHS 2007). Auch hier ist vorrangig eine präventive Ausrichtung gefordert, was in diesem Fall bedeutet, dass berufsorientierte Weiterbildungsaktivitäten im Sinne eines lebenslangen Lernprozesses über den gesamten Verlauf der Erwerbsbiografie verteilt sein müssen und demnach nicht nur jüngere Beschäftigte einbeziehen bzw. reaktiv, d. h. erst beim Auftreten akuter Probleme, erfolgen dürfen. Nur auf diese Weise kann die Entstehung von kaum noch behebbaren Qualifizierungsdefiziten bei Beschäftigten in der Spätphase des Erwerbslebens vermieden werden.

Vor dem Hintergrund der aktuell bestehenden Problemlagen älterer Arbeitnehmer müssen präventive Ansätze allerdings zwangsläufig zusätzlich durch kompensatorische Elemente ergänzt werden: Die Folgen einer in der Vergangenheit unterlassenen Requalifizierung müssen in diesem Fall durch besondere zielgruppenorientierte Maßnahmen aufgefangen werden, die Lernentwöhnungseffekte berücksichtigen. Zudem werden auch im Rahmen präventiver Strategien bis zu einem gewissen Grad altersgruppenspezifische Unterschiede in den Lernvoraussetzungen berücksichtigt und geeignete didaktische Methoden eingesetzt werden müssen. Bei der Umsetzung bedarfsgerecht geplanter Maßnahmen müssen in der methodisch-didaktischen Ausrichtung das besondere Lernbedürfnis, der Lernstil sowie die Lernsituation (viele Ältere gehören zu der Gruppe der sogenannten Lernentwöhnten) Älterer berücksichtigt werden (WENKE 2006). Der Betrieb sollte darauf achten, dass der ausgewählte Weiterbildungträger über speziell auf Ältere zugeschnittene Qualifizierungskonzepte mit folgenden Elementen verfügt:

- *Selbststeuerung des Lernens* (persönlich definiertes Lerntempo, individuell bestimmte Wiederholungs- und Vertiefungsschritte, ausreichend Zeit für Übung);
- *Anknüpfung an Erfahrungswissen* (Verdeutlichung der Praxisrelevanz des Stoffs und des persönlichen Lerngewinns im Rahmen von Aufgaben, Beispielen, Übungen);
- *Integration von Arbeit und Lernen* (Betriebs- bzw. Arbeitsplatznähe des Lernorts, Vermeidung schulischer Prinzipien, „Lerninseln" im Betrieb, arbeitsnahe Qualifikation);
- *Differenzierung* (Berücksichtigung sozialer Ausgangsvoraussetzungen im Hinblick auf Gesundheitszustand, Nationalität, Geschlecht, Bildung, Arbeitsplatz etc.).

Von übergreifender Bedeutung ist dabei der Punkt der Individualisierung, da Individualisierung jene Komponente ist, die mit zunehmendem Alter wächst. Lebens-, Berufs- und Lernerfahrung spielen eine wichtige Rolle, weil sie in ihrer spezifischen Kombination die Besonderheit und die Persönlichkeit des Menschen ausmachen. Gerade dieser Aspekt muss von Qualifizierungskonzepten, die auf Ältere ausgerichtet sind, berücksichtigt werden.

2.4 Förderung des Gesundheitsverhaltens

Dem individuellen Umgang mit der eigenen Gesundheit bzw. mit Gesundheitsrisiken kommt ebenfalls eine zentrale Bedeutung für den Erhalt der Leistungsfähigkeit alternder Belegschaften zu. Die Befähigung für ein eigenverantwortliches Gesundheitsverhalten gewinnt nicht zuletzt vor dem Hintergrund stärker orts- und zeitflexibler Arbeitskontexte an Bedeutung, die den Konzepten des klassischen Arbeitsschutzes Grenzen setzen. Entsprechende Interventionen umfassen dabei im Wesentlichen drei Komponenten (vgl. JERUSALEM 2001):

- Wissensvermittlung (Risiko- und Ressourcenkommunikation);
- Beeinflussung von Einstellungen (Eigenverantwortung, Kompetenzüberzeugungen, Motivation zu protektivem Verhalten);
- Verhaltenseinübung (Verhaltensanalyse, Kompetenzförderung, Verhaltensregulation).

Auf der Basis der Befunde zu altersspezifischen Krankheitsbildern und damit korrespondierenden Verhaltensmustern lassen sich vier zentrale Schwerpunktbereiche identifizieren, in denen verhaltens- und einstellungsbeeinflussende Interventionen im betrieblichen Kontext sich als besonders wirkungsvoll für den Gesunderhalt alternder Belegschaften erweisen dürften (vgl. BADURA, SCHELLSCHMIDT und VETTER 2007):

- Förderung gesundheitsschonender Arbeitsausführung mit besonderem Fokus auf die Prävention von Muskel-Skelett-Erkrankungen;
- Förderung der körperlichen Aktivität;
- Förderung gesunder Ernährungsweisen und Suchtprävention;
- Förderung der psychischen Belastbarkeit mit besonderem Fokus auf die Stressbewältigungsfähigkeit.

Welche Angebote aus diesem Katalog letztendlich ausgewählt und umgesetzt werden sollten, ist abhängig von der jeweiligen betrieblichen Belastungssituation, aber auch den individuellen Bedürfnissen der Beschäftigten. Insofern ist der Erfolg personenbezogener Maßnahmen der Gesundheitsförderung abhängig von einer entsprechenden Bedarfsanalyse und möglichst passgenauen Ausgestaltung der Interventionen.

2.5   Gratifikationsgestaltung

Arbeitspsychologische und gerontologische Studien deuten darauf hin, dass sich die Faktoren für Arbeitsmotivation und Arbeitszufriedenheit im Altersverlauf verändern (vgl. ROSSNAGEL und HERTEL 2006). So haben ältere Mitarbeiter/-innen im Gegensatz zu jüngeren tendenziell ein geringeres Interesse an inner- und außerbetrieblicher Mobilität, Aufstieg und finanziellen Gratifikationen. Umgekehrt gewinnt etwa der Wunsch nach Anerkennung des Erfahrungswissens, größeren Handlungsspielräumen und der Partizipation an Entscheidungsprozessen im höheren Alter an Bedeutung.

Die Veränderungen von Arbeitsmotivation bzw. motivationsrelevanten Einstellungen über die Lebensspanne sprechen für die Entwicklung von stärker altersdifferenzierten und -dynamischen Anreizsystemen, die den Interessen in der jeweiligen Lebensphase in stärkerem Maße Rechnung tragen, Wahlmöglichkeiten bieten und auf diese Weise wahrscheinlich eine höhere Anreizwirkung erzielen können (vgl. BRINKMANN 2007). Das oftmals geringere Interesse älterer Arbeitnehmer/Arbeitnehmerinnen an beruflichem Aufstieg und innerbetrieblicher Mobilität wirft die Frage nach Anreizsystemen auf, die nicht nur zu beruflicher Leistung motivieren, sondern auch die Lern- und Veränderungsbereitschaft fördern. Ansatzpunkte für die Entwicklung lernorientierter Gratifikationsmodelle bieten hier möglicherweise sogenannte Polyvalenzlohnsysteme (auch: Potenziallohn), die neben dem Normallohnsatz, Leistungsboni, Erschwerniszulagen etc. auch die Qualifikation und innerbetriebliche Einsatzflexibilität von Beschäftigten honorieren. Vor diesem Hintergrund spricht vieles dafür, dass durch „pay for knowledge" auch Anreize für eine kontinuierliche Weiterentwicklung beruflicher Qualifikationen über die gesamte Erwerbsbiografie geschaffen werden können, sofern betrieblicherseits entsprechende Qualifizierungs- und Laufbahnmöglichkeiten bestehen (vgl. hierzu ALIOTH 1986).

Die Analysen zur Entwicklung bzw. Veränderung von Präferenzen im Altersverlauf deuten darauf hin, dass möglicherweise Alternativen zu ausschließlich monetären Belohnungen eine größere Wirkung auf die Motivation älterer Arbeitnehmer entfalten können, da auf diese Weise den lebensphasenspezifischen Bedürfnissen besser Rechnung getragen wird. Eine mögliche Lösung könnte hier möglicherweise in der Einführung flexibler Gratifikationskonzepte („Cafeteria"-Systeme) bestehen, bei denen das Unternehmen unterschiedliche monetäre und nicht monetäre Vergütungsbestandteile anbietet und die Mitarbeiter im Rahmen eines festgelegten Budgets die für sie geeignet erscheinenden Komponenten auswählen können (vgl. z. B. WAGNER 2004). Das Spektrum an möglichen Angeboten ist dabei recht weit gefächert, attraktive Angebote für ältere Arbeitnehmer könnten hier z. B. die folgenden Zusatzleistungen bilden:

- zusätzliche Gesundheitsfürsorge;
- zusätzliche Altersversorgung („deferred compensation");
- Unterstützungsleistungen für die Pflege Angehöriger;
- Arbeitszeitvergünstigungen bzw. zusätzliche Urlaubsansprüche.

Als wichtige Faktoren für eine erfolgreiche Implementierung flexibler Gratifikationsformen können die Partizipation der Beschäftigten bei der Angebotsentwicklung sowie eine umfassende Beratung zu den zur Verfügung stehenden Wahloptionen und ihrer Passung für unterschiedliche Lebensumstände angesehen werden (vgl. WAGNER 2004).

3. Ausblick: Zur Implementierung des Qualitätssiegels AGE CERT

Die vorgestellten konzeptionellen Grundlagen und die angeführten Handlungsfelder bilden die Basis für die Entwicklung und Umsetzung eines betrieblichen Zertifizierungsverfahrens, das mit der Vergabe eines Qualitätssiegels zur altersgerechten Personalentwicklung (AGE CERT) schließen soll. Die konkrete Bewertung entsprechender betrieblicher Maßnahmen soll in einem 4-stufigen Prozess erfolgen (vgl. Abbildung 2):

(1) In der Vorbereitungsphase steht interessierten Organisationen aus der Privatwirtschaft oder dem öffentlichen Dienst ein Selbstcheck zur Verfügung, der insgesamt 75 Prüfitems umfasst. Der Selbstcheck soll es ermöglichen, im Vorfeld der Zertifizierung den Stand der eigenen altersgerechten Personalentwicklung zu überprüfen. Zusätzlich werden in dieser Phase mit einem Kurzfragebogen relevante Betriebsdaten erhoben.

(2) In der anschließenden Feedbackphase wird den Organisationen entweder eine Empfehlung zur Teilnahme am Zertifizierungsprozess ausgesprochen, oder es werden Vorschläge zu notwendigen Verbesserungen des Status quo der altersgerechten Personalentwicklung abgegeben.

(3) In der Visitationsphase werden die Voraussetzungen für die tatsächliche Vergabe des Qualitätssiegels geprüft. Im Vorfeld wird dazu mit den Betrieben ein Visitationsplan erarbeitet, in dem u. a. die konkreten Ziele und die Gesprächspartner sowie die Zeitplanung festgehalten werden. Im Rahmen der sich anschließenden Vor-Ort-Prüfung wird mithilfe eines praxisnahen Anforderungskataloges ermittelt, inwieweit die Personalentwicklung als altersgerecht eingestuft werden kann. Die Ergebnisse werden in einem Visitationsbericht festgehalten, der mit einem Vorschlag zur Vergabe oder Nichtvergabe des Qualitätssiegels schließt.

(4) Die erfolgreiche Durchführung der Visitation mündet in die Verleihung des Qualitätssiegels „AGE CERT" durch eine unabhängige Zertifizierungsagentur. Die Zuerkennung des Siegels ist auf einen Zeitraum von drei Jahren befristet. Dies soll die Überprüfung der Nachhaltigkeit der getroffenen Maßnahmen gewährleisten.

Abbildung 2: **Zertifizierungsprozess zum Qualitätssiegel „AGE CERT"**

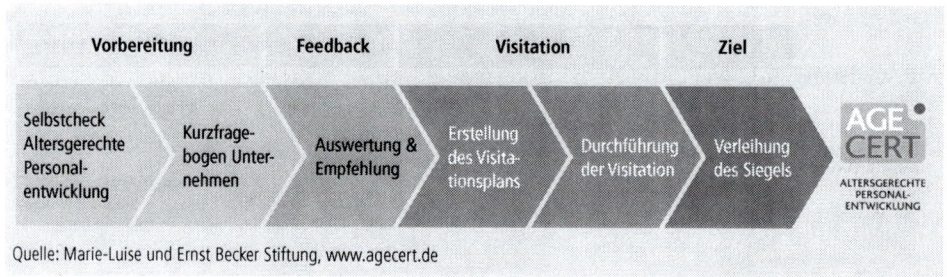

Quelle: Marie-Luise und Ernst Becker Stiftung, www.agecert.de

Literatur

ALIOTH, A.: Lohn und Lernen. In: DUELLI W.; FREI, F. (Hrsg.): Arbeit gestalten – Mitarbeiter beteiligen. Eine Heuristik qualifizierender Arbeitsgestaltung. Frankfurt 1986, S. 183–194

BADURA, B.; SCHELLSCHMIDT, H.; VETTER, C.: Fehlzeiten-Report 2006. Chronische Krankheiten. Betriebliche Strategien zur Gesundheitsförderung, Prävention und Wiedereingliederung. Zahlen, Daten, Analysen aus allen Branchen der Wirtschaft. Heidelberg 2007

BEHRENS, J.: Länger erwerbstätig durch Arbeits- und Laufbahngestaltung. Personal- und Organisationsentwicklung zwischen begrenzter Tätigkeitsdauer und langfristiger Erwerbsarbeit. In: BEHRENS, J. u. a. (Hrsg.): Länger erwerbstätig – Aber wie? Opladen 1999, S. 71–115

BERTELSMANN STIFTUNG; BDA (Bundesvereinigung der Deutschen Arbeitgeberverbände): Demographiebewusstes Personalmanagement. Strategien und Beispiele für die betriebliche Praxis. Gütersloh 2008

BRANDENBURG, U.; DOMSCHKE, J.-P.: Die Zukunft sieht alt aus. Herausforderungen des demografischen Wandels für das Personalmanagement. Wiesbaden 2007

BRINKMANN, R.: Berufsbezogene Leistungsmotivation und Leistungsorientierung älterer Arbeitnehmer. Ergebnisse eines explorativen Forschungsprojektes zur kontroversen Diskussion um die Leistungsmotivation und Leistungsorientierung älterer Arbeitnehmer. 2007. Verfügbar unter: http://www.boeckler.de/pdf_fof/S-2004-620-3-1.pdf (08.01.2008)

FRERICHS, F.: Weiterbildung und Personalentwicklung 40plus: Eine praxisorientierte Strukturanalyse. In: LÄNGE, W.; MENKE, B. (Hrsg.): Generation 40plus. Demografischer Wandel und Anforderungen an die Arbeitswelt. Bielefeld 2007, S. 67–104

GEORG, A.; BARKHOLDT, C.; FRERICHS, F.: Modelle altersgerechter Arbeit aus Kleinbetrieben und ihre Nutzungsmöglichkeiten. Dortmund 2005

GUSSONE, M. u. a.: Ältere Arbeitnehmer. Altern und Erwerbsarbeit in rechtlicher, arbeits- und sozialwissenschaftlicher Sicht. Frankfurt a. M. 1999

HILDEBRANDT, E. (Hrsg.): Lebenslaufpolitik im Betrieb. Optionen zur Gestaltung der Lebensarbeitszeit durch Langzeitkonten. Berlin 2007

ILMARINEN, J.; TEMPEL, J.: Arbeitsfähigkeit 2010. Was können wir tun, damit Sie gesund bleiben? Hamburg 2002

JERUSALEM, M.: Empirisch evaluierte Maßnahmen zur Gesundheitsförderung, Prävention und Rehabilitation. In: Zeitschrift für Gesundheitspsychologie 9 (2001), S. 67–83

KRUSE, A.; PACKEBUSCH, L.: Alter(n)sgerechte Arbeitsgestaltung. In: ZIMOLONG, B.; KONRADT, U. (Hrsg.): Ingenieurpsychologie. Göttingen 2006, S. 425–458

LEHR, U.: Psychologie des Alterns. Wiebelsheim 2007

MORSCHHÄUSER, M.: Reife Leistung. Personal- und Qualifizierungspolitik für die künftige Altersstruktur. Berlin 2006

NAEGELE, G.; WALKER, A.: A Guide to Good Practice in Age Management. Dublin: European Foundation 2007

ROSSNAGEL, C.; HERTEL, G.: Altersbedingte Unterschiede in Inhalten und im Zustandekommen von Arbeitsmotivation und Arbeitszufriedenheit. In: Zeitschrift für Arbeitswissenschaft 60 (2006) 3, S. 181–186

ULICH, E.: Arbeitspsychologie. Zürich 2005

WAGNER, D.: Cafeteria-Systeme. In: GAUGLER, E.; OECHSLER, W. A.; WEBER, W. (Hrsg.): Handwörterbuch des Personalwesens. Stuttgart 2004, S. 633–639

WENKE, J.: Berufliche Weiterbildung für ältere Arbeitnehmer. In: SCHEMME, D. (Hrsg.): Qualifizierung, Personal- und Organisationsentwicklung mit älteren Mitarbeiterinnen und Mitarbeitern. Probleme und Lösungsansätze. Bielefeld 2006, S. 63–82

Renate Büttner, Matthias Knuth, Oliver Schweer

„Perspektive 50plus – Beschäftigungspakte für Ältere in den Regionen" – ein innovatives Arbeitsmarktprogramm zur (Wieder-)Eingliederung von älteren Langzeitarbeitslosen

Das vom Bundesministerium für Arbeit und Soziales (BMAS) seit 2005 geförderte Bundesprogramm „Perspektive 50plus" basiert auf innovativen und auf regionale Besonderheiten abgestimmten Konzepten zur Verbesserung der Wiedereingliederungschancen von älteren Langzeitarbeitslosen. Umgesetzt werden diese Konzepte durch sogenannte Beschäftigungspakte, die im Kern aus Grundsicherungsstellen und den von diesen beauftragten Bildungs- und Beschäftigungsträgern bestehen und die im Rahmen des Bundesprogramms ressourcenorientierte Förderangebote für ältere Langzeitarbeitslose entwickelt haben. Das Bundesprogramm hat sich zu einem lernenden Programm entwickelt, das eine Pionierfunktion im Bereich Arbeitsförderung ausübt. Die Lernprozesse nicht nur auf der konzeptionellen, sondern auch auf der Akteurs- und Netzwerkebene sind Gegenstand des Beitrags.

1. Zielsetzungen und Integrationserfolge von „Perspektive 50plus"

Als Bestandteil der von der Bundesregierung ausgehenden „Initiative 50plus" hat das Bundesministerium für Arbeit und Soziales (BMAS) zur Bekämpfung der Langzeitarbeitslosigkeit von älteren Bezieherinnen und Beziehern von Arbeitslosengeld II im September 2005 das Modellprogramm „Perspektive 50plus – Beschäftigungspakte für Ältere in den Regionen" aufgelegt. Die Laufzeit des Programms war ursprünglich bis Ende 2007 vorgesehen, wurde dann im Rahmen einer zweiten Programmphase (2008 bis 2010) weiter fortgeführt. Eine dritte – wohl abschließende – fünfjährige Programmphase war zum Zeitpunkt der Erstellung des folgenden Beitrags in Vorbereitung. Dieser stellt Ergebnisse aus der programmbegleitenden Bundesevaluation durch das Institut Arbeit und Qualifikation (IAQ) der Universität Duisburg-Essen für die zweite Programmphase vor, wobei schwerpunktmäßig auf die spezifischen Aspekte der Programmumsetzung und -steuerung sowie auf die im Sinne eines „lernenden" Arbeitsmarktprogramms entwickelten innovativen, ressourcenorientierten Aktivierungs- und Vermittlungsansätze eingegangen wird.

Zur Zielgruppe des Bundesprogramms „Perspektive 50plus" gehören in erster Linie arbeitslos gemeldete Bezieherinnen und Bezieher von Arbeitslosengeld II, die das 50. Lebensjahr vollendet haben bzw. dieses bis zum Ende der jeweils laufenden Programmphase erreichen. Darüber hinaus können Nichtleistungsbezieher/-innen oder Arbeitslosengeld-I-Bezieherinnen und -Bezieher an „Perspektive 50plus" teilnehmen, die ohne eine Förderung in absehbarer Zeit voraussichtlich zu dieser Zielgruppe gehören werden. Zielsetzung des Bundesprogramms ist es, arbeitslose Ältere über geeignete zielgruppenspezifische Aktivierungs- und Integrationsstrategien in den allgemeinen Arbeitsmarkt zu (re-)integrieren und dadurch die Hilfebedürftigkeit zu überwinden oder diese zumindest zu verringern.

Zu den Erkenntnissen aus der Analyse der Daten der Teilnehmenden der ersten Programmphase gehörte, dass insbesondere das Vorliegen multipler Vermittlungshemmnisse den Einstieg der Zielgruppe in den ersten Arbeitsmarkt behinderte. Ein wesentliches Vermittlungshemmnis war eine sehr lang andauernde Arbeitslosigkeit – bei fast 45 Prozent der Teilnehmenden von „Perspektive 50plus" lag die letzte Tätigkeit im ersten Arbeitsmarkt länger als vier Jahre zurück. Diese zum Teil extreme Langzeitarbeitslosigkeit führte u. a. dazu, dass fachliche Kenntnisse und Erfahrungen teilweise veraltet und individuelle Gehaltsvorstellungen unrealistisch waren. Zu den am weitesten verbreiteten Vermittlungshemmnissen zählte eine eingeschränkte räumliche Mobilität. Diese war vor allem dadurch gekennzeichnet, dass entweder kein Führerschein (mehr) vorhanden war oder aufgrund der Hilfebedürftigkeit kein Kraftfahrzeug zur Verfügung stand. In vielen Fällen bestanden jedoch auch mentale Mobilitätsbarrieren, z. B. fehlten Kenntnisse über öffentliche oder alternative Mobilitätsangebote. Überraschend hoch war das Ausmaß gesundheitlicher Einschränkungen unter den zugewiesenen Teilnehmerinnen und Teilnehmern. Bei insgesamt 36 Prozent der Personen lagen gesundheitliche Einschränkungen vor, bei nahezu einem Drittel dieser Gruppe (11 Prozent aller Teilnehmenden) waren die gesundheitlichen Beeinträchtigungen schwerer Art.[1]

Trotz dieser zum Teil erheblichen Vermittlungshemmnisse innerhalb der Zielgruppe von „Perspektive 50plus" verzeichnet das Bundesprogramm nach den von den Beschäftigungspakten bis Mitte 2010 gemeldeten Integrationszahlen kontinuierliche Integrationserfolge und erweist sich zudem als bemerkenswert krisenfest. In Abbildung 1 zeigt sich der Trend zur Zunahme der Integrationen im Bundesprogramm „Perspektive 50plus" erstaunlich unbeeinflusst von der sich seit Herbst 2008

---

1   Diese Ergebnisse sind mit Bezug darauf, welche Auswirkungen der Gesundheitszustand auf die Beteiligung am Arbeitsmarkt hat, mit denen vergleichbar, die die Kundenbefragung von erwerbsfähigen Hilfebedürftigen im Rahmen der Evaluation der Experimentierklausel ergab. Demnach beträgt der Anteil der erwerbsfähigen Hilfebedürftigen im Alter von 50 Jahren und älter, die in der Selbsteinschätzung aufgrund ihres Gesundheitszustands täglich nicht länger als sechs Stunden arbeiten können, 35,3 Prozent, von denen wiederum etwas mehr als ein Drittel (13,5 Prozent) nicht länger als drei Stunden täglich arbeiten können (vgl. Brussig und Knuth 2010).

auf dem deutschen Arbeitsmarkt auswirkenden Finanz- und Wirtschaftskrise. Insofern stellt sich die Frage nach den Erfolgsfaktoren des Bundesprogramms.

Abbildung 1: **Monatliche Zuwächse an Integrationen in der zweiten Programmphase von „Perspektive 50plus" im Vergleich zu den bundesweiten Abgängen aus Arbeitslosigkeit in Erwerbstätigkeit, Stand 30.06.2010**

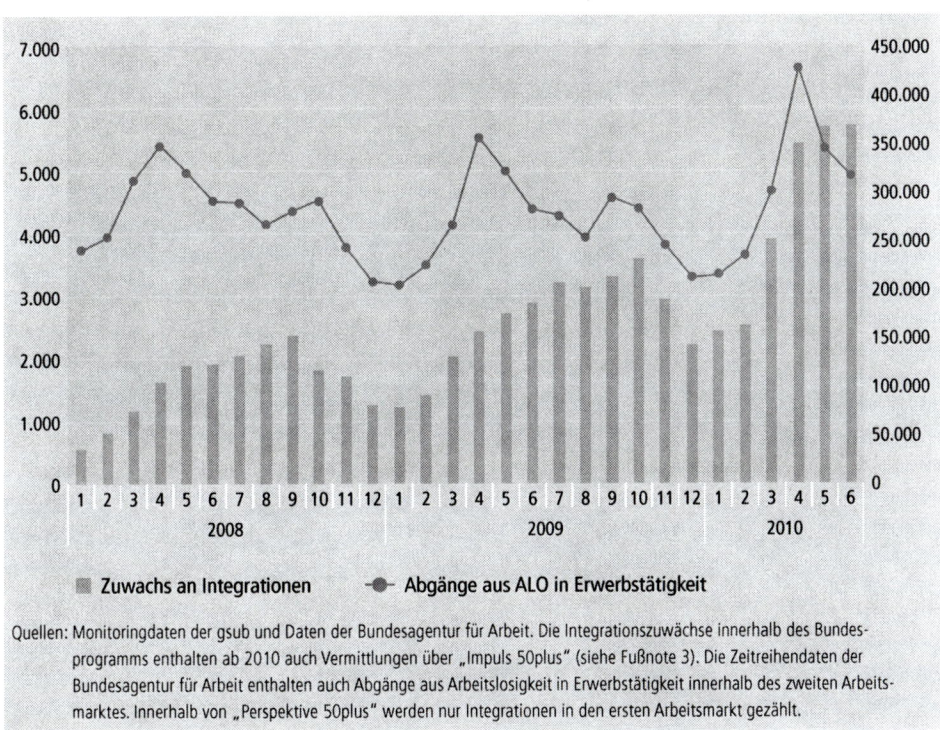

Quellen: Monitoringdaten der gsub und Daten der Bundesagentur für Arbeit. Die Integrationszuwächse innerhalb des Bundesprogramms enthalten ab 2010 auch Vermittlungen über „Impuls 50plus" (siehe Fußnote 3). Die Zeitreihendaten der Bundesagentur für Arbeit enthalten auch Abgänge aus Arbeitslosigkeit in Erwerbstätigkeit innerhalb des zweiten Arbeitsmarktes. Innerhalb von „Perspektive 50plus" werden nur Integrationen in den ersten Arbeitsmarkt gezählt.

2. Neue Qualität und neue Formen der Zusammenarbeit zwischen SGB-II-Trägern und Maßnahmeträgern

Mit dem Mitte 2005 durch das Bundesministerium für Arbeit und Soziales ausgeschriebenen Ideenwettbewerb „Beschäftigungspakte für Ältere in den Regionen" wurden die Träger der Grundsicherung im Rechtskreis des SGB II (Sozialgesetzbuch Zweites Buch, Grundsicherung für Arbeitsuchende) seinerzeit aufgefordert, innovative sowie auf die regionalen Bedarfe jeweils abgestimmte Konzepte zur Verbesserung der Wiedereingliederungschancen von älteren Langzeitarbeitslosen einzureichen. Dabei sollten die in den Regionen vorhandenen arbeitsmarktpolitischen Potenziale genutzt und relevante Akteure, wie arbeitsmarktpolitische Dienstleister (Maßnahmeträger), Wirtschaftsverbände, Gewerkschaften, Unternehmen, Sozialverbände und andere maßgebliche regionale Akteure, als Kooperationspartner für regionale Beschäftigungspakte gewonnen und in die Programmumsetzung eingebunden werden. Eine besondere Rolle kam dabei den in den Bereichen Beschäftigungs- und Arbeitsförderung agierenden und in der Betreuung, Qualifizierung und Vermittlung von Arbeitslosen tätigen Trägern zu.

2.1   Das neue Steuerungsmodell „Perspektive 50plus"

Das im Programm „Perspektive 50plus" praktizierte Steuerungsmodell beschränkt die regelgebundene Steuerung auf ein Minimum, wie z. B. die Definition der förderbaren Zielgruppe, und verbindet Zielvereinbarungen mit zweckgebundenen Mittelzuweisungen – die Programmmittel fließen in Relation zu den jährlich und im Voraus zwischen BMAS und Grundsicherungsstellen vereinbarten Vermittlungs- und Aktivierungszielzahlen von Programmteilnehmenden. Eine Rückzahlung von Mitteln bei Verfehlen der Ziele ist nicht vorgesehen. Grundsicherungsstellen, die ihre Ziele im einen Jahr grob verfehlen, würden jedoch für das nächste Jahr ähnlich hohe Ziele nicht glaubhaft machen können und deshalb in der Zukunft weniger Mittel erhalten. Der Zielvereinbarungsprozess ist vor allem durch starke dialogische Elemente gekennzeichnet. Dazu gehören eine „Kommunikation auf Augenhöhe" zwischen BMAS und Grundsicherungsstellen und die Moderation durch den vom BMAS beauftragten Dienstleister Gesellschaft für soziale Unternehmensberatung mbh (gsub). Die gsub ist für das arbeitsmarktpolitische und finanzielle Monitoring und Controlling im Rahmen des Bundesprogramms zuständig. Die Regionalberater der gsub beraten zudem die am Bundesprogramm beteiligten Grundsicherungsstellen und Träger vor Ort inhaltlich und fachlich.

Wesentliche Elemente der Unterstützung sind die ebenfalls von der gsub organisierten und moderierten programmspezifischen Regional- und Jahrestreffen, die dem inter- und überregionalen Erfahrungsaustausch, der Vernetzung der Akteure und dem Transfer guter Ansätze dienen sollen. Hier sitzen Geschäftsführer/-innen sowie Fach- und Führungskräfte der Grundsicherungsstellen mit Beschäftigten der Maßnahmeträger gleichberechtigt beieinander. Diese enge Form der Beteiligung von Trägern an der Umsetzung von Arbeitsmarktpolitik stellt eine neue Qualität der Zusammenarbeit dar, die sich deutlich von herkömmlichen Formen der Programmsteuerung etwa durch die Bundesagentur für Arbeit unterscheidet. In diesem Rahmen können sich zudem die Repräsentanten des BMAS in einer Weise in den Dialog einklinken, die ihnen ansonsten kaum offenstehen würde. Ergänzt werden diese Veranstaltungsformate durch thematische Sonderveranstaltungen wie Fachtagungen und Workshops, die von einzelnen Beschäftigungspakten organisiert werden, an denen ebenfalls Vertreter von gsub und BMAS sowie Vertreter anderer Pakte teilnehmen. Weitere Möglichkeiten des Austauschs ergeben sich durch die programmeigene Kommunikations- und Internetplattform.

Das Bemerkenswerte an all diesen Foren des Austausches ist zum einen, dass hier Träger der Grundsicherung, gleich welcher Form der Aufgabenwahrnehmung, miteinander kommunizieren. Zum anderen gestalten sich die oben skizzierten Veranstaltungen zum Ort der Diskussion zielführender Handlungsmöglichkeiten zwischen BMAS und den regionalen Akteuren und werden damit selbst zu einem eigenständigen Medium der Steuerung, das die reine Steuerung über Anreize und Vorschriften wesentlich ergänzt und damit den besonderen Geist des Programms ausmacht. Diese eher prozess- und auf wenige Zielparameter orientierte Steuerungsphilosophie unterscheidet sich deutlich von klassischen, hierarchischen und zentralen Steuerungsmodellen allein über Regeln oder Ziele, wie sie im konventionellen Regelsystem der Arbeitsförderung nach SGB II und SGB III existieren. Im Ergebnis bilden sich im Rahmen der Netzwerke kreative „Partnerschaften" (vgl. ENTWISTLE u. a. 2007) zwischen den an der Umsetzung beteiligten Akteuren heraus.

2.2   „Perspektive 50plus" – ein lernendes Programm

Durch diese dialogische und partnerschaftliche Form der Steuerung hat sich „Perspektive 50plus" zu einem lernenden Programm entwickelt, wobei gute Ansätze insbesondere über die institutionalisierten Austauschforen in andere Paktregionen transferiert werden. Ein zweiter Aspekt des „lernendes Programms" offenbart sich darin, dass es „Perspektive 50plus" gelingt, auf programminterne Barrieren und Probleme zu reagieren – dazu drei Beispiele:

(1) In der ersten Programmphase sollte den regionalen Beschäftigungspakten ein Experimentierfeld im Rahmen der Arbeitsförderung eröffnet werden, um geeignete Maßnahmen zur Wiedereingliederung von älteren Langzeitarbeitslosen in den ersten Arbeitsmarkt erproben zu können. Insofern gab es seinerzeit bewusst keine inhaltlichen Vorgaben der Programmverantwortlichen und folglich eine relativ große Bandbreite an unterschiedlichen Konzepten. Ungefähr zur „Halbzeit" der ersten Programmphase fand jedoch eine Umsteuerung durch das BMAS statt: Die Beschäftigungspakte wurden dazu angehalten, ihr Spektrum an Vorgehensweisen auf hinsichtlich der Integrationswahrscheinlichkeit Erfolg versprechende Ansätze zu fokussieren, wie sie sich in einigen Regionen schon herauskristallisiert hatten. Auch übernahmen einzelne Grundsicherungsstellen immer mehr Steuerungsaufgaben, die 2005 – in der Aufbauphase der SGB-II-Strukturen – im Rahmen des Bundesprogramms noch an arbeitsmarktpolitische Träger delegiert worden waren.

(2) Aufgrund der Zielsetzung, das Bundesprogramm mittelfristig flächendeckend zu implementieren[2], stieg in der zweiten Programmphase die Anzahl der an der Programmumsetzung beteiligten Grundsicherungsstellen von ehemals 93 auf 349 SGB-II-Träger. Um durch die territoriale Ausweitung des Programms nicht auch das Maßnahmespektrum für ältere Langzeitarbeitslose unnötig „aufzublähen", sollten in der zweiten Programmphase solche Förderansätze verstetigt werden, die bereits in der ersten Programmphase erprobt und zudem erfolgreich umgesetzt wurden. Diesbezügliche Erfahrungen und Erkenntnisse sollten den Grundsicherungsstellen und Trägern in den neuen Partnerregionen zugänglich gemacht werden. Der dadurch initiierte interregionale Wissenstransfer hat auf der konzeptionellen Ebene zu einer zunehmenden Diffusion geführt, die durch vom BMAS vorgegebene Förderschwerpunkte forciert wurde. Diese zentralen Vorgaben bzw. Empfehlungen sind jedoch als Reaktion auf sich verändernde Förderbedarfe innerhalb der Zielgruppe „ältere Langzeitarbeitslose" und damit als Lernprozesse zu interpretieren, die von guten Praktiken einzelner Beschäftigungspakte inspiriert worden waren.

(3) Nach einer im Jahr 2008 erfolgten Befragung von Grundsicherungsstellen, die das Tübinger Institut für Angewandte Wirtschaftsforschung (IAW) im Auftrag des IAQ durchgeführt hat, gaben die seinerzeit an „Perspektive 50plus" beteiligten und im Rahmen der Befragung antwortenden Grundsicherungsstellen als prägende Vermittlungshemmnisse von älteren Langzeitarbeitslosen mangelnde soziale Kompetenzen, Mobilitätsprobleme sowie gesundheitliche Einschränkungen an, während zum gleichen Zeitpunkt entsprechende bzw. insbesondere gesundheitsfördernde Angebote in den meisten Grundsicherungsstellen (noch) keinen hohen Stellenwert hatten (siehe Abbildung 2).

Um den Personenkreis mit entsprechenden Vermittlungshemmnissen gezielt aktivieren und für den Arbeitsmarkt aufschließen zu können, wurden im Rahmen des sogenannten Kampagnenjahres 2009 von den Programmverantwortlichen erstmalig konkrete Förderschwerpunkte definiert. Die Beschäftigungspakte wurden angehalten, gesundheits-, mobilitäts- und kompetenzfördernde Maßnahmen für ältere Langzeitarbeitslose aufzunehmen oder diesbezüglich in einzelnen Beschäftigungspakten schon vorhandene Ansätze weiterzuentwickeln.[3]

---

2 Diese Ausweitungstendenz ist als – letztlich erfolgreich gewesene – Strategie zu sehen, so viel Schwungmasse aufzubauen, dass eine dritte Programmphase genehmigt und finanziert wird. Unter dem Gesichtspunkt der Exklusivität und Freiwilligkeit ist diese Entwicklung jedoch nicht unproblematisch, denn in der dritten Programmphase wird sich kaum noch eine Grundsicherungsstelle der Teilnahme entziehen können.

3 Eine weitere Leistung dieses ressourcen- und bedarfsorientierten „Programmlernens" war die Formulierung eines eigenen Förderschwerpunktes „Impuls 50plus" für besonders arbeitsmarktferne ältere Langzeitarbeitslose. Aktuelle Ergebnisse der Bundesevaluation zur Umsetzung von „Impuls 50plus" liegen zurzeit noch nicht vor.

Abbildung 2: **Trägerbefragung 2008 (Themen des Kampagnenjahres 2009)**

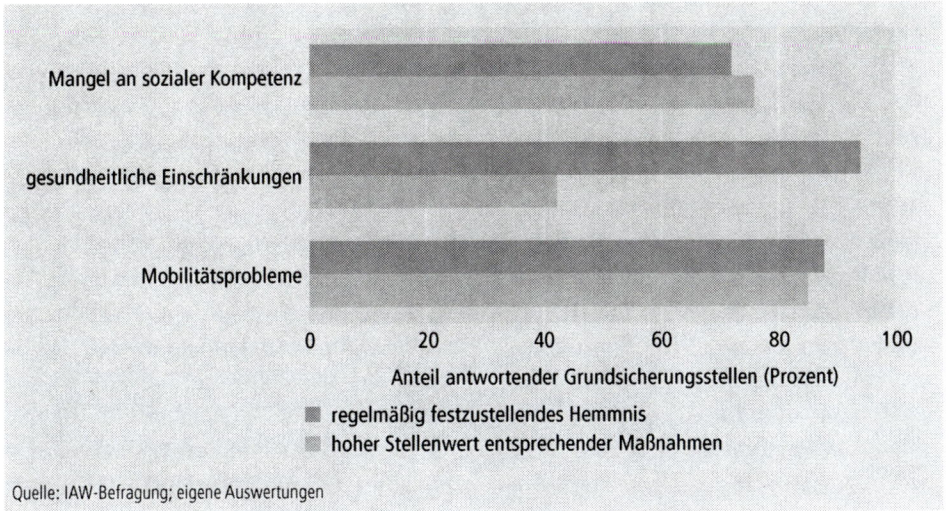

3. Ressourcenorientierte Aktivierungs- und Vermittlungsansätze im Rahmen von „Perspektive 50plus"

3.1 Arbeitsmarktintegrative Gesundheitsförderung

Die Umsetzung des im Jahr 2009 eingeführten Programmschwerpunkts „Förderung der Gesundheit" soll nach den Programmdokumenten des BMAS „älteren Langzeitarbeitslosen ermöglichen, körperlich und geistig fit ins Berufsleben zurückzufinden, indem die physische und psychische Eigenverantwortung arbeitsloser Frauen und Männer gestärkt wird. (…) Ziel der gesundheitlichen Förderung ist es, eine Bewusstseinsveränderung bei Langzeitarbeitslosen gegenüber ihrer eigenen Gesundheit herbeizuführen" (BMAS 2009, S. 1). Letztlich sollen auch Unternehmen von der gesundheitlichen Stärkung der Programmteilnehmenden profitieren, da die Unternehmen durch deren Einstellung leistungs- und belastungsfähige ältere Arbeitskräfte erhalten.

Zahlreiche Studien belegen ein wechselseitiges Wirkungsverhältnis zwischen Arbeitslosigkeit und Gesundheit (vgl. hierzu die Metaanalysen von MURPHY und ATHANASOU 1999; MCKEE-RYAN u. a. 2005; PAUL und MOSER 2009): Einerseits erhöhen vorhandene gesundheitliche Einschränkungen das Arbeitslosigkeitsrisiko und erschweren die Suche und (Wieder-)Vermittlung in Arbeit (Selektionshypothese). Andererseits wirkt sich Arbeitslosigkeit selbst negativ auf die Gesundheit aus (Kausalitätshypothese). Insofern ist gerade bei Arbeitslosen der Bedarf an gesundheitsfördernden Maßnahmen relativ hoch, die diese jedoch nur in einem unterdurchschnittlichen Maße in Anspruch nehmen (siehe dazu ROBERT-KOCH-INSTITUT 2006). Angeregt durch Modellprojekte einiger Bundesländer, wie „JobFit Regional" (NRW), „AmigA" (Brandenburg) und „AktivA" (Sachsen), hatten einzelne Beschäftigungspakte bereits in der ersten Programmphase von „Perspektive 50plus" gesundheitsfördernde Maßnahmen aufgelegt.[4] Diese rückten mit dem vom BMAS ausgerufenen Kampagnenjahr 2009 bundesweit in den Fokus von „Perspektive 50plus".

Wie die vom IAQ im gleichen Jahr durchgeführten zehn Fallstudien gezeigt haben, wurden in allen untersuchten Beschäftigungspakten gesundheitspräventive und/oder gesundheitsfördernde Maßnahmen angeboten bzw. stand deren Implementierung unmittelbar bevor. Bei den Maßnahmen handelte es sich entweder um Angebote im Rahmen der oben angesprochenen Modellprojektansätze von „JobFit Regional", „AmigA" oder „AktivA", um die Schulung spezieller Mitarbeiterinnen und Mitarbeiter oder die Einbindung gesundheitsfördernder Angebote in die Teilprojektmaßnahmen in den Beschäftigungspakten. So wurden in einem Beschäftigungspakt in Kooperation mit Krankenkassen, Sportvereinen und gesundheitsrelevanten Dienstleistern Gesundheitstage durchgeführt und gesundheitsfördernde Angebote sowie Gesundheits- und Ernährungsberatung in die Teilprojekte integriert. In einem anderen Beschäftigungspakt kooperierten Träger teilweise mit Sportvereinen, teilweise gab es vor Ort bei den Trägern Beratungen, in denen generell über Themen wie „Stressreduktion" oder „Auflösen von Verspannungen" berichtet wurde sowie Bewegungs- und Ernährungstipps vermittelt wurden.

3.2 Förderung der räumlichen und mentalen Mobilität

Die Förderung der Mobilität von älteren Langzeitarbeitslosen war ein weiteres Schwerpunktthema des Kampagnenjahres 2009. Die Beschäftigungspakte setzten in diesem Zusammenhang vor allem auf die Zusammenarbeit mit Anbietern des öffentlichen Personennahverkehrs (ÖPNV), mit Autovermietern sowie mit Bildungsinstituten, um mobilitätsfördernde Maßnahmen zu konzipieren. Zu diesen Angeboten gehörten die Förderung eines Führerschein- oder Kraftfahrzeugerwerbs oder eine subventionierte bzw. kostenlos zur Verfügung gestellte Fahrkarte für den ÖPNV. Zur Förderung nicht nur der räumlichen, sondern auch der mentalen Mobilität haben einige Beschäftigungspakte ein Mobilitätstraining aufgelegt, in dessen Rahmen Programmteilnehmende u. a. lernten, Bus und Bahn zu nutzen, um zu einer Maßnahme oder zu einem Vorstellungsgespräch zu gelangen. Diese Form der Mobilitätsförde-

---

4   Eine Übersicht über Angebote und Maßnahmen der Gesundheitsförderung bei Arbeitslosen (inkl. Good-Practice-Beispiele) sowie weiterführende Informationen finden sich auf der Internetseite des Kooperationsverbundes „Gesundheitsförderung bei sozial Benachteiligten" auf www.gesundheitliche-chancengleichheit.de.

rung zielte auf die Ausweitung des räumlichen Aktionsradius ab, um darüber die Anzahl potenzieller Arbeitsplätze für die Teilnehmenden zu erhöhen.

3.3 Förderung und Stärkung von sozialen und fachlichen Kompetenzen

Im Rahmen dieses ebenfalls 2009 eingeführten Programmschwerpunkts soll die Sozialkompetenz der 50plus-Kundinnen und -Kunden bzw. sollen die sogenannten Soft Skills – eine der Schlüsselqualifikationen in der heutigen Arbeitswelt – durch intensive, individuelle Beratungsprozesse und gruppenorientierte Maßnahmen gefördert und dadurch die Teilnehmenden befähigt werden, ihre persönlichen Fähigkeiten, Einstellungen und individuellen Handlungsziele kennenzulernen und weiterzuentwickeln. Die Feststellung vorhandener Fähigkeiten und Potenziale soll helfen, ein Bewusstsein für die eigenen Fähigkeiten zu entwickeln, um eigene Schwächen und Stärken besser einschätzen und Letztere auf dem Arbeitsmarkt anwenden zu können. Darüber hinaus sollen auch die Selbstständigkeit und Selbstsicherheit bei der Stellensuche gefördert werden. Zu den Angeboten innerhalb dieses Programmschwerpunktes gehören u. a. solche zur Lösung von sozialen Problemlagen, zur Stilberatung (Optimierung des äußerlichen Erscheinungsbildes) und zur Förderung von Selbsthilfe- und Selbstvermittlungspotenzialen.

Neben den „Soft Skills" werden im Rahmen des Bundesprogramms zudem die berufsfachlichen Fähigkeiten der Zielgruppe gefördert. Dabei sollen die Programmteilnehmenden auch bislang ungenutzte Fähigkeiten erkennen und die Möglichkeit nutzen, sich in neuen Berufsfeldern umzusehen, um dadurch ihre Arbeitsmarktchancen weiter zu verbessern. Wegen der oftmals begrenzten Selbstwahrnehmung innerhalb der Zielgruppe wird in einigen Beschäftigungspakten eine ressourcenorientierte Kompetenzbilanzierung durchgeführt. Ziel der Kompetenzbilanzierung ist es, auch artverwandte oder quer zu früheren beruflichen Tätigkeiten liegende Stellen in die Arbeitsplatzsuche einzubeziehen oder – auch in Abstimmung mit dem potenziellen Arbeitgeber – noch erforderliche Qualifizierungen anzustoßen. Wird vom Unternehmen entsprechender Bedarf geäußert, bieten einige Beschäftigungspakte sogar auch nach erfolgter Vermittlung nachträgliche arbeitsplatzbezogene Fortbildungen für die vermittelten Personen an.

4. Zusammenfließen von bewerber- und stellenorientierter Vermittlung

Vom IAQ im Rahmen der Bundesevaluation durchgeführte Befragungen von Firmeninhabern und Personalverantwortlichen ergaben, dass ein Großteil der Befragten als wichtigste Form der Arbeitgeberförderung bzw. als bedeutendste Unterstützung durch den Beschäftigungspakt die passgenaue Bewerberauswahl schätzte. Insbe-

sondere kleine Unternehmen ohne eigene Personalabteilung werteten es als großen Vorteil gegenüber den normalen Strukturen der öffentlichen Arbeitsförderung,
dass ihnen von den Beschäftigungspakten in der Regel einzelne, gezielt ausgesuchte
und gut vorbereitete Bewerberinnen und Bewerber empfohlen wurden. In diesem
Prozess erwiesen sich vor allem sogenannte „Kümmerer" oder Integrationsmana-
ger als Erfolgsfaktoren. Diese über die Beschäftigungspakte finanzierten Vermitt-
lungsfachkräfte verfügten über persönliche Zugänge zu den Betrieben, arbeiteten
ebenso bewerberorientiert und zeichneten sich durch eine dienstleistungsorientierte
Handlungsweise aus. Zudem standen diese „Kümmerer" auch zur Verfügung, wenn
es in den ersten Monaten des Beschäftigungsverhältnisses zu Konflikten zwischen
Arbeitgeber und dem/der integrierten Älteren kam. In diesen Fällen übernahmen
sie im Rahmen der Nachbetreuung oft die Rolle des Mediators. Durch die Bereitstel-
lung zusätzlicher Fördermittel konnten im Rahmen von „Perspektive 50plus" Be-
treuungsrelationen geschaffen werden, die eine passgenaue Vermittlung zwischen
den betrieblichen Bedarfen der Arbeitgeber einerseits und den persönlichen Bedürfnissen und Potenzialen der Bewerberinnen und Bewerber andererseits überhaupt
erst möglich gemacht haben. Gerade in KMU, wo die überwiegende Mehrzahl der
vermittelten 50plus-Teilnehmenden platziert werden konnte, konnten in vielen Fällen gemeinsam mit den Arbeitgebern arbeitsorganisatorische Lösungen und Anforderungsprofile entwickelt werden, die optimal auf die Zielgruppe passten.

5.   Fazit und Ausblick

„Perspektive 50plus" hat sich zu einem lernenden Programm entwickelt, das eine
Pionierfunktion im Bereich Arbeitsförderung ausübt. Es ermöglicht den beteiligten SGB-II-Trägern bzw. den von diesen beauftragten externen Dienstleistern und
Maßnahmeträgern, sich eingehender auf eine Zielgruppe einzulassen, als es im Re-
gelbetrieb bisher möglich war. Dadurch ist stärker in den Blick gekommen, woran
die Wiedereingliederung in den Arbeitsmarkt nicht nur, aber gerade bei älteren
Langzeitarbeitslosen häufig scheitert. Anders als in der Regelförderung folgen die
ressourcenorientierten Förderangebote der Beschäftigungspakte den Bedarfen dieser Zielgruppe – dies wurde beispielhaft anhand der Darstellung der Angebote zu
den 2009 neu aufgelegten Programmschwerpunkten „Gesundheit", „Mobilität" und
„Kompetenzen" verdeutlicht.

   Zur expliziten Zielsetzung des nunmehr bis Ende 2015 dauernden Bundesprogramms „Perspektive 50plus – Beschäftigungspakte für Ältere in den Regionen"
gehört es, erfolgreiche Elemente des Bundesprogramms in die Regelförderung zu
transferieren. Für die Zukunft bleibt abzuwarten, ob und inwieweit es gelingt, nicht
nur die erprobten konzeptionellen Ansätze und Erkenntnisse, sondern auch die im

Rahmen des Bundesprogramms entwickelte innovative Form der Steuerung ins Regelgeschäft der Arbeitsförderung des SGB II hinüberzuretten. In jedem Fall würde sich auf konzeptioneller Ebene ein Transfer der im Rahmen des Bundesprogramms entwickelten Ansätze und der hier entwickelten Aktivierungs- und Integrationsstrategien auf andere zielgruppenspezifische Sonderprogramme anbieten, die nach vergleichbaren Grundsätzen strukturiert sein könnten wie „Perspektive 50plus". Zum Beispiel haben wir im Ergebnis der Evaluation von Wirkungen des SGB II auf Personen mit Migrationshintergrund ein ähnliches Vorgehen für diese Zielgruppe vorgeschlagen (IAQ u. a. 2009; KNUTH 2010).

Literatur

BMAS – BUNDESMINISTERIUM FÜR ARBEIT UND SOZIALES: „Gesund (zurück) ins Berufsleben – mit Perspektive 50plus. Bundesprogramm des Bundesministeriums für Arbeit und Soziales (BMAS) verbessert Beschäftigungsfähigkeiten und -chancen bei über 50-Jährigen". Programmdokument des BMAS zum Schwerpunktthema „Gesundheit" des Kampagnenjahrs 2009. Berlin 2009. – URL: http://www.perspektive50plus.de/perspektive50plus/content/e10516/e10523/e10526/P50plus-PI_Gesundheit0108_final.pdf

BRUSSIG, M.; KNUTH, M.: Zur Weiterentwicklung des SGB II. Expertise für die Friedrich-Ebert-Stiftung. Bonn 2010 (im Erscheinen)

ENTWISTLE, T. u. a.: The dysfunctions of markets, hierarchies and networks in the metagovernance of partnerships. In: Urban Studies 44 (2007) 1, S. 63–79

IAQ; ZEW; UNIVERSITÄT MAGDEBURG; STIFTUNG ZENTRUM FÜR TÜRKEISTUDIEN; TEAM DR. KALTENBORN; TNS EMNID; FRINGS, D.: Wirkungen des SGB II auf Personen mit Migrationshintergrund. Abschlussbericht. Hauptband. BUNDESMINISTERIUM FÜR ARBEIT UND SOZIALES. Berlin 2009 (Forschungsbericht 395). Online verfügbar unter: http://www.bmas.de/portal/39960/f395__forschungsbericht.html

KNUTH, M. (Hrsg.): Arbeitsmarktintegration und Integrationspolitik. Zur notwendigen Verknüpfung zweier Politikfelder. Eine Untersuchung über SGB-II-Leistungsbeziehende mit Migrationshintergrund. Baden-Baden 2010 (im Erscheinen)

McKEE-RYAN, F. M. u. a.: Psychological and physical well-being during unemployment: A meta-analytic study. In: Journal of Applied Psychology 90 (2005) 1, S. 53–75

MURPHY, G. C.; ATHANASOU, J. A.: The effect of unemployment on mental health. In: Journal of Occupational and Organisational Psychology 72 (1999), S. 83–99

PAUL, K. I.; MOSER, K.: Metaanalytische Moderatoranalysen zu den psychischen Auswirkungen der Arbeitslosigkeit – Ein Überblick. In: A. HOLLEDERER (Hrsg.): Gesundheit von Arbeitslosen fördern! Ein Handbuch für Wissenschaft und Praxis. Frankfurt am Main 2009, S. 39–61

ROBERT-KOCH-INSTITUT: Gesundheit in Deutschland. Gesundheitsberichterstattung des Bundes. Berlin 2006

Brigitte Seyfried

Was zu tun bleibt

Fange nie an aufzuhören –
höre nie auf anzufangen.

Cicero

Die Beiträge in dem Sammelband bilden ein größeres Spektrum zum Thema ältere Arbeitnehmerinnen und Arbeitnehmer ab und lassen einige Handlungsansätze und Maßnahmen erkennen:

- Die Lern- und Veränderungspotenziale der älteren Arbeitnehmerinnen und Arbeitnehmer erfordern eine stärkere Beachtung als bisher. Nicht Kurse für „Ältere" steigern die Lernbereitschaft und Lernmotivation, sondern ob Thematik und Inhalte bedeutsam sind und sich mit der Arbeitstätigkeit und mit Perspektiven für die „Zeit danach" verknüpfen lassen. Weiterbildungsaktivitäten, die betriebliche und außerbetriebliche „Lebenswelten" verknüpfen, tragen der Erkenntnis Rechnung, dass die nachberufliche Phase immer mehr zu einem eigenständigen Lebensabschnitt wird, dessen Dauer sich durch die gestiegene Lebenserwartung erheblich verlängern dürfte. Zahlen der ehrenamtlich Tätigen, der Senior-Experts und Silver Worker zeigen, dass mit Erreichen des gesetzlichen Rentenalters und dem Ausscheiden aus dem Betrieb nicht automatisch der Wunsch nach Arbeit und Beschäftigung erlischt.

- Alter(n)sgerechte Arbeitsgestaltung und Gesundheitsförderung sind nicht auf die Belange der älteren Beschäftigten zu reduzieren, sondern müssen als ganzheitlicher Ansatz verstanden werden, von dem Beschäftigte aller Altersklassen profitieren – wobei die Verantwortung für den Erhalt der Arbeitsfähigkeit mit all ihren Einflussfaktoren auf beiden Seiten liegt: bei den Beschäftigten und bei den Arbeitgebern.

- Eine Sicherstellung des Wissenstransfers zwischen Älteren und Jüngeren und eine Personalentwicklung, die nicht mehr altersselektiv ist, sondern sich an einer erwerbsbiografischen bzw. lebenszyklusorientierten Perspektive mit neuen Laufbahnen und „Karrieren" – auch für Mitarbeiterinnen und Mitarbeiter ab 50 oder 60 – orientiert, werden nachhaltig und effektiv sein, wenn sie in ein betriebliches Gesamtkonzept eingebunden sind.

- Ob ältere Beschäftigte (auch länger als gesetzlich festgelegt) im Erwerbsleben bleiben oder (auch vorzeitig) in den Ruhestand gehen wollen oder (z. B. aus gesundheitlichen Gründen) müssen, wird von unterschiedlichen Faktoren mitbestimmt. Neben den Arbeitsbedingungen und -tätigkeiten, der derzeitigen Position und der Arbeitszufriedenheit beeinflussen insbesondere Vorgesetzte mit ihren jeweiligen Einstellungen zum Alter und Altern sowie die Unternehmensphilosophie die Entscheidung.

- Die Altersbilder in Gesellschaft und Arbeitswelt sind noch immer geprägt von Krankheiten und Defiziten und werden der Vielfalt des Alters häufig nicht gerecht. Dies hat der neue 6. Altenbericht zum Thema „Altersbilder in der Gesellschaft" gerade bestätigt – und dies trotz ausreichender Erkenntnisse zur Arbeitsfähigkeit und zu den Potenzialen älterer Beschäftigter. Hier ist noch Aufklärungsarbeit notwendig.

- Eine Arbeitszeit- und Personalentwicklungsplanung sollte einen flexiblen Übergang von der beruflichen in die nachberufliche Phase ermöglichen, die die Gesundheit und die Interessen der Beschäftigten im Blick hat und den Arbeitnehmerinnen und Arbeitnehmern Alternativen und ggf. Korrekturen ihrer Wahl ermöglicht. Solche leistungsfördernden und motivierenden Veränderungen können Betrieben die Produktivität, Innovations- und Wettbewerbsfähigkeit erhalten und vielleicht sogar noch steigern.

- Die Mehrzahl der Deutschen wird zukünftig länger arbeiten müssen. Dies erfordert entsprechende Arbeitsstellen und Arbeitsplätze, die den „Älteren" ausreichend Chancen auf dem Arbeitsmarkt und im Betrieb geben. Es gilt aber nicht nur, die Arbeitsmöglichkeiten und -chancen für Ältere zu verbessern, sondern auch Alternativen zu entwickeln für jene älteren Beschäftigten, die nicht mehr arbeiten können.

Es gibt kein Standardrezept, um Arbeit gesundheits- und alter(n)sgerecht zu gestalten, doch viele gute Wege. Welche Handlungsansätze und Maßnahmen für ein Unternehmen und für die älteren Beschäftigten die „richtigen" sind, wird immer von individuellen und betrieblichen Ausgangsbedingungen und Handlungsspielräumen abhängig sein. Entscheidend wird sein, dass Veränderungen beginnen.

Verzeichnis der Autorinnen und Autoren

Professor Dr. Michael L. Bienert, wissenschaftlicher Leiter des Instituts für Gesundheitsmanagement (IGM) und Professor für Allgemeine Betriebswirtschaftslehre mit dem Schwerpunkt „Handel und Dienstleistungen" an der Fachhochschule Hannover, Fakultät IV (Wirtschaft und Informatik)
Ricklinger Stadtweg 120, 30459 Hannover
Telefon: 0511 9296-1502; E-Mail: michael.bienert@fh-hannover.de

Jan Bögel, Soziologe M.A., wissenschaftlicher Mitarbeiter Universität Vechta, Institut für Gerontologie, Fachgebiet „Altern und Arbeit"
Postfach 1553, 49364 Vechta
Telefon: 04441 15-555; Fax: 04441 15-621; E-Mail: jan.boegel@uni-vechta.de

Renate Büttner, wissenschaftliche Mitarbeiterin in der Forschungsabteilung „Entwicklungstrends des Erwerbssystems" des IAQ, Universität Duisburg-Essen, Institut Arbeit und Qualifikation
Gebäude LE, 47048 Duisburg
Telefon: 0203 379-2499; Fax: 0203 379-1809; E-Mail: renate.buettner@uni-due.de

Prof. Dr. Michael Falkenstein, Leiter Projektgruppe „Altern und ZNS-Veränderungen" und der Forschungsinitiative „Arbeit und Alter", Leibniz-Institut für Arbeitsforschung an der TU Dortmund
Ardeystraße 67, 44139 Dortmund
Telefon: 0231 1084-277; Fax. 0231 1084-401; E-Mail: falkenstein@ifado.de

Prof. Dr. Frerich Frerichs, Diplom-Soziologe und Diplom-Psychologe, Professor an der Universität Vechta, Institut für Gerontologie, Fachgebiet „Altern und Arbeit"
Postfach 1553, 49364 Vechta
Telefon: 04441 15-504; Fax: 04441 15-621; E-Mail: Frerich.frerichs@uni-vechta.de

Dr. Jens Friebe, Diplom-Sozialwissenschaftler, wissenschaftlicher Mitarbeiter am Deutschen Institut für Erwachsenenbildung/Leibniz-Zentrum für Lebenslanges Lernen, wissenschaftliche Mitarbeit im Programm Inklusion/Lernen im Quartier
Heinemannstraße 12–14, 53175 Bonn
Telefon: 0228 3294-330; Fax: 0228 3294-4330; E-Mail: friebe@die-bonn.de

Prof. Dr. Anita Graf, Dozentin für Human Resource Management an der Fachhochschule Nordwestschweiz in Olten, Institut für Personalmanagement und Organisation; daneben selbstständig im Bereich Coaching, Consulting, Training; Themenschwerpunkte: Strategische Personalentwicklung, Erweiterung der Selbstmanagement-Kompetenz; Fachhochschule Nordwestschweiz, Institut für Personalmanagement und Organisation
Riggenbachstrasse 16, CH-4600 Olten
Telefon: +41 79 26100-37; E-Mail: anita.graf@fhnw.ch

Ernst Kaiser, Diplom-Sozialpädagogin, Mitarbeiter für Betriebliches Gesundheits-management – Corporate Human Resources SMA Solar Technology AG
Sonnenallee 1, 34266 Niestetal
Telefon: 0561 9522-2591; E-Mail: Ernst.Kaiser@SMA.de; www.SMA.de

Rudolf Kast, Leiter Personal- und Sozialwesen und Mitglied der Geschäftsleitung SICK AG
Erwin-Sick-Straße 1, 79183 Waldkirch
Vorstand ddn – Das Demographie Netzwerk
Telefon: 07681 202-3639; Fax: 07681 202-5024; E-Mail: Rudolf.Kast@sick.de

Prof. Dr. Matthias Knuth, Leiter der Forschungsabteilung „Entwicklungstrends des Er-werbssystems" des IAQ, Universität Duisburg-Essen, Institut Arbeit und Qualifikation
Gebäude LE, 47048 Duisburg
Telefon: 0203 379-1821; Fax: 0203 379-1809; E-Mail: matthias.knuth@uni-due.de

Marc Lenze, IFGP – Institut für gesundheitliche Prävention
Wolbecker Windmühle 13a, 48167 Münster
Telefon: 02506 30028-0; Fax: 02506 30028-29; E-Mail: info@ifgp.de; www.ifgp.de
bzw. www.miaa.de

Inga Mühlenbrock, IFGP – Institut für gesundheitliche Prävention
Wolbecker Windmühle 13a, 48167 Münster
Telefon: 02506 30028-0; Fax: 02506 30028-29; E-Mail: info@ifgp.de; www.ifgp.de
bzw. www.miaa.de

Prof. Dr. Jochen Prümper, Dozent für Wirtschafts- und Organisationspsychologie an der Hochschule für Technik und Wirtschaft in Berlin
Telefon: 030 5019-2488; www.htw-berlin.de

Andrea Elisabeth Reinhardt, Geschäftsführerin microTEC Gesellschaft für Mikrotechno-logie mbH
Kaiserslautererstraße 353, 67098 Bad Duerkheim
Telefon: 06322 650220; Fax: 06322 650221; E-Mail: reinhardt@microtec-d.com

Dr. Gottfried Richenhagen, Leiter des Referates „Arbeit und Gesundheit" im Ministe-rium für Arbeit, Integration und Soziales des Landes Nordrhein-Westfalen
Fürstenwall 25, 40219 Düsseldorf
Telefon: 0211 8553500; www.mags.nrw.de

Sabine Riechel, IFGP – Institut für gesundheitliche Prävention
Wolbecker Windmühle 13a. 48167 Münster
Telefon: 02506 30028-0; Fax: 02506 30028-29; E-Mail: info@ifgp.de; www.ifgp.de
bzw. www.miaa.de

PD Dr. Bernhard Schmidt, wissenschaftlicher Assistent, Institut für Pädagogik, Bil-dungs- und Sozialisationsforschung, Ludwig-Maximilians-Universität München
Leopoldstraße 13, 80802 München
Telefon: 089 21805135; Fax: 089 21805137; E-Mail: b.schmidt@lmu.de

Oliver Schweer, wissenschaftlicher Mitarbeiter in der Forschungsabteilung „Entwicklungstrends des Erwerbssystems" des IAQ, Universität Duisburg-Essen, Institut Arbeit und Qualifikation
Gebäude LE, 47048 Duisburg
Telefon: 0203 379-3105; Fax: 0203 379-1809; E-Mail: oliver.schweer@uni-due.de

Brigitte Seyfried, Diplom-Psychologin, wissenschaftliche Mitarbeiterin im Bundesinstitut für Berufsbildung, Arbeitsbereich 4.3
Robert-Schuman-Platz 3, 53175 Bonn
Telefon: 0228 1071308; E-Mail: seyfried@bibb.de

Prof. Dr. Christian Stamov-Roßnagel, Jacobs-Center on Lifelong Learning (JCLL) der Jacobs University in Bremen; Schwerpunkte altersdifferenzierte Weiterbildung, Arbeitsmotivation über die Lebensspanne und Altersunterschiede im Innovationsverhalten
JCLL, Jacobs University
Campus-Ring 1, 28759 Bremen
Telefon: 0421 2004770; Fax: 0421 2004793; E-Mail: c.stamovrossnagel@jacobs-university.de

Clemens Volkwein, Sozialwissenschaftler, verantwortet seit Sommer 2007 die Demografieberatung beim Arbeitgeberverband Chemie und verwandte Industrien für das Land Hessen e.V. (HessenChemie); Schwerpunkt „Demografie-Check" des Tarifwerks der chemischen und kunststoffverarbeitenden Industrie und Umsetzung des bundesweiten Tarifvertrags „Lebensarbeitszeit und Demografie"
Telefon: 0611 7106-26; Fax: 0611 7106-78; E-Mail: volkwein@hessenchemie.de

In the medium to long term, higher life expectancy and falling birth rates will change the age-structure of the population, and hence also the average age of employees. In future, employees will have to work for longer. This calls for working life and working hours to be redesigned for an older and ageing workforce. Measures and instruments are required which not only focus on the health and interests of employees, but which also allow for a flexible transition from the working to the post-working phase.

The present volume contains research findings, models and instruments from an academic and business perspective on the theme of older employees. They are not presented as off-the-peg solutions but to highlight good methods of maintaining the work capacity of employees whilst also fostering company competitiveness and innovation.